中国をめぐる英米関係

イギリスによる航空機技術の対中輸出を中心に、1969-1975年

中国をめぐる英米関係

イギリスによる航空機技術の対中輸出を中心に、1969-1975年

和田龍太 著

東海大学出版部

Anglo-American Relations towards China:
Focusing upon the British Export of Aircrafts and Technologies to China in 1969-1975

WADA Ryuta
Tokai University Press, 2019
Printed in Japan
ISBN978-4-486-02190-2

目次

略語一覧　vii

序章　中国をめぐる英米関係 …………………………………… 1
　第1節　米中接近，東西陣営，西側諸国　2
　第2節　本書の目的と意義　13
　第3節　本書の構成と研究方法　22

第1章　アメリカの対中接近プロセスとイギリス　1969-1972年
　　　　——アメリカの対中貿易統制の緩和を中心に—— …………… 27
　第1節　はじめに　28
　第2節　アメリカの対中政策の転換と対中貿易統制緩和への動き　30
　第3節　ヒース英政権の対中政策　40
　第4節　アメリカにおけるNSCの政策立案・決定の強化　1970-1971年　46
　第5節　ニクソン訪中と対中接近　1971-1972年　51
　第6節　まとめ　59

第2章　イギリスの対中接近と英米関係　1969-1972年
　　　　——イギリスによる民間航空機トライデントの対中輸出を中心に——
　　　　………………………………………………………………… 61
　第1節　はじめに　62
　第2節　中古のトライデント1E型の対中輸出　64
　第3節　新規に製造されたトライデント2E型の対中輸出　74
　第4節　トライデント2E型の対中輸出への米同意と英米関係　83
　第5節　まとめ　94

第3章　イギリスの対中国航空機売却の挫折　1972-1973年
　　　　——ハリアー機とVC-10機の対中輸出計画の頓挫を中心に—— … 97
　第1節　はじめに　98

第2節　攻撃機ハリアー機の対中輸出計画　100
第3節　民間機VC-10機の対中輸出計画　116
第4節　まとめ　133

第4章　中国をめぐる英米関係　1973-1975年
　　　　──イギリスによる軍事用スペイ・エンジンの対中輸出を通じて──
　　　　……………………………………………………………………………… 135
第1節　はじめに　136
第2節　スペイの対中輸出計画をめぐる英米　138
第3節　キッシンジャーに対するイギリスの期待　154
第4節　フォード新政権とキッシンジャーに対するイギリスの不安と期待　165
第5節　第三国移転をめぐる障害の解決と契約成立　173
第6節　まとめ　179

終　章　中国をめぐる英米の協力 ……………………………………… 181
第1節　米中接近から航空機技術の対中輸出まで　182
第2節　アメリカの三角外交とイギリスの協力　188
第3節　知見と今後の展望　190

資料一覧　193
あとがき　205
索引　209

略語一覧

BAC British Aircraft Corporation　ブリティッシュ・エアクラフト社
BUA British United Airways　ブリティッシュ・ユナイテッド航空
CAAC Civil Aviation Administration of China　中国民間航空局（中国民航）
CIA Central Intelligence Agency　中央情報局（アメリカ）
CNTIC China National Technical Import and Export Corporation　中国技術進出口総公司
COCOM Coordinating Committee for Multilateral Export Controls　ココム（対共産圏輸出統制委員会）
CSC Chiefs of Staff Committee　幕僚長委員会（イギリス）
DTI Department of Trade and Industry　貿易産業省（イギリス）
EEC European Economic Community　ヨーロッパ経済共同体
FCO Foreign and Commonwealth Office　外務省（イギリス）
FPDA Five Power Defence Arrangements　5 ヵ国防衛協定
FRUS Foreign Relations of the United States　米国対外政策歴史資料
GATT General Agreement on Tariffs and Trade　関税と貿易に関する一般協定
HSA Hawker Siddeley Aviation　ホーカー・シドレー社
IL Ilyushin　イリューシン
IRA Irish Republican Army　アイルランド共和軍
JIC Joint Intelligence Staff　共同インテリジェンス委員会（イギリス）
MACHIMEX China National Machinery Import and Export Corporation　中国機械進出口有限公司
MOD Ministry of Defence　国防省（イギリス）
NARA National Archives and Record Administration　アメリカ国立公文書館
NATO North Atlantic Treaty Organization　北大西洋条約機構
NPM Nixon Presidential Materials　ニクソン大統領文書群（2019年2月10日現在、ニクソン大統領図書館に所蔵）
NSC National Security Council　国家安全保障会議（アメリカ）
NSDM National Security Decision Memorandum　国家安全保障決定覚書（アメリカ）
NSSM National Security Study Memorandum　国家安全保障研究覚書（アメリカ）
PIA Pakistan International Airlines　パキスタン国際航空
SALT I Strategic Arms Limitation Talks 1　第一次戦略兵器削減交渉
SEATO South East Asia Treaty Organization　東南アジア条約機構
U/SM Under Secretaries Committee Study Memorandum　次官委員会研究覚書（アメリカ）
TNA The National Archives　イギリス国立公文書館
VSTOL Vertical/Short Take-off and Landing　垂直・短距離離着陸
VTOL Vertical Take-off and Landing　垂直離着陸

序 章
中国をめぐる英米関係

第1節　米中接近，東西陣営，西側諸国

1．世界政治の転換期——ベトナム戦争・中ソ対立・米中接近の実現

　1975年12月，英ロウルズ－ロイス（Rolls-Royce）社は，中国側と，軍用機用スペイ・エンジンの対中輸出に合意した．かかる合意は，中国が西側陣営から軍事関連技術を購入することが許された最初の事例となった[1]．ジェラルド・フォード（Gerald Rudolph Ford）米共和党政権は，その他の西側諸国の同意を事前に求めることなく，イギリス側に対し，軍用機のエンジンの対中輸出に同意した[2]．これにより，イギリスという西側の一国が，社会主義国である中国に対して軍事関連技術の輸出を行った点，また，アメリカがこれを後押ししたという点において，それまでの東西冷戦の枠組みを超えるものとなった．

　こうした大きな第一歩を踏み出した背景には，ベトナム戦争の泥沼化及び中ソ対立の激化，米ソデタント，米中接近といった，1970年代初頭当時の国際情勢の変化が挙げられよう．特に，ベトナム戦争の泥沼化の中で，1969年1月にリチャード・ニクソン（Richard Milhous Nixon）が米大統領に就任した．かねてからベトナムからの米軍撤退を主張していたニクソン大統領は，ベトナム戦争の泥沼化による対アジア政策を再評価する一環として，同年6月にベトナムからの撤退を発表し，「名誉ある撤退」の実現を目指した．

　ニクソン大統領は，アジアに係る新たな戦略を掲げた．翌月25日，同大統領は，後に「ニクソン・ドクトリン」として定式化される，いわゆる「グアム・ドクトリン」を発表した．ニクソンは，アメリカの兵力削減を明らかにするとともに，アジア諸国に対して防衛上の自助を求めた．こうした「ニクソン・ドクトリン」の発表については，アメリカの軍事的能力の低下を象徴するものであった，とする見方も一部にあるが，米軍のプレゼンスの引き下げを発

---

[1] James Mann, *About Face: A History of America's Curious Relationship with China, from Nixon to Clinton* (New York : Vintage Books, 2000), pp. 74-75.
[2] *Ibid.*, pp. 75-77.

表することで米中対決の緊張度を低下させ，中国から軍事的脅威と受け取られないような方策をとることにより，東アジア地域におけるバランス・オブ・パワーを模索する，というアメリカの新たな対アジア戦略を反映するものであったという見方がアメリカ側の外交文書にみられる[3]．

　一方の東側陣営でも，大きな変化を迎えていた．1960年代初頭から顕在化していた中ソ間の対立が，1960年代末を境に，更なる激化の様相を帯びつつあった．ソ連は，社会主義陣営全体の利益のために一国の主権を制限するという，いわゆる「ブレジネフ・ドクトリン」原則に基づいて1968年8月，チェコスロバキアに対して軍事介入を行った．中国は，こうしたソ連の行動に対し，「社会帝国主義」と非難した．そして，1969年3月2日に中ソ国境沿いに位置するウスリー川付近のダマンスキー島（珍宝島）において中ソ両軍が衝突し（ダマンスキー島事件）[4]，6月に入ると中ソ間の国境紛争は，新疆にまで拡大していた．こうした東西両陣営の動きから，世界政治における多極化・多様化の傾向が強まっていったといえよう．

　このような潮流の中で，朝鮮戦争勃発以降，冷戦状態が続いていた米中関係は，雪解けの時代を迎えつつあった[5]．ニクソンとキッシンジャー（Henry Alfred Kissinger）国家安全保障担当大統領補佐官は，中ソ両国の緊張を利用することによって，アメリカの中ソ両国に対する影響力を強めることができる，と確信しただけでなく[6]，中国との和解を通じて北ベトナムへの圧力を強化し，アメリカに有利な形でベトナム戦争を終結させようと考えていた[7]．こうした彼らの認識から，彼らはルーマニア及びパキスタン・ルートを通じて中国へのアプローチを秘密裏に進めていった．このような動きと並行して，アメリカ政

---

[3] Background Paper for Discussion with M. Froment-Maurice, 24 June 1971, Bureau of East Asia and Pacific Affairs, People's Republic of China and Mongolian Affairs 1969-1978, Entry 5411, Box 4, the National Archives and Record Administration (Hereafter, referred to as NARA), College Park, MD, USA., p. 3を参照されたい．
[4] 野口和彦「社会主義陣営における熱戦：ダマンスキー／珍宝島事件をめぐる政治的ダイナミズム」『東海大学教養学部紀要』第35輯，2005年，250頁参照．
[5] ニクソンの対中接近要因として，ベトナム戦争の泥沼化のみならず，1960年代からよりグローバルな規模にてパワーを行使しつつあるソ連の優位性を削ぐために中国を利用するとの指摘も挙げられよう．Nancy Bernkopf Tucker, *Hong Kong, Taiwan and the United States, 1945-1992: Uncertain Friendship* (New York: Twayne Publishers, 1994) p. 98参照．
[6] ウィリアム・バー（鈴木主税・浅岡雅子訳）『キッシンジャー「最高機密」会談録』，毎日新聞社，1999年，36頁．
[7] 同上，35頁．

府は対中旅行の解禁（1969年7月21日），台湾海峡からの駆逐艦2隻の撤退（1969年10月），及び台湾海峡における第7艦隊の常時パトロールの停止（1969年12月）を発表した．こうした動きを受けて1970年1月に，米中間でワルシャワ大使級会談が再開され，この中で在台湾米軍削減と引き換えに，アメリカ政府高官の中国訪問が承認された．

　その後，ニクソン政権は，中国への渡航に関するアメリカ人のパスポート使用規制撤廃（1971年3月15日），アメリカ人卓球チームの中国訪問（1971年4月14日），アメリカ独自で行っていた中国に対する貿易統制緩和（同日）を相次いで発表することにより，中国に対して関係改善を図りたいというシグナルを送った．これを受けて，4月21日，周恩来中国首相は，パキスタン・ルートを通じて「中国政府は，重ねて米大統領特使，もしくは米国務長官，あるいは米大統領自身が北京を訪問し，米政権高官と直接話し合うことを，公式に受け入れたいと考えている[8]」と伝えた．5月17日，ニクソンは，周恩来に対し，「北京を訪問して中華人民共和国の指導者たちと直接話し合うという，周恩来総理の提案を受け入れる用意がある[9]」と応えた．

　これを受け，1971年7月にはキッシンジャーはパキスタン経由にて秘密裏に中国訪問を行い，周恩来と秘密会談を行った．そして，7月15日，ニクソン大統領は，アメリカ国民向けテレビ演説を行い，キッシンジャーの中国訪問を明らかにした．また，同大統領は，「平和への旅」と題して，自らも中国を訪問することを発表し，世界各国に衝撃を与えた．翌年2月21日から28日にかけて，ニクソン大統領は，北京を訪問し，2月27日，米中両首脳は「米中共同コミュニケ（上海コミュニケ）」を発表した．

2．米中接近への西側同盟国の反応

　キッシンジャーの中国訪問を事前に知らされていなかった西側諸国は，1971年7月のキッシンジャー極秘訪中の発表にショックを隠さなかった[10]．特に，アジア諸国では，従来のアメリカの意向に沿った彼らの対中政策を根本的にみ

---

[8] 岡部達味『中国の対外戦略』東京大学出版会，2002年，178頁．
[9] 同上，178頁．
[10] 増田弘（編著）『ニクソン訪中と冷戦構造の変容』慶応義塾大学出版会，2006年は，各国の米中接近に対する反応を詳細に説明している．

なおす必要に迫られることとなり，米中接近は，日本やオーストラリアの政権交代にも影響を及ぼすことになった[11]．

日本では，佐藤栄作政権は，アメリカの対アジア政策と足並みを揃えることを優先し，台湾の中華民国政府を支持するとともに日中国交回復を主張する政治勢力を抑えていた．しかし，U・アレクシス・ジョンソン（Ural Alexis Johnson）国務次官（政治問題担当）を通じてニクソン訪中発表のわずか3分前に牛場信彦駐米大使に知らされたことから，日本政府関係者の間では動揺が広がった[12]．佐藤政権は，この「ニクソン・ショック」の直後に日中国交正常化を検討したものの，台湾の地位をめぐる日本政府内における認識[13]が足かせとなり，日中国交正常化に終始消極的姿勢を示すようになった[14]．増田によれば，その理由として第一に，佐藤首相が台湾との関係を一切変更を加えないまま中国との交渉に臨もうとしたこと，第二に，政権の優先課題であった沖縄復帰を解決する間に日中関係改善の雰囲気を維持しながら時間稼ぎをしようとしたこと，第三に，台湾の中華民国への恩義を有していたことを指摘している[15]．その後，日中国交回復を掲げた田中角栄が，これに慎重な姿勢を示した福田を下して政権を獲得した．1972年7月に成立した田中政権が，その約2カ月後の9月に大平正芳外相とともに訪中し，同月29日には日中共同声明を実現させ国

---

[11] Andrew Scott, *Allies Apart: Heath, Nixon and the Anglo-American Relationship* (Basingstoke: Palgrave Macmillan, 2011), p. 52.

[12] 緒方貞子（添谷芳秀訳）『戦後日中・米中関係』東京大学出版会，1992年，69-70頁．牛場信彦駐米大使は，「朝海の悪夢が現実になった」と述べ，「ニクソン・ショック」が日本にとっては大きな衝撃となったことを示唆した．「朝海の悪夢」とはすなわち，朝海浩一郎元駐米大使がしばしば，朝に目覚めたときに，アメリカが日本の頭越しに突然中国を承認したというニュースが飛び込んできたと述べたことから由来する．マイケル・シャラー（市川洋一訳）『「日米関係」とは何だったのか――占領期から冷戦終結後まで』草思社，2004年，393，399頁を参照されたい．

[13] 1971年5月，日本政府は，ジョンソン国務次官に対して，「もし台湾が共産主義国のような日本の敵国の支配下に入ることになれば，共産中国の軍事的パワーは多かれ少なかれインド洋からマラッカ海峡を通じて日本に通ずるシーレーン――貿易国家日本の生存にとって重要である――を意図的に邪魔する立場となるであろう」と伝えており，台湾の処遇をめぐる問題への日本側の関心の高さがうかがえる．"Suggested Approach to the Chinese Representation Question at the Next Session at the UN Assembly and Followed-Up Measures," Suzuki to Johnson, 7 May 1971, Bureau of East Asia and Pacific Affairs, Subject Files of Asian Communist Affairs, Subject Files, 1963-1972, Lot72D175, Entry 5409, Box. 4, NARA.

[14] 増田弘「米中接近と日本――日本政府（外務省）・自民党の対中国接近政策の失敗」増田弘編著『ニクソン訪中と冷戦構造の変容』慶応義塾大学出版会，2006年，143頁．

[15] 同上．

交を樹立した．この日中国交正常化の動きと前後する形で日本の財界人が訪中を果たしており，中国との貿易拡大を急速に加速させていった[16]．

オーストラリアでは，1972年12月にウィリアム・マクマーン（Sir William McMahon）自由党政権からゴフ・ウィットラム（Gough Whitlam）労働党政権へと政権交代が実現した．マクマーン政権は「ニクソン・ショック」に直面し，表向きではニクソンの訪中発表を歓迎したものの[17]，オーストラリアもまた，アメリカとの足並みを揃える形で敵対的な対中国政策を支持するというこれまでの姿勢を転換せざるを得なくなった．政権交代後，外相を兼任したウィットラム首相は，ニクソン訪中発表に伴う米中接近の動きを踏まえ，戦後23年間に及んだこれまでの保守党政権による反共・反中国政策を転換した[18]．ウィットラム首相は，ニクソン大統領とキッシンジャーのイニシアティブがもたらした国際環境の変化に応じたのだと述べ，自らの対外政策の転換を正当化しつつ[19]，早急に中国を承認し，12月21日に中国との外交関係を樹立した．豪中間の外交関係樹立後の1973年10月にウィットラム首相は，訪中を実現した．

以上のように，「米中共同コミュニケ」に代表されるような米中接近が実現したことは，西側諸国の多くがそれまでの対中政策を転換させ，中国への接近を進める重要な契機となった．特に，米中接近が，日豪両国で政権交代をもたらしたインパクト，また，これらの国々が維持してきたこれまでの敵対的な対中政策を転換させたインパクトは，決して小さいとはいえない．更に，西ドイツ，オランダ，ベルギーなどの西ヨーロッパ諸国が，相次いで中華人民共和国の国家承認を行い，中国との貿易拡大を模索しはじめることとなった[20]．

---

[16] 添谷芳秀「1970年代の日中関係——国際政治と日中関係の再編」国分良成・添谷芳秀・高原明生・川島真（著）『日中関係史』有斐閣，2013年，120頁．

[17] Andrew Scott, *Allies Apart: Heath, Nixon and the Anglo-American Relationship* (Basingstoke: Palgrave Macmillan, 2011), p. 52.

[18] 竹田いさみ『物語オーストラリアの歴史——多文化ミドルパワーの実験』中央公論新社，2000年，214-215頁．

[19] ジョセフ・カミレリ（小林宏訳）『オーストラリアの外交政策』勁草書房，1987年，125頁．

[20] もっとも，キッシンジャー訪中前の1970年10月にはイタリアとカナダが中華人民共和国承認と外交関係樹立に踏み切っていた．池田直隆「英外務省記録に見る1960年代の対中政策転換」『國學院雑誌』第110巻第10号，2009年，20頁を参照されたい．

3．中国をめぐる英米関係

対中関係をめぐる英米のルーツの違い

　イギリスは，アメリカをはじめとする西側諸国とは根本的に異なる対中関係を有してきた．1950年1月6日，イギリスは，1949年10月1日に建国されたばかりの中華人民共和国を承認した．承認した背景としては，中ソ関係が一枚岩と考えていたアメリカとは異なり，イギリスが中ソ間の利害の相違を利用するのに有効と認識していた点が指摘できる[21]．もっとも，イギリスは国連軍の一員として1950年に発生した朝鮮戦争に参戦し[22]，中国義勇軍と戦火を交えたことを背景に，中国を西側陣営の敵国とみなし対中封じ込め戦略を担う一国として組み入れられてきた[23]．また，アメリカとの対共産圏輸出統制委員会（Coordinating Committee for Multilateral Export Controls: COCOM，以下ココム）[24]の参加国としてアメリカや他の西側同盟国とともに，中国に対する経済制裁にも協力したことも事実である．しかしながら，イギリスは朝鮮戦争後も，香港を拠点とした民生分野での対中貿易を継続してきた．中国国民党が支配する台湾の中華民国を唯一の合法政府と明示的にみなしてきた日米豪とは異なり，イギリスは，大陸の中華人民共和国を西側陣営の中でいち早く国家承認することで，プラグマティック[25]な形で対中関係を維持する一方，台湾には領事館設置という形をとりながら中華民国との関係では曖昧な対応をとってきた[26]．以

---

[21] Michael Yahuda, "The Sino-European Encounter: Historical Influences on Contemporary Relations," David Shambaugh, Eberhard Sandschneider and Zhou Hong (eds), *China-Europe Relations: Perceptions, Policies and Prospects* (London: Routledge, 2008), p. 23.
[22] 西欧諸国の中ではイギリスの他に，フランス，ベルギー，ギリシャ，ルクセンブルク及びオランダが戦闘部隊を派遣した他，デンマーク，イタリア，ノルウェー及びスウェーデンが医療部隊を派遣した．*Ibid.*, p. 23を参照されたい．
[23] Robert Boardman, *Britain and the People's Republic of China 1949-1974* (London: Macmillan, 1976), p. 136.
[24] 1949年に設置されたココムには，ベルギー，カナダ，デンマーク，フランス，西ドイツ，ギリシャ，イタリア，日本，ルクセンブルク，オランダ，ノルウェー，ポルトガル，トルコ，イギリス，アメリカの15カ国が参加していた．ココムは，共産主義諸国への戦略物資の輸出統制をこの参加国の間で行っていた．加藤洋子『アメリカの世界戦略とココム 1945-1992——転機にたつ日本の貿易政策——』有信堂，1992年参照．
[25] Evan Luard, *Britain and China* (London: Chatto&Windus, 1962), pp. 73-76；廉舒『中国外交とプラグマティズム——1950年代における中国の対英政策』慶應義塾大学出版会，2016年，16頁．

上から，イギリスが，アメリカや日豪両国のように敵対的な対中政策から対中接近への大きな政策転換を行ったわけではなかったといえよう．したがって，英米両国が対中接近を進めるルーツも目的は異なることから，ニクソン米政権がこれまでの敵対的な対中政策を転換して米中接近を進めたことにより，一貫して中国への接近を継続してきたイギリスの対中政策の方向へとアメリカが近づくこととなったとするヴィクター・コーフマン（Victor Kaufman）の主張[27]には問題がある．

それでは，アメリカは，イギリスとはどのような異なる対中関係を有していたのか．アメリカはイギリスとは異なり，建国直後の中華人民共和国を承認することに躊躇していた．当時のトルーマン（Harry S. Truman）民主党政権が，中華人民共和国の成立に関して，ソ連を中心とする社会主義勢力の拡大の示唆であるとみなしたためである[28]．朝鮮戦争では，アメリカは同盟国を防衛するという信頼性を確保するためにも，軍事的介入を決定した[29]．アメリカは国連軍の主戦力として重要な役割を担い，中国義勇軍と直接的に戦火を交えたことのみならず，中国が世界各地の革命勢力を支援しているとして，中国を西側陣営の重大な脅威とみなしていた．他方，アメリカは，台湾に逃れた中国国民党が支配する中華民国について，中国を代表する唯一の合法政府とみなした．アメリカは，アジアにおいて社会主義陣営に対抗するため，1951年9月にはサンフランシスコ講和条約と日米安全保障条約を締結した日本を西側陣営に組み込んだ．中国や北朝鮮，北ベトナムといった社会主義国の脅威に対抗すべく，アメリカは，時期は前後するが同年8月にはフィリピンとの防衛条約を締結し，9月にオーストラリアとニュージーランドとともにANZUS（Australia, New Zealand, United States Security Treaty）条約を，その3年後の1954年には，アメリカは台湾の中華民国とも米華相互防衛条約を調印したことで，アジアにおいて累次の軍事同盟を形成させていった．

---

[26] Andrew Scott, *Allies Apart: Heath, Nixon and the Anglo-American Relationship* (Basingstoke: Palgrave Macmillan, 2011), p. 63.
[27] Victor S. Kaufman, *Confronting Communism: U.S. and British policies toward China* (Columbia: University of Missouri Press, 2001), p. xi.
[28] Joyce P. Kaufman, *A Concise History of U.S. Foreign Policy* (Lanhan: Rowman&Littlefield, 2014), p. 97.
[29] 青野利彦「冷戦の起源と分断体制の形成——ヨーロッパと東アジア」小川浩之・板橋拓巳・青野利彦『国際政治史——主権国家体系のあゆみ』有斐閣，2018年，137頁．

朝鮮戦争休戦後から1960年代まで

　前述の背景から，アメリカは，西側陣営の脅威とみなしてきた中国に対して，軍事転用可能な技術・物資の輸出を行うことは好ましくないという理由から，対中封じ込めを通じて中国政府の正当性を動揺させることが不可欠という認識を強めていった[30]．またアメリカは，戦略的及び政治的見地から，中国やソ連を中心とする共産主義の脅威から極東の同盟国（日本，台湾，韓国など）の安全保障を確保するという義務を有していた．したがって，アメリカは，少なくともニクソン政権による対中接近までの1960年代末まで，対中封じ込めの主導的な役割を果たしてきた[31]．

　他方，イギリスは，基本的には中国を西側陣営の脅威であるといった共通のグランド・ストラテジーをアメリカと共有してきた一方で，アメリカとは異なり，アメリカがそれまで有してこなかったような重要な利益を中国大陸に保持していた[32]．そのため，イギリスは，中国との通商の拡大を通じて中国を国際社会に参加させ，中国の共産主義の脅威を和らげるべきであるとの認識をもち，これがひいては，香港の安全保障を確保するという考え[33]を有していた．そのため，イギリスは，中国に対して交渉や妥協を模索することが多かったとされている[34]．イギリスは，特に，イギリスのアジア貿易の要である香港の安全保障を確保することに腐心していた[35]．したがって，イギリスは1950年代，60年

---

[30] Jeffrey A. Engel, "Of Fat and Thin Communists: Diplomacy and Philosophy in Western Economic Warfare Strategies towards China (and Tyrants, Broadly)," *Diplomatic History*, Vol. 29, No. 3 (June 2005), p. 445.

[31] Victor S. Kaufman, *Confronting Communism: U.S. and British policies toward China* (Columbia: University of Missouri Press, 2001), p. xi.

[32] Victor S Kaufman, "'Chirep' Anglo-American Dispute over the Chinese Representation in the United Nations, 1950-71," *The English Historical Review*, Vol. 115, No. 461, p. 355. 林大輔「イギリスの中華人民共和国承認問題，1948-1950年——戦後アジア・太平洋国際秩序形成をめぐる英米関係」『法学政治学論究』第76号，2008年，407頁．

[33] Jeffrey A. Engel, "Of Fat and Thin Communists: Diplomacy and Philosophy in Western Economic Warfare Strategies towards China (and Tyrants, Broadly)," *Diplomatic History*, Vol. 29, No. 3 (June 2005), pp. 445-474.

[34] Victor S. Kaufman, *Confronting Communism: U.S. and British policies toward China*, p. xi.

[35] Qiang Zhai, *The Dragon, the Lion, and the Eagle: Chinese-British-American Relations, 1949-1958* (Kent: Kent State University Press, 1994), p. 211. なお，香港の返還交渉が本格的に開始されたのはマーガレット・サッチャー（Margaret Hilda Thatcher）保守党政権時の1982年であった．したがって，1970年代前半当時のヒース政権は，香港の立場に関し，最終的に中国に返還せざるを得ない時期が来るまで現状維持，すなわちイギリスによる統治継続を前提としていたと考えられよう．中園和仁『香港返還交渉——民主化をめぐる攻防』国際書院，1998年，85-86頁参照．

代において，中国との大使交換を通じて対中関係を改善させ，英中貿易を拡大させたいと考えていた[36]．これによって，ひいては英中関係の維持こそが，イギリスのプラグマティックな対中政策の中心であった．

ニクソン米共和党政権と中国をめぐる英米関係

確かにイギリスが一貫して対中接近を追求してきたことは事実であるが，ニクソン政権成立後のアメリカが対中接近へと舵を切ったことは，イギリスにとっても大きな転機となったといえよう．部分的な対中貿易統制の緩和，中国への渡航自由化，米国人渡航者による上限100ドルまでの中国製品購入の許可を含め，対中政策を転換させるための一連の措置を提案する旨のNSSM (National Security Study Memorandum) 35を皮切りに，ニクソン政権はアメリカが独自に中国に対して科していた貿易統制を漸進的に緩和させる動きをみせていた．1971年4月，ニクソン政権は，中国を渡航する米国民に対する旅券に係る制限の撤廃措置，非戦略分野における対中輸出を承認した．まもなくして周恩来は，ニクソン大統領に対し，同大統領が任命する特使か国務長官，あるいはニクソン大統領自身の中国訪問を受け入れたいとするメッセージを伝達した[37]．これを受け，ニクソン大統領は，キッシンジャーに白羽の矢を立てたうえで，1971年7月9日，キッシンジャーを秘密裏に訪中させるとともに，1972年2月，ニクソン大統領自身も中国を訪問した．ニクソン中国訪問中，米中双方は，「両国間の貿易の漸進的発展を促進することに合意する[38]」旨の上海コミュニケを発表したことにより，米中間の貿易を拡大させることを明確にしたのである．

イギリスにとっては，米中接近は，英中貿易を更に拡大させ，中国との外交関係を格上げさせる重要な好機であった．1972年3月，英中大使交換協定を実現し，英中間貿易の更なる拡大を模索する動きを強めることになった．イギリ

---

[36] Wenguang Shao, *China, Britain and Businessmen: Political and Commercial Relations, 1949-57* (Oxford: Macmillan, 1991), pp. 32-33; 廉舒『中国外交とプラグマティズム——1950年代における中国の対英政策』慶應義塾大学出版会，2016年，19頁．廉によれば，イギリスによる中華人民共和国の早期承認を通じて，同国へのソ連の影響力を最小限に抑える意図があったと指摘している．

[37] Henry Kissinger, *White House Years* (Boston: Little, Brown, 1979), p. 714.

[38] "NSSM-149, China Policy," 21 March 1972, Institutional Files, Policy Papers (1969-74), National Security Study Memorandums, Box. H-190, Nixon Presidential Materials (Hereafter, referred to as NPM), College Park, MD, USA, p. 1.

スは，西側諸国の中でも最も早く中華人民共和国を国家承認した国であるが，台湾に淡水領事館を維持していることを背景に，英中間の外交レベルを代理大使級（Charge d'affaires）とすることを余儀なくされていた[39]．したがってイギリス政府は，米中接近の動向が，淡水領事館の閉鎖に伴う英中両国間の大使交換と英中貿易の拡大に向けた重要な転機であると考えていた．特に，イギリス政府は，英中間の外交レベルを大使級に格上げさせることは，英中経済関係の拡大と香港の安全保障を確保していくにあたり，イギリスにとり極めて重要なものと認識していた[40]．

また，イギリスの対中貿易の機会に関していえば，イギリス国内では，製造業，とりわけ航空機製造業界で，対中貿易の拡大の機運が高まりつつあった．1971年4月，NSDM（National Security Decision Memorandum）105に基づく対中貿易統制の緩和の決定，及びココムにおけるチャイナ・ディフェレンシャル（China Differential）[41]の緩和に向けた再検討の動きは，こうした機運を一層高めることとなった．そして，イギリスはアメリカ独自の対中貿易規制の緩和の動きに応じて，中国市場へのアクセスの確保を模索しはじめた．特に，イギリス政府は，トライデント機，VC-10機などの民間航空機の対中輸出計画を検討した．また，イギリス政府は，垂直離着陸型（Vertical Take-off and Landing: VTOL）攻撃機のハリアー（Harrier）機や，軍用機用スペイ・エンジンなど，軍用兵器や部品，技術の対中輸出計画の検討も開始することとなった．

しかし，航空機を中国に輸出するためのイギリスによる一連の計画に対し，アメリカ側は，たびたび不満や反対を表明した．無論，アメリカ政府は，米中接近後も中国はアメリカにとって西側の脅威であることに変わりはない，と認

---

[39] 池田直隆「英外務省に見る1960年代末の対中政策転換」『國學院雑誌』第110巻第10号，2009年，20頁．

[40] Graham to Douglas-Home, 20 April 1971, FCO21/833, The National Archives (Hereafter, referred to as TNA), Kew, Surrey, UK.

[41] 朝鮮戦争以後，ソ連よりも厳しい輸出統制を中国に課すことがココム参加国の間で取り決められていたが，1957年に一度廃止されたにもかかわらず，1967年，ココムにおいてソ連に対する経済制裁が緩和されたアジアの共産主義国に対する差別的な経済制裁は維持された．この差別的な経済制裁は，1957年に廃止されたものとは内容が異なるものの，ソ連・東欧諸国に対する経済制裁よりも厳しい制裁を維持するという意味で，再び「チャイナ・ディフェレンシャル」名づけられた．この新たな「チャイナ・ディフェレンシャル」は，1972年9月，原則的に廃止された．詳細については，Memorandum by the Chairman of the Defence and Overseas Policy Committee, "East-West Trade-COCOM List Review," 30 November 1970, FCO69/211, TNA; 加藤洋子『アメリカの世界戦略とココム 1945-1992――転機にたつ日本の貿易政策――』有信堂，1992年，185-190頁を参照されたい．

識していたことが背景として挙げられる．こうした見解は，主に国防総省や国務省が明確にしてきたものであった．国防総省は，行きすぎた対中貿易の拡大，すなわち，軍事転用可能な物資・技術の対中輸出がなされる可能性を危惧していたのである．つまり，軍用兵器，及び軍事転用可能な航空機及び関連技術の対中輸出は，これまでに前例がなく，共産主義からの脅威から同盟国（日本，台湾，韓国，南ベトナムなど）の防衛上の責任を担うアメリカにとって，米中接近の事実にかかわらず，こういった類の物資及び技術の輸出は，到底受け入れることはできないものであった．また，米国務省は，他の同盟国との連帯という視点から，軍事転用可能な航空機及び関連技術の共産主義諸国への移転は，米同盟国からの反発を招く可能性があるし，仮にそうなれば西側陣営の連帯に亀裂が生じる可能性がある，と考えていたのである[42]．

---

[42] Fretwell to Marshalls, 20 June 1973, PREM15/1949; Douglas-Home to Washington, FCO69/415, TNA.

第2節　本書の目的と意義

1．目的

　アメリカは，キッシンジャー極秘訪中を事前までイギリスを含む西側同盟国に知らせなかったことから英米関係に悪影響が及ぶことを想定した．また，米中接近を受け，イギリスは航空機及び関連技術の対中輸出計画を進めるにあたり，アメリカ側の反対を予想していた．しかし，英米両国は，こうした動きから生じ得る2国間の意見や立場の相違を調整し，緊密に協力していったのである．それでは，英米がそれぞれ対中接近を進めていく中で，緊密な協調関係を維持できたのはなぜか．本書は，アメリカの対中接近の動きに伴う航空機技術の対中輸出計画[43]を事例に，この質問を考察する．

　この質問を明らかにするために，以下の質問に答える．まず，第一に，ニクソン政権成立後，外交政策への米政府官僚機構の影響力が減少していったのはなぜか，という質問に答える．この質問は，ニクソン政権が外交政策，特に対中接近政策を進めるうえでの米政府内における強力なリーダーシップを考察するうえで重要な質問である．また，ニクソン政権が，米政府官僚を通じて，というよりはむしろ政治主導という形で対英関係を取り扱ったことから，米政府官僚機構の影響力が減少した理由を検討することは，英米関係の文脈においても重要であるといえよう．

　第二に，イギリスがキッシンジャー極秘訪中によるショックを受けたにもかかわらず，その直後にも対米関係の維持を模索したのはなぜか．無論，キッシンジャーの極秘訪中に関し，日本やオーストラリアと同様，イギリスに対してもアメリカ側から事前まで伝達されず，イギリス政府内では不満の声が上がった[44]．しかし，その直後からイギリスは英外務省を中心に，対米関係の改善に

---

[43]「航空機技術の対中輸出計画」に関しては，後述する．
[44] Andrew Scott, *Allies Apart: Heath, Nixon and the Anglo-American Relationship*, p. 53.

向けて動き出していった．イギリスは，キッシンジャー極秘訪中を受けて日豪がこれまでの対中政策を転換させて対中接近を進めたこととは異なり，根本的に従前の対中政策を転換することなしにアメリカの対中接近と連動する形で，中国への接近を推進していった．したがって，このようなイギリスの対中政策の「連続性」の中で，イギリスがキッシンジャーの訪中をどのように位置づけたかを考察することによって，米中ソの三角外交（triangular diplomacy）に対するイギリスの認識を明らかにすることができよう．

米中接近の動きを受け，イギリスは，英中間貿易の拡大の好機ととらえ，一連の航空機の対中輸出を計画することとなった．こうした計画の中には，①民間航空機トライデント（Trident）機，②垂直離着陸型攻撃機ハリアー機，③民間航空機VC-10機の現地生産計画，④軍用機用ジェットエンジンであるスペイが挙げられる．トライデント機とスペイの対中輸出は実現したが，ハリアー機とVC-10機に係る計画は実現しなかった．

第三に，それではハリアー機とVC-10機の対中輸出計画が実現しなかったのはなぜか，という質問に答える．注目すべき点は，仮にイギリスがハリアー機とVC-10機の対中輸出を実現した場合，政治的視点及び安全保障上のリスクに加え，経済的視点からのメリットである．すなわち，両航空機の対中輸出を進めることにより，①イギリスが入手し得る経済的利益はどの程度であるか，②周辺地域の安全保障にどのような影響があり得るか，③アメリカとの政治的関係への悪影響はどのようなものであり得るかが焦点である．そして，これらの諸点のうち，どの要素を優先すべきとイギリス政府が考えたかが重要である．

第四に，トライデント機とスペイの対中輸出は実現したのはなぜか，という質問に答える．トライデント機の対中輸出は，アメリカの対英関係という文脈からニクソン政権の政治的判断に着目する必要がある．すなわち，ニクソン政権は，キッシンジャー極秘訪中の後，どのようにしてイギリスなどの同盟国との関係を修復していくかを考えていた．また，イギリス製の民間航空機であるトライデント機の対中輸出が実現したことを検討することによって，本計画実現によるアメリカ側のメリットにも着目したい．

スペイの対中輸出計画であるが，アメリカの対中，対ソ関係という文脈において，アメリカ政権が本計画を同意することが自国主導の三角外交をより有利な形で進めることができるのか，という点が重要である．また，どのような形で本計画に同意する旨をイギリス側に伝えたのか，またその理由は何かという

点も，アメリカの国内政治の文脈から重要である．すなわち，アメリカ政権が引き続き，米官僚機構をバイパスする形で強力なリーダーシップを発揮するにあたり，キッシンジャーは軍用機に搭載されるエンジンの対中輸出計画について慎重に取り扱ったのである．また，イギリスの対米関係という文脈において，イギリスがどのようにして米国内政治を適切に見極めながら本件を進めたのかについて本書で検討することは重要である．

かかる先行研究について検討する．第一に，英米関係に関する研究が挙げられる．これらの多くは，イギリスのヨーロッパ経済共同体（European Economic Community，以下EEC）加盟の文脈において，1970年代における英米関係の悪化を説明している．1973年1月1日にEEC加盟を果たしたことで，イギリスはアメリカとの「特別な関係」を維持しつつも，「良きヨーロッパ人」としての行動が期待されるようになり，これが英米関係の悪化を招いたとの主張がその多くを占める[45]．また，齋藤は，キッシンジャーの「ヨーロッパの年」演説を事例に取り上げつつ，英米の外交スタイルの相違が英米関係の悪化を招いた，との見解を示している[46]．高安は，第四次中東戦争と第一次石油危機を事例にイギリスがアメリカとは異なる独自の状況認識と利益の確保に動いたことを取り上げることによって，英米間の「距離」を主張している[47]．

第二に，英米関係に関する研究の中でも，中国を事例に英米関係を分析した先行研究は比較的数が少ない[48]．また，これらの先行研究の多くは，おおむね中国をめぐる英米両国の「対立」に焦点に当てている．特にジェフリー・エン

---

[45] John Baylis, *Anglo-American Relations Since 1939* (Manchester: Manchester University Press, 1997); John Dumbrell, *A Special Relationship: Anglo-American Relations in the Cold War and After* (Macmillan: St. Martin's Press, 2000); Alan P. Dobson, *Anglo-American Relations in the Twentieth Century: of Friendship, Conflict and the Rise and Decline of Superpowers* (London: Routledge, 1995).

[46] 齋藤嘉臣「「欧州の年」の英米関係，1973年——英米の外交スタイルの相違を中心に」『現代史研究』第52号，2006年，27-40頁．

[47] 高安健将「米国との距離と国益の追求——第四次中東戦争と第一次石油危機をめぐる英国の対応」『国際政治』第141号，2005年，86-100頁．

[48] Lanxin Xiang, *Recasting the Imperial Far East: Britain and America in China, 1945-1950* (Armonk, N.Y.: M.E. Sharpe, 1995); Qiang Zhai, *The Dragon, the Lion, and the Eagle: Chinese-British-American Relations, 1949-1958* (Kent State University Press, 1994); Edwin W. Martin, *Divided Counsel: The Anglo-American Response to Communist Victory in China* (Lexington: University Press of Kentucky, 1986). 日本語文献では，池田直隆「米英両国の国共内戦認識の相違——1950年における「二つの中国」問題の再検討」『軍事史学』第43巻第1号，2007年．林大輔「イギリスの中華人民共和国承認問題，1948-1950年——戦後アジア・太平洋国際秩序形成をめぐる英米関係」『法学政治学論究』第76号，2008年，387-416頁．

ジェル (Jeffrey Engel)[49]の研究では，中国との通商をめぐる英米の相違は，「特別な関係」の内側に緊張をもたらしていると指摘している．また彼は，1960年代における航空機の対中輸出の計画をめぐる英米間の対立にも言及している[50]．また，コーフマンは，第二次世界大戦後から1970年代後半にわたり，イギリスがアメリカの立場を受け入れたので，英米両国間の対立はあまりみられなかったと主張する[51]．

英米関係に係る諸先行研究は，1960年代までを対象にしたものがほとんどであったが，近年，1970年代に関する先行研究の数は徐々に増加している．「30年ルール」に基づき，欧米の公文書館において，1970年代に係る多くの外交文書の機密解除が進んだことを受け，これらの文書を基にした英米関係に係る研究が進みつつある．

特に，コーフマンは，1969年から1971年までの時期の英米関係に関する研究を発表しており，本書に有益な示唆を与えている．コーフマンは，イギリスが財政的にも軍事的にもアメリカに依存していたとしつつも，1970年代に入るや否や，アメリカの対中政策がイギリスの対中政策の側へとシフトした点，そしてこれにより，エドワード・ヒース (Edward Heath) 英保守党政権の対中政策における自由度が広がった点を指摘している[52]．しかし，コーフマンは，この議論を立証するために必要な分析を十分行ったとは言い難い．また，コーフマンの研究では，米中接近後もイギリスの中国をめぐる国益がアメリカに依存し続けた事実を無視，あるいは軽視しており，イギリスの対中政策の自由度が広がったとのコーフマンの指摘は，正しくない．更に，彼の1970年代初頭に関する分析では，1950年代と60年代に関する分析と比較して，外交文書があまり使用されておらず，その代わり，多くの新聞記事に依存していることから，政策分析としては不十分である点は否めない．

また，アンドリュー・スコット (Andrew Scott) は，ヒース首相とニクソン

---

[49] Jeffrey A. Engel, "Of Fat and Thin Communists: Diplomacy and Philosophy in Western Economic Warfare Strategies towards China (and Tyrants, Broadly)," *Diplomatic History*, Vol. 29, No. 3 (June 2005), p. 448.

[50] Jeffrey A. Engel, *Cold War at 30,000 Feet: The Anglo-American Fight for Aviation Supremacy* (Cambridge: Harvard University Press, 2007).

[51] Victor S. Kaufman, *Confronting Communism: U.S. and British policies toward China* (Columbia: University of Missouri Press, 2001), p. 233.

[52] *Ibid.*, p. 233.

大統領両政権期の英米関係が低迷していたことを強調するとともに，特に「ニクソン・ショック」をきっかけに英米関係は最も低い水準まで冷却したと説明する[53]．しかし，スコットは，英米両首脳の関係に着目しすぎる一方で両国の国内政治過程を軽視している傾向があるため，英米関係の悪化を過大評価している点はやや客観性に欠ける．

2．分析視角

航空機技術の対中輸出計画

　本書が航空機技術の対中輸出計画に焦点を当てることは，前述したとおりである．対象となる分析時期については，1969年1月のニクソン政権の成立が米中接近の重要な要因であるとの本書の認識から，1969年から開始することとする．そして，軍事用スペイ・エンジンの対中輸出に関し，前述のとおりはじめて西側から軍事関連技術の購入を許された事例となったことから，このエンジンの対中輸出が実現した時期である1975年12月までとする．

　本書では，航空機技術の対中輸出計画とは何を指すかを，ここで簡単に触れておきたい．アメリカ政府が対中貿易統制を緩和する決定を下したこと，また，こうした決定の後押しを受けて米中接近が進んだことに伴う，英米両国による航空機及び航空機関連技術の対中輸出計画を指すこととしたい．なお，対中貿易統制とは，中国が朝鮮戦争に参戦したことを受けてアメリカが中国に科していた経済制裁（1971年4月14日に解除）を指すことにする．また，物資及び関連技術の対中輸出に係る一連の計画に関し，①アメリカによるNSDM（National Security Decision Memorandum）17による食料・農業機器・薬品・化学肥料の対中輸出からはじまるアメリカ製エンジン内蔵のフランス製トラックなど，他の非戦略的物資の対中輸出の許可，②イギリスによるホーカー・シドレー社（Hawker Siddeley Aviation，以下HSA）製民間航空機トライデント機の対中輸出，③イギリスによる同社製ハリアー機とブリティッシュ・エアクラフト社（British Aircraft Corporation，以下BAC）製VC-10機の対中輸出，④イギリスによるロウルズ-ロイス社製軍事用スペイ・エンジン（以下，スペ

---

[53] Andrew Scott, *Allies Apart: Heath, Nixon and the Anglo-American Relationship*, pp. 1-4 and 50-63.

表1：1970年代前半における英米ソ3国による主な航空機技術の対中輸出計画

航空機および技術名称	トライデント1E型	トライデント2E型	ハリアー機	IL62型	VC-10機	軍事用スペイエンジン	ボーイング707型
製造元企業名（国名）	HSA（イギリス）	HSA（イギリス）	HSA（イギリス）	イリューシン設計局（ソ連）	BAC（イギリス）	ロウルズ-ロイス社（イギリス）	ボーイング社（アメリカ）
契約の詳細	PIA所有の中古機体4機	新機体6機	新機体200機	当初6機の輸出が計画、その後3機に削減	機体輸出、中国内での機体組立て、現地製造の三段階	エンジン及び技術	新機体10機
対中輸出実現の是非	実現	実現	実現せず	実現	実現せず	実現	実現
契約合意時期	1970年	1971-72年		1971年		1975年	1972年

出所："US-UK Talks on East Asia," 20 September 1972, Bureau of East Asia and Pacific Affairs, Subject Files of the Office of the People's Republic of China and Mongolia, 1968-1978, LOT 94D176, Entry 5411, Box.6, NARA; Home to Washington, 28 February 1971, FCO21/852; Extract from Financial Times, "China may buy Tridents," 3 March 1971, FCO69/216; "Defence and Overseas (Official) Committee, Note by FCO," 17 February 1971, FCO69/216, p. 1: "Annex 'A', Sale of Aircraft to China-Harrier," 29 November 1972, FCO69/308, p. 2; Ennals to Beswick, 27 November 1975, FCO21/1398; "Export of Civil Aircraft to China," from Webster, 13 November 1970, CAB148/103, TNA, p.2を基に筆者作成

イ）の対中輸出に係る諸問題を中心に示すことにする．

　また，本書が航空機技術の対中輸出計画に焦点を当てる理由を説明したい．航空機技術の対中輸出計画に関しては，単なる外交上の問題，あるいは純粋な経済問題であるというよりはむしろ，西側全体の安全保障，戦略上の問題と関連している点が英米両国によって少なからず認識されていた．イギリスにとって，軍事転用可能な物資及び関連技術に係る一連の対中輸出計画は，イギリスの経済的利益を増進させる可能性をもつものであるとともに，英中間の政治的・経済的関係を改善させるものとなり，英中関係の改善を通じて香港の安全保障を確保することに繋がるような，非常に重要なものであった．

　他方，アメリカにとっては，軍事転用可能な物資・技術が西側諸国から中国に移転されることは，中国の技術能力を向上させ，中国の軍事関連技術の取得を加速させる可能性をはらむものであり，これにより，日豪，台湾や南ベトナムを含むアジアの西側同盟国に対する防衛責任を担ううえで困難が伴う可能性があった．したがって，たとえ英米両国が中国接近という共通の対中政策を追

求したとしても，以上のような航空機技術の対中輸出をめぐる英米の利害の相違を調整する必要に迫られることとなった．

英米両国間の交渉過程

　本書は，英米両国の間の交渉過程及び英米両国の国内政治過程に着目する．まず，英米２国間の交渉過程の分析視角であるが，米中接近が進み，西側の軍事関連技術の対中輸出が実現するまでの時期に，英米両国，特に英外務省とキッシンジャーが中国をめぐって協力するまでの過程に焦点を当てる．

　こうした過程に焦点を当てることにより，以下の経緯を明らかにする．キッシンジャーが秘密裏に訪中し，ニクソン訪中時に「米中共同コミュニケ」を発表し，米中接近を実現させた．その一方で，キッシンジャーの秘密訪中はヒース首相を含めイギリス政府高官を憤慨させることとなったとはいえ，アレック・ダグラス＝ヒューム（Sir Alec Douglas-Home，以下，ヒューム）英外相をはじめとする英外務省関係者は，ホワイトハウスがキッシンジャーの極秘訪中を計画する中で，中国との秘密外交を展開したこと，また，米国務省官僚をバイパスしたことを認知した．ホワイトハウスは，イギリス製民間航空機トライデント機の対中輸出を許可することによって，憤慨した英政府高官たちを懐柔しようと試みた．こうした中，イギリスの航空機産業界が垂直離着陸型攻撃機であるハリアー機及び民間航空機であるVC-10機の対中輸出を計画したことを受け，イギリス政府は，両計画に関して慎重な検討を行った．しかし，イギリス政府は，中国については依然として西側の潜在的な安全保障上の脅威であること，また，何よりもそのような認識を共有するアメリカとの関係が極めて重要であることを再認識するようになった．この結果，イギリス政府は両航空機の対中輸出計画を断念することとなった．

　しかしその後のスペイの件では，英米によって異なる対応がとられた．キッシンジャーは，国務長官に就任した直後の1973年10月に行われたヒューム英外相との会談の中で，イギリスによるスペイの対中輸出計画を前進させるために「官僚に残忍な仕打ちをする（brutalize bureaucracy）」ことを秘密裏に約束した[54]．アメリカ側との交渉を進める中で，イギリス政府，特に外務省は，キッシンジャーが国務省などの米政府官僚たちに影響力を及ぼす可能性，またキッ

---

[54] 詳細は本書第4章にて議論する．

シンジャーの外交手腕を発揮させる可能性を認識し,キッシンジャーが選好するような外交にならった結果,スペイの対中輸出を実現させるにあたり,秘密裏にキッシンジャーとの協力を行うようになった.

　以上の経緯を考察することにより,本書は,米国による三角外交の展開とイギリスのプラグマティックな対中政策が一致したことにより,英米両国が中国をめぐって協力したことを示唆する.本書は,キッシンジャーが秘密裏に,イギリスによるスペイの対中輸出を承認することを通じて,アメリカに有利な形で米中ソ3国間の三角外交を進め,ソ連への牽制を行うことで国際社会を安定化させようと考えたことを明らかにする.キッシンジャーは,「理念」ではなく「地政学」的思考に基づいて自国の国益を規定し,「バランス・オブ・パワー」を諸国間の関係調整の手段として用いられた外交的手法[55]に基づく対中外交にとどまらず,対英外交も展開したことを説明する.キッシンジャーは,自由主義と共産主義という東西間に存在するイデオロギーの相違にとらわれることなく,地政学的思考に基づき,米中接近を実現することにより,大国間のバランス・オブ・パワーの安定を通じて国際社会の安定化を狙ったのである.

　他方,イギリス政府は,プラグマティックな対中政策を推進するため,キッシンジャーによる三角外交の展開に歩調を合わせ,これを利用することへの可能性を模索していたことを明らかにする.イギリスは,キッシンジャーの極秘訪中から軍事用スペイ・エンジンの対中輸出の実現に至るまで,アメリカ側の三角外交を適切に認識し,これに沿う形で行動することを模索したのである.本書は,英米が異なる対中外交の目標とルーツをもちつつも,アメリカの三角外交とプラグマティックな対中政策の一致により英米両国が協力したことを明らかにすることによって,ニクソン政権がイギリスの対中政策の側へとシフトした旨のコーフマンの主張が正確さに欠いていることを指摘する.また,アメリカが,封じ込めの対象であった中国を引き込み,膨張主義的傾向が強いと考えたソ連を牽制するといった,バランス・オブ・パワーの巧みな操作を通じて,米中ソ間の新たな世界の均衡状態を追求したこと,また,イギリスが,キッシンジャーの極秘訪中を冷静に受け止め,アメリカがバランス・オブ・パワーに基づく政策に転換させた事実を適切に認知し,アメリカの新たな政策に一致す

---

[55] Henry Kissinger, *Diplomacy* (New York: Simon and Schuster, 1994). 邦訳においては,ヘンリー・キッシンジャー(岡崎久彦訳)『外交』日本経済新聞社,1996年を参照されたい.

る形で対中接近を進めたことを説明する．これにより，アメリカの対中政策の転換によって，ヒース英政権の対中政策の自由度が広がったというコーフマンの主張を修正する．

英米両国の国内政治過程

英米両国の国内政治過程を考察するにあたり，まずアメリカ側の国内政治過程に関して指摘する．本書は，アメリカ側に関し，ホワイトハウス，特にキッシンジャー国家安全保障担当大統領補佐官のイニシアティブに着目するが，ウィリアム・ロジャーズ（William Rogers）米国務長官や国務省（U.S. Department of State），国防総省（U.S. Department of Defense）[56]及び商務省（U.S. Department of Commerce）の対中政策への関与にも適宜目を向ける．ホワイトハウスが，アメリカの対中政策を転換させるうえで，主導的役割を果たしたことはすでに多くの先行研究で明らかにされている[57]．本書は，キッシンジャーを中心とする国家安全保障会議（National Security Council，以下NSC）の権限強化を通じてホワイトハウスの対中政策への影響力が強化された過程，これにより国務省を含む関係省庁の影響力の低下がもたらされたことを明らかにする．

次に，イギリス政府の国内政治過程に言及する．閣僚レベルに加え，外務省（Foreign and Commonwealth Office）による政策決定のみならず，国防省（Ministry of Defence）と貿易産業省（Department of Trade and Industry）の対中国，対米国政策への関与に焦点を当てる．また，閣議の負担を減らす観点から，関係省庁の閣僚が出席する内閣委員会の一つとして内閣府に設置されていた，防衛対外政策公式委員会（Defence and Overseas Policy Official Committee）による政策決定にも着目する．特に，イギリス政府内において，VC-10機及びハリアー機を含む一連の航空機の対中輸出計画に関する方向性をめぐり，輸出を推進すべきと主張する貿易産業省と，この計画を進めるにあたりアメリカの意向に配慮すべきとする外務省及び国防省の間に意見の相違があった．省庁間に存在したこのような意見の相違を調整するために，防衛対外政策公式委員会が内閣府において開催されてきたのである．

---

[56] 本書では，アメリカのDepartment of Defenseに関し，英国防省（Ministry of Defence）と明確に区別するため，便宜上，「国防総省」という用語を訳語として使用する．
[57] 花井等・木村卓司（編）『アメリカの国家安全保障政策』原書房，1993年，44頁．

第3節　本書の構成と研究方法

1. 構成

　本書の構成について説明する．まず第1章では，一連の航空機の対中輸出が行われたことの背景としての米中接近を説明する．そのために1969年に成立したニクソン米政権が，アメリカが独自に発動してきた中国に対する経済制裁（以下，対中貿易統制）を緩和していく過程に加え，ヒース英政権の対中政策に着目する．ニクソン政権の下，キッシンジャーは国務省といった米政府官僚機構を政策決定から成功裏に排除したこと，またNSCの次官委員会が，大統領による指示を受けて報告書を作成し，NSDM105をはじめとする政策決定に大きな影響力を行使したことを説明する．また，NSCの権限強化の過程がホワイトハウスによる政策決定の強化をもたらし，国防総省や国務省などの関係各省庁の影響力が次第に排除されていった経緯を説明する．そして，ホワイトハウス主導の対中政策の決定への影響力の増大が，米国の大胆な対中政策の転換を促し，米中和解をもたらしたことを示唆する．

　また，ヒース英政権の対中政策の主なポイントを整理する．このような対中政策はこれまでの歴代政権から引き継いだものであるものの，朝鮮戦争以降，イギリスはアメリカの対中封じ込め戦略を考慮に入れざるを得なかったが，アメリカの対中接近を受けて，これまでの対中政策を更に前進させることとなったことを説明する．特に，イギリスは，中国における商業的機会に注目し，民間航空機であるトライデント機をはじめとする一連の航空機の対中輸出を追求するようになったことに言及する．

　第2章では，イギリス政府は，アメリカの対中接近の動向に敏感に反応し，英中貿易の拡大を図るべく，民間航空機トライデント機の対中輸出計画を検討したが，この計画をめぐる英米間の外交に着目する．国防総省はこの計画に対して反対を表明していたが，ホワイトハウスがトライデント機の対中輸出を許可した．かたくなに同機の対中輸出に反対を続けていた国防総省は，ホワイト

ハウスに提起されることを反対表明の撤回の条件とした．その結果ニクソンは，同機の対中輸出への同意をイギリス政府に与えた．その背景としては，トライデント機の対中輸出への同意を伝えた5日前に，ニクソンがキッシンジャーの極秘訪中，及び彼自身による中国訪問の用意を発表する際に，同盟国に事前連絡を行っていなかったことから，ニクソンは，イギリス政府に対して，トライデント機の対中輸出を許可するという決定を通じて，アメリカが対中秘密外交を行ったことに対するイギリスの不満を和らげようと試みたことが挙げられる．こうしたニクソンの試みに対し，ヒース首相は，冷淡な態度をとった一方，ヒューム外相を含むイギリス政府関係者は，ホワイトハウスが国務省などの官僚機構をバイパスし，西側諸国を含むその他の国に対して事前通告しない形でキッシンジャーの極秘訪中を進めたことを明示的に認識したことを指摘する．

　第3章では，イギリスによるハリアー機の対中輸出と民間航空機VC-10の中国国内における製造・生産計画をめぐる英米関係の考察を行う．アメリカによる対中接近の動向に伴い，イギリス製民間機のトライデント機の対中輸出が実現したことを契機に，航空機の更なる対中輸出計画が浮上した．ヒース英首相がこれらの計画をニクソン及びキッシンジャーに提起した結果，キッシンジャーが曖昧な態度をとり，イギリス側は，アメリカ側からの同意を確保することができなかった．イギリス政府が対米関係を最重要視して，これらの計画を中止するという決定を下したことは，アメリカの三角外交にイギリスも関与することによって，後にスペイが中国に輸出されることの地ならしとなったことに触れる．

　第4章では，スペイの対中輸出の実現をめぐる英米関係の考察を行う．スペイをめぐって，ココムの場ではアメリカの反対に加え，日独仏の留保によって挫折に追い込まれたかにみえた．イギリス政府は，クローマー（Lord Cromer）駐米イギリス大使を通じてキッシンジャーの極秘の言質を確保していた．キッシンジャーは，国務長官就任後に「官僚に残忍な仕打ちをする（brutalize bureaucracy）」とイギリスに伝え，この発言を記録しないでほしいと求めた．国務長官就任後のキッシンジャーは，イギリス政府に対して，国務省を通じて非公式にスペイ輸出に同意したこと，またココムの場でアメリカ政府代表が表明した公式な反対表明を撤回することはできないことを伝えた．イギリス政府は，このようなキッシンジャーの強力な手腕に敏感に反応し，国務省をバイパスしてキッシンジャー及び彼の側近に書簡を送付し，キッシンジャーとの秘密外交を展開しはじめた．そして，1975年10月にキッシンジャーの言

質を再確認し，スペイの対中輸出が実現に至った．この考察を通じて，英米，特にイギリスとキッシンジャーの間で行われた秘密外交がスペイの対中輸出実現の大きな礎となったことを明らかにする．

終章においては，英米の協力関係について総括する．そのうえで，1970年代前半にみられた航空機技術の対中輸出を事例に，中国をめぐる英米両国の協力関係が，現在においてどのような意義をもつのかに触れる．

2．研究方法

本書は，政治外交史による考察を行う．英米両国で公開されている未公刊史料及び公刊史料を中心に使用し，前述のような英米両国の国際交渉のみならず，両国の国内における政策決定過程を実証的に考察することを試みる．なお本書は，英米関係に関する考察を行うものであるが，米中間及び英中間の交渉も考慮に入れることにより，英米中3カ国を中心とした，より広範にわたる国際関係史の構築の可能性も試みる．

イギリス側の未公刊史料であるが，イギリス国立公文書館（The National Archives：TNA）の外務省（FCO），首相文書（PREM）及び閣僚文書（CAB）を中心に利用した．

アメリカ側の未公刊史料に関して，アメリカ国立公文書館（National Archives and Record Administration：NARA）の国務省やNSCの関連文書及び会談録を中心に扱う．大統領図書館に関し，アメリカ国立公文書館に所蔵されていたニクソン大統領文書群（Richard Nixon Presidential Materials）[58]の利用価値は高い．特に，NSC及びNSC次官委員会に関するファイルは，質的に優れている．また，本書は，ミシガン州にあるフォード大統領図書館（Gerald Ford Presidential Library）の会談録やワシントンDCにある国家安全保障アーカイブ（National Security Archive）の外交文書を補完的に利用する．

公刊史料に関し，利用価値の高い米国対外政策歴史資料（Foreign Relations of the United States: FRUS）の他，ニクソン大統領やキッシンジャー，フォード大統領，ヒース英首相，ヒューム外相を中心とする英米両国の政治家，外交

---

[58] 2019年2月現在，当該ファイルは，カリフォルニア州にあるニクソン大統領図書館（Richard Nixon Presidential Library）に所蔵されている．

官,官僚の回顧録及び日記などを参考にした.

第1章
アメリカの対中接近プロセスとイギリス　1969-1972年
――アメリカの対中貿易統制の緩和を中心に――

第 1 節　はじめに

「より明確なジェスチャーを示す必要があった．今こそ我が国の対中禁輸を修正するべきときが来ていた．修正の実際的意味こそ大したものでないものの，その象徴的意味は，絶大であった」[1]．

1969年1月に成立したニクソン米共和党政権は，ベトナム戦争の解決に向け，中国への接近を検討しはじめた．そして，国境紛争に発展した中ソ対立を背景に，ニクソン大統領及びキッシンジャー国家安全保障担当大統領補佐官は，本格的に米中接近の実現に向けた政策を推進するようになる．

中国に対する貿易統制（以下，対中貿易統制）の緩和問題が，ニクソン政権内部において，アメリカの対中政策の象徴的中核として位置づけられたことは重要である．対中貿易統制とは，1950年12月の朝鮮戦争における中国による国連軍攻撃を契機に，アメリカ政府が独自に維持してきた中国に対する禁輸措置であり[2]，直接的な米中間貿易の機会を拒絶するものであった．この禁輸措置は，戦略的物資及び技術の貿易統制を西側諸国間で取り決めているココムとは別個にアメリカが独自に行ってきたものであった．このアメリカ独自に行ってきた対中貿易統制では，非戦略的分野における幅広い品目・技術が対象であった．本来，対中貿易統制は，敵国との貿易を行わないという政治的メッセージを中国に対して送り続けると同時に，経済的封じ込めを通じて国際経済から孤立させ，中国の経済発展を遅らせることで中国の正当性を弱体化させることを目的にしていたものである[3]．ゆえに，ニクソン政権によるこの対中貿易統制を緩和に向けた一連の政策決定は，アメリカにとっては，中国側に対して米中

---

[1] Henry Kissinger, *White House Years* (Boston: Little, Brown, 1979), p. 179. 邦訳においては，ヘンリー・キッシンジャー（桃井眞監修）『キッシンジャー秘録① ワシントンの苦悩』小学館，1979年，237頁．

[2] "Travel and Trade with Communist China," NSC-U/SM 91, 22 February 1971, NSC Institutional Files, Study Memorandums (1969-1974), National Security Study Memorandums (NSSM), Box. H-176, NPM, p. 1.

[3] Bundy and Solomon to Acting Secretary, undated, Bureau of East Asia and Pacific Affairs,

和解というアメリカの政策転換という重要なシグナルを送る手段として重要な政策であった[4].

　この対中貿易統制の緩和をめぐる政策決定を管見すると，政権成立当初の1969年には，ロジャーズ国務長官による対中接近政策，特に，対中貿易統制の緩和問題への積極的関与が目立った[5]．しかし，1971年のNSDM105（米中間の旅行・貿易拡大へのステップ）をめぐる一連の政策決定過程では，各省庁及びロジャーズ国務長官の影響力が縮小された．一方で，ホワイトハウス，特に，NSCによるイニシアティブが強化されることとなった．本章では，アメリカ政府の対中貿易統制の緩和をめぐる政策決定過程を考察する．そのうえで，NSCによるイニシアティブの強化の過程に着目することにより，キッシンジャーがホワイトハウスの対中接近政策における影響力の強化を確立したことを論じる．その後で，アメリカが対中貿易統制の緩和を決定し，対中接近を進めたことを受けて，イギリスがプラグマティックな対中政策を更に推し進めるきっかけとなった旨に触れる．

Subject Files of Asian Communist Affairs, Subject Files, 1963-1972, Lot72D175, Entry 5409, Box. 4, NARA; Jeffrey A. Engel, "Of Fat and Thin Communists: Diplomacy and Philosophy in Western Economic Warfare Strategies towards China (and Tyrants, Broadly)," *Diplomatic History*, Vol. 29, No. 3 (June 2005), pp. 445-446.

[4] "China, Soviet Policy Same for U.S.," Herald Tribune, 24 March 1971, FCO21/663, TNA.
[5] Evelyn Goh, *Constructing the U.S. Rapprochement with China, 1969-1974: From "Red Menace to "Tacit Ally"* (Cambridge: Cambridge University Press, 2005), p. 133.

第2節　アメリカの対中政策の転換と対中貿易統制緩和への動き

1. ニクソン政権の成立——当時の対中認識とニクソンの対中政策

　ニクソン新大統領は，アメリカの外交政策に関し，1969年1月20日の大統領就任演説の中で以下のように述べている．

> 「すべての国に対して，アメリカ政府との対話の路線が開かれていることを知らせよう．アメリカは，開かれた世界（中略）を求める（中略）．アメリカは，すべての国とは友人になることを期待することはできないが，誰一人として敵にまわすことのないよう努力することはできよう．アメリカの敵国に対して，以下を述べたい．アメリカは，領地占領や占領地の拡大を追求することはなく，人類の繁栄に向けて平和的競争を追求していく」[6]．

ニクソン本人は，この大統領就任演説の中で，「間接的に米中関係の重要性に言及した[7]」と述べている．中国を国際社会の舞台に招き入れ，「開かれた世界」を追求すること，また，ベトナム戦争を終結させ，中国を含めた社会主義陣営の諸国と「平和的競争」を行うことがうたわれている．ニクソンはこの演説の中で，「開かれた世界」，そして「誰も我々の敵にはしないよう努力する」という文言を使用することによって，対中接近の可能性を示唆したのであろう．
　もっとも，ニクソンは，大統領就任前の1967年に，フォーリン・アフェアーズ（Foreign Affairs）誌に寄稿した「ベトナム後のアジア」と題する論文の中

---

[6] Inaugural Address of Richard Nixon, Monday 20 January 1969, http://avalon.law.yale.edu/20th_century/nixon1.asp（2019年2月10日最終アクセス）括弧部引用者．
[7] 田久保忠衛『ニクソンと対中国外交』筑摩書房，1994年，38頁．

で，アメリカの対中政策を転換させる可能性を示唆している．ニクソンは，中国に対する幻想や敵対心をなくすためには，10億人もの民衆を抱える潜在能力のある中国を孤立状況から脱却させ，国際社会の中に迎え入れる必要があることを説いている[8]．そして，国際社会に迎え入れることによって，海外における冒険主義を放棄させ，国内問題の解決のために内側に目を向けさせるよう中国に変化を促すべきである，と主張している[9]．ニクソンは，以上のように既存のアメリカの対中政策を軌道修正することの重要性を説いていたのである．

2．対中貿易統制の緩和の検討——国務省とNSCの相克

　ニクソンは，対中政策を転換するための検討作業を行った．1969年2月1日，ニクソンは，早速，キッシンジャーに対して米中接近の可能性を模索するよう指示を行った[10]．これを受け2月5日，キッシンジャーは関係各省庁に対し，対中政策の再検討を依頼した．その内容は，「①共産中国と国府との関係の現状，②共産中国のアジアにおける脅威と意図の本質，③アメリカと他の主要国の対中政策の間のやり取り，④アメリカの対中アプローチ及びそのコスト並びにリスク」の4点であった[11]．

　同年5月15日，以上対中政策の再検討に係る内容は，NSSM14として関係省庁によって取りまとめられた．しかし，キッシンジャーはこのNSSM14に不満を示した．なぜならば，彼はこの報告について，月並みな諸問題をあまりにも抽象的な形で扱っており，中ソの緊張関係や米中ソの三角外交の文脈からは何も具体的方策が示されていないと考えたからである．したがってキッシンジャーは，別の角度からより深く再検討されるべきと述べた[12]．

　以上のような関係各省庁による対中政策に係る政策立案が行われる一方，NSCもこれに並行する形で対中政策の再検討を行っていた．1969年3月28日，

---

[8] Richard Nixon, "Asia after Viet Nam," *Foreign Affairs*, Vol. 46, No.1. (October 1967), p. 121. 邦訳では，フォーリン・アフェアーズ・ジャパン（編・監訳）『フォーリン・アフェアーズ傑作選　1922-1999——アメリカとアジアの出会い〈上〉』毎日新聞社，2001年，295頁．
[9] *Ibid*., p. 121; 同上，295頁．
[10] 田久保忠衛『ニクソンと対中国外交』筑摩書房，1994年，38頁．
[11] Kissinger to Secretary of State, Secretary of Defense and Director for Central Intelligence, 5 February 1969, NSC Institutional Files, Study Memorandums (1969-1974), National Security Study Memorandums (NSSM), Box. H-134, NPM.
[12] 緒方貞子『戦後日中・米中関係』東京大学出版会，1992年，33頁．

NSC次官委員会[13]の委員長となったエリオット・リチャードソン（Elliot Richardson）国務次官は，ニクソンに対し，対中貿易統制の部分的廃止と中国への渡航の自由化を提案した．ニクソン大統領は，NSC次官委員会のこうした提案について，対中政策に係る具体的な方策であるととらえ好意的に受け止めた．その後もNSCでは，対中政策に関して「アメリカの対共産諸国政策」と題するNSSM35の作成に向け，より細かな検討作業が行われた[14]．この作業では，キッシンジャーの推薦を受けて国務省から出向したジョン・ホールドリッジ（John Holdridge）をはじめとするNSCの部員が政策文書の準備を行った．このNSSM35の取りまとめ作業を通じて，NSCの部員たちは，ココムによる対中差別貿易統制及びアメリカによる対中貿易統制の緩和に向けた再検討の提言に向けて詰めの作業を行っていった．

また，キッシンジャーは当初の段階において，場合によっては国内法上の変更も必要であるとしており[15]，1969年9月に予定される輸出管理法改正案の議会通過を待つしかないとの考えをもっていた．しかしまもなくしてキッシンジャーとリチャードソンは，これを待っていると，今にもクライマックスにも達しているアジアの情勢に遅れをとるおそれがあると気づいた[16]．つまり2，3

---

[13] NSC次官委員会に関し，ニクソン政権成立直前の1968年11月の時点において，アドホックな委員会としての設立が検討されていた．Memorandum for the President-Elect, from Henry A. Kissinger, "Memorandum on a New NSC System," November 27, 1968, FG6-6 National Security Council, Subject Files, White House Central Files, NPM, Box. 1参照．同文書は，武田悠氏（広島市立大学）のご厚意によりいただいた．この場を借りて同氏に御礼申し上げる．同文書の解釈に対する責任は筆者にある．同委員会は，1969年1月20日に承認されたNSDM2に基づいて設置された．NSDM2によれば，同委員会に関し，①NSCレビューグループによって指摘されたイシューを担当する，②米政府の関係省庁間の活動に関するイシューを検討する，③国務次官と国家安全保障担当大統領補佐官が共同で言及した他の運用上の問題を検討する．国務次官を長とするNSC次官委員会には，NSC傘下の委員会として，国家安全保障担当大統領補佐官，国務次官補，CIA長官，統合参謀本部議長の他，委員長の判断により適宜関係各省庁の次官が招集された．なお，NSC次官委員会では対中政策に関し，商務省，財務省，農務省，FBIの次官が招集されており，中国やルーマニアとの関係改善に関する問題，中国との貿易・旅行の規制緩和問題を中心に報告書が作成された．"11. National Security Decision Memorandum 2," 20 January 1969, U.S. Department of State, Foreign Relations of the United States, 1969-1976, Volume II, Organization and Management of U.S. Foreign Policy, 1969-1972 (Washington D.C., U.S. Government Printing Office, 2006), pp. 31-33 (Hereafter, referred to as FRUS) 参照．
[14] 緒方貞子『戦後日中・米中関係』東京大学出版会，1992年，33頁．
[15] "U.S. Trade Policy Toward Communist Countries," National Security Study Memorandum 35 from Henry A. Kissinger, 28 March 1969, Nixon Presidential Library http://nixon.archives.gov/virtuallibrary/documents/nssm/nssm_035.pdf（2019年2月10日最終アクセス）参照．
[16] Henry Kissinger, *White House Years*, p. 179.

カ月の政策決定の遅れは，情報漏洩の危険があるので[17]，議会を経ない形で政策決定を行うことの必要性に言及している．

その後，リチャードソンを中心にNSC次官委員会が政策立案に取り組んだ結果，6月21日，貿易統制下の品目（食糧・農業機器・薬品・化学肥料）の選択的削減を行うことにより，こうしたその他の西側諸国の不満の軽減に繋がるという考えを反映させた内容を，NSDM17として取りまとめた[18]．リチャードソンは，国務省が対中貿易統制の大幅削減を検討してきた，として国務省の意向をNSC次官委員会に反映させつつも，次官委員会委員長として，対中貿易統制の緩和に向けてキッシンジャーに協力した．リチャードソンは，キッシンジャーとともに本件に関し議論を行ったうえで，このNSDM17を作成したのであった[19]．以上のメモランダムの内容は，NSDM17の基礎となる4点の提案を示すものとなり，NSCの下でキッシンジャー及びリチャードソンの2人がこれを主導したことがわかる[20]．リチャードソンが提出したメモランダムにて提案した4点のうち，対中貿易統制に係る内容を以下に挙げておく．

①アメリカ所有の外国企業に現在適用されている対中取引禁止の修正あるいは完全廃止．

---

[17] "Memorandum for President," Richardson to Nixon, 10 July 1969, National Security Decision Memorandum 17, NSC Institutional Files, Policy Papers (1969-1974), National Security Decision Memorandums (NSDM), Box. H-210, NPM.

[18] "Memorandum for Kissinger," Richardson to Kissinger, 21 June 1969, National Security Decision Memorandum 17, NSC Institutional Files, Policy Papers (1969-74), National Security Decision Memorandums (NSDM), Box. H-210, NPM, p. 3.

[19] "Memorandum for President," Kissinger to Nixon, 23 June 1969, NSC Institutional Files, Policy Papers (1969-1974), National Security Decision Memorandums (NSDM), Box. H-210, NPM, p. 1. こうしたリチャードソンの取り組みを通じてキッシンジャーは，リチャードソンを極めて有能な人材であるとみなした．法律家出身のリチャードソンは，マサチューセッツ州司法長官，同州副知事を歴任した後，国務次官に就任した．他方，リチャードソンは，ニクソンの外交政策が「何よりも世界の変革という現実主義的な認識の上」に立っていると理解していた．Henry Kissinger, *White House Years*, p. 179; Margaret Macmillan, *Nixon and Mao: The Week That Changed the World* (New York: Random House, 2008), p. 121参照．

[20] リチャードソンは，ニクソン宛の覚書の中で「国務省・財務省・商務省が対中貿易統制の問題に関して共同作業に当たっており，次官委員会がこれを承認した」として各省庁がこの問題に関与している事実を強調した．"Memorandum for President," Richardson to Nixon, 8 July 1969, National Security Decision Memorandum 17, NSC Institutional Files, Study Memorandums (1969-1974), National Security Study Memorandums (NSSM), Box. H-134, NPMを参照されたい．1969年は，リチャードソンのような有能な国務省高官がNSCに関与する中で，徐々にホワイトハウス主導の政策決定に集約されていく過程の時期であった．

②石油関連製品を供給するアメリカ企業の共産中国寄港の規制廃止．
　③農業機器，薬品へのライセンス付与の緩和のため，海外資産規制と輸出管理法の運営を修正[21]．

NSSM14及び以上の提案を基礎にしつつ，6月26日，ニクソンは，大局的な外交政策上の考慮に基づいて，対中政策の転換に向けた対中貿易統制を部分的に緩和する旨のNSDM17を承認した．このNSDM17のうち，本章で扱う対中貿易統制の緩和に係る事項は，以下の3点である．

　①ココムで非戦略的とみなされているアメリカ企業による中国との取引に対する海外資産規制の廃止．
　②食糧・農業機器・化学肥料・薬品の対中輸出への一般ライセンス発行の見直し．
　③バランスのとれた漸進的な貿易の拡大に向け，非戦略的物資の輸出入の認可及び早期かつ適切な時期にこれらのステップの実施[22]．

アメリカは，独自に維持してきた非戦略分野での貿易統制を機が熟した時期に緩和することにより，中国に対し対米貿易拡大の機会を与え，中国のプラグマティックな傾向を外側から支援するだけでなく，アメリカの対中接近政策の試金石にすることを期待した．
　上述のような対中政策に関する決定とは前後するが，前章でも触れたとおり1969年3月2日，ダマンスキー島（珍宝島）において国境紛争が勃発し，3月15日には同地域で二回目の軍事衝突が発生した．そして，この中ソ間の国境紛争は，4月から5月にかけて新疆にも拡大し，かねてから対立していた中ソ関

---

[21] "Memorandum for President," Kissinger to Nixon, 23 June 1969, pp. 1-2; "Memorandum for Kissinger," Richardson to Kissinger, 21 June 1969, National Security Decision Memorandum 17, NSC Institutional Files, Policy Papers (1969-1974), National Security Decision Memorandums (NSDM), Box. H-210, NPM, pp. 1-3. 残りのもう1点であるが，アメリカ人旅行者の中国製品購入禁止措置を限定的許可に変更することと外国資産規制を修正することが挙げられている．

[22] Kissinger to Secretary of State, Secretary of Finance and Secretary of Commerce, 26 June 1969, National Security Decision Memorandum 17, NSC Institutional Files, Study Memorandums (1969-1974), National Security Study Memorandums (NSSM), Box. H-134, NPM. 残りのもう1点は，アメリカに限定的な量の非商業的輸入を行うべく，アメリカ人旅行者及び住民による中国製品購入を禁止する外国資産規制の修正が指摘されている．

係は一層悪化することとなった[23]．NSDM17の承認は，これらの中ソ国境紛争の勃発を契機とする中ソ対立の激化，米中ソ三角関係の可能性というニクソンとキッシンジャーの認識と，これによる米中接近への可能性というタイミングに下されたことは決して偶然ではない．なぜならば，同年アメリカ政府内では，中国にとって1969年に「二正面戦争」が発生する可能性に言及する意見が出てきたためである[24]．

　NSDM17に基づき，アメリカ政府が対中貿易統制を緩和するという決定は，上記の選択肢の中でも，ソ連という脅威に対抗するために中国に対し，アメリカへの接近を模索する動きを促させ，アメリカが中国との接近を模索しているというジェスチャーを示すことにより，ソ連を牽制するという意図があったのであろう．社会主義陣営内部では中ソ両国が一枚岩だと認識するような，アメリカがこれまで有していた考えを転換し，米中ソ間の三角外交をアメリカ主導により展開する，という思考を行動に起こすものであったかもしれない．それは，まさに「我々は，永遠の敵をもたず，国内のイデオロギーではなく行動をベースに他の国，とりわけ共産中国のような国を判断するであろう[25]」とのキッシンジャーの言葉に反映される政策であったといえよう．

　ニクソン大統領は，NSDM17を承認した．その後もNSCは，更に対中政策の詳細を詰めていった．こうしてNSCは，「アメリカの対中国政策」と題する報告書を作成し，NSSM14の中で進められた対中政策に係る詳細を取りまとめた．この報告書では，中国がより軍事力に訴えるような行動をとる可能性は否めないとしつつも，プラグマティックかつ穏健的な政策を進める可能性のほうが高いと指摘する内容であった．その根拠として，第一に，中国が，ソ連のカウンターバランスを図るため，日米両国との関係改善を模索している点，第二に，中国が革命運動の支援を減少させている点，第三に，中国が，アジアの近隣諸国に対し，反米的政策をとるよう求めるようなことはしなくなっており，その代わりにこれらの諸国との政治・経済的関係の拡大や国連加盟を追求して

---

[23] 中ソ国境紛争の詳細に関しては，野口和彦「社会主義における熱戦──ダマンスキー／珍宝島事件をめぐる政治的ダイナミズム」『東海大学教養学部紀要』第35号，2005年，237-257頁を参照されたい．

[24] "Attitude and Policy of Chinese Communist High Command, 1969-70, Part 2," 26 May 1969, Bureau of East Asia and Pacific Affairs, Subject Files, 1963-1972, Lot 71D423, Entry 5409, Box. 1, NARA.

[25] Margaret Macmillan, *Nixon and Mao*, p. 123.

いる点，第四に，「潜在的危機[26]」を脱するために他国と接触している，という４点を挙げている[27]．アメリカは，NSDM17で提案された内容を実施していくことで，穏健化傾向を見せつつある中国指導層に対し，アメリカ政府として中国への接近を進めるという方向性をはっきりと打ち出すこととなった．

3．ロジャーズ国務長官の積極的関与

政権成立１年目の1969年には，ロジャーズ国務長官がアメリカの対中接近政策に積極的な関与を行う余地があった．ニクソンからは外交問題に明るくないとみられていたロジャーズであるが，とりわけ対中貿易統制の緩和をめぐる問題にも関与した．1969年12月２日，ロジャーズは，「大統領への覚書」と題する文書の中で，ニクソンに対して上述したNSDM17に基づき，対中貿易統制の緩和を早期に実施すること，またNSDM17の枠内で追加的な措置をとることを提案した．このメモランダムの中で，ロジャーズは，10月20日に行われた中ソ首脳会談を引き合いに出し，次のように述べた．

> 「中ソ間にはイデオロギー上の根本的対立が残っているので，中ソ関係に基本的変化は見込めない．しかし，中ソ関係の改善に向けた中ソ間の部分的和解の可能性は排除できないだろう．我々の動きは，アメリカの対中・対ソ戦略を評価するソ連の指導層により複雑な要因を与えるだろう．（中ソ接近の先手を取るという行動の）効果は，我々の長期的利益となろう．同時に，ソ連の対中交渉とSALTにおける米ソ間での合意の繋がりは，我々を中ソ対立への不関与の姿勢を維持させることに繋げよう．我々の対中接近の動きは，ソ連の対中交渉時にソ連による反対はほとんどない」[28]．

---

[26] 潜在的危機とはすなわち，中国にとってソ連との武力衝突の拡大を示唆しているのであろう．

[27] "U.S. China Policy," undated, NSC Institutional Files, Study Memorandums (1969-1974), National Security Study Memorandums (NSSM), Box. H-134, NPM, pp. 2-3. しかし，中国の対米政策が短期的に変化することはなく，5年ないし15年の間に変化の可能性があるとしており，中国の対米政策の変化は漸進的に進むと予測した．

[28] "Memorandum for Nixon," Rogers to Nixon, 2 December 1969, NSC Institutional Files, Study Memorandums (1969-74), National Security Study Memorandums (NSSM), Box. H-134, NPM, p. 1. 括弧部引用者．

このようにロジャーズは，中ソ間の部分的接近が行われる前にソ連よりも先手を打って対中接近を早急に進めるべき旨，ニクソンに進言した．エヴェリン・ゴー（Evelyn Goh）は，こうしたロジャーズの提案に関し，三角外交を通じて有利な外交を推し進めるというキッシンジャーの考え方に通じており，彼がこの外交手法を一定程度認識していたことを示す提言だったと考察している[29]．しかし，ロジャーズの提案にあるような「中ソ対立への不関与の姿勢を維持」するとの文言は，すなわち，中ソ両国が再び一枚岩になる前にアメリカが先手を打つべきである，という考え方である．こうしたロジャーズの考え方は，中ソ国境紛争を契機に激化する中ソ対立を利用し，中国を西側に引き込むというキッシンジャーの外交手法まで至っておらずキシンジャーの考えとは根本的に異なるものといえよう．いずれにせよロジャーズは，こうした積極的な提言を通じて，前述のようなNSC主導で進んでいく外交政策決定を牽制する狙いもあった．

そしてロジャーズは「中国政府の指導層が混乱状態にある中，我々は，穏健路線を支持する中国政府の指導層を支援するとともに，中国がアメリカの国益に好意的な方向に向かう中で，中国政府に対してよい影響を及ぼすことができるような立場を確保するために，引き続き，行動していくべきである[30]」として，自らの提案を実施することが米中接近のチャンスとなると主張した．こうした認識を踏まえ彼は，対中貿易統制の緩和に関し，以下の方策をとるべきであると述べた．

「・食糧・農業機器・化学肥料・薬品の対中輸出の一般ライセンスへの規制を修正すること（NSDM17）（ママ）
・これにより，アメリカの非戦略的な分野における直接的な対中貿易の拡大に繋がる．
・ただし，（こうした方策により）中国が他国から購入できない日常品の取得を可能にするものではない．
・（当該方策を通じ）ケネディ・ジョンソン両政権期における漸進的な穀

---

[29] Evelyn Goh, *Constructing the U.S. Rapprochement with China, 1969-1974: From "Red Menace" to "Tacit Ally"*, p. 133.
[30] "Memorandum for Nixon," Rogers to Nixon, 2 December 1969, NSC Institutional Files, Study Memorandums (1969-1974), National Security Study Memorandums (NSSM), Box. H-134, NPM, p. 2.

物・薬品の（対中）売却を越える形での拡大となろう．
・（また）米国農業製品の潜在的な（対中）輸出の可能性を開こう」[31]．

　このようなロジャーズの提案は，対中貿易統制を大幅に緩和するという当時としては大胆な内容であることから，ニクソンとキッシンジャーは検討せざるを得なかった．
　なお蛇足であるが，ロジャーズが国務長官としてニクソン政権に抜擢された背景について触れておきたい．元々ロジャーズは，アイゼンハワー（Dwight David Eisenhower）共和党政権下で司法長官を務めたときから，当時副大統領だったニクソンと旧知の仲であった[32]．ニクソンは，ロジャーズについて国務長官として理想的な人物であるとみていた．なぜならば，ロジャーズが外交問題にうといため，外交政策へのホワイトハウスのイニシアティブを発揮しやすくなると考えたからである[33]．

4．ロジャーズ提案に対するニクソンとキッシンジャーの反応

　前述のようなロジャーズの提案に対し，ニクソンとキッシンジャーはどのような反応を示したのか．まず，キッシンジャーの反応からみていきたい．キッシンジャーは，ニクソン宛書簡の中で，NSDM17の措置を行うこと自体は効果的であることを認めつつも，ロジャーズ提案のような形でこうした措置をすべて同時に行うことに対しては，以下のように述べることで懐疑的な見解を示した．

「我々は，長期的な関係改善という貴方の政策を進めるためのカードをあまり有していない．ロジャーズの提案は，これらのカードを同時に行使するものではないか」[34]．

　もっとも，NSC主導で対中貿易統制の緩和を進めることを模索したキッシン

---

[31] *Ibid.*, p. 3-5.
[32] 緒方貞子『戦後日中・米中関係』，29頁．
[33] Henry Kissinger, *White House Years*, p. 26.
[34] "Memorandum for President," Kissinger to Nixon, undated, National Security Study Memorandums (NSSM), Box. 134, NPM.

ジャーにとって，対中貿易統制の緩和に係る問題にロジャーズが積極的に関与することは，いささか不愉快に映ったであろう．

　結果的にニクソンは，ロジャーズ長官の対中貿易統制の緩和を含む提案で示された措置を限定的かつ段階的に行うことを選んだ[35]．なぜならばニクソンは，ロジャーズ提案には一定の理解を示しつつも，キッシンジャーのコメントをより説得力あるものとしてとらえ，まずは対中接近に向けた方策を漸進的にとるべきであると考えたとみられる．

　結局，こうしたニクソンの決定を背景に，NSDM17の実施に向けて，1969年7月，中国を渡航した者が100ドル以内の物品持ち込みを行うことが許可され，同年12月，個人の非営利目的による非戦略物資の輸入が許可された[36]．しかしニクソンは，食糧・農業機器・化学肥料・薬品の対中貿易統制の緩和の承認には踏み込まなかった．ニクソン政権成立の1年目である1969年には，対中政策転換の萌芽期にあっただけに，対中貿易統制の緩和を即時かつ包括的に行う用意はまだなかった．

　しかし，アメリカ政府が中国に対して行ったこうした措置が限定的な内容だったこともあり，1969年の間は中国側からよい反応を引き出すことはできなかった[37]．

---

[35] Kissinger to Under Secretaries of State, 16 December 1969, National Security Study Memorandums (NSSM), Box. H-134, NPM.

[36] Rogers to all Diplomatic and All Consular Posts Authority, Telegram, April 1971, NSC Institutional Files, Policy Papers (1969-1974), National Security Decision Memorandums (NSDM), Box. H-223, NPM.

[37] 田久保忠衛『ニクソンと対中国外交』，44頁．

第3節　ヒース英政権の対中政策

1．ヒース英保守党政権の対中政策

　本節では，ヒース英保守党政権の対中政策を検討する．1970年6月，ヒース英保守党政権が成立した．ヒース政権は，対中接近を進めるアメリカの動向に応じて，イギリス政府としても，中国への接近を更に推進することを追求した．ヒース首相は，中国との関係拡大を重視する姿勢を示すとともに[38]，以下の対中政策に関する目標を実現していくことを明確にした．

- a.　英中間の国交正常化及び関係改善
- b.　中国市場でのイギリスのシェアの拡大
- c.　国連などの場における世界と中国の関係改善
- d.　香港の平和及び繁栄の維持[39]

　まず，「a. 英中間の国交正常化及び関係改善」に関し触れておきたい．イギリスにとって，「国交正常化」，すなわち代理大使級から大使級への外交関係の格上げ，これに伴う英中間での大使交換がイギリスの対中政策を前進させるうえでの第一歩である[40]，としている．他方，中国は，イギリスに対して英中間の大使交換の条件として，①イギリスが中国国連代表権問題をめぐり，台北の議席維持と北京政府の加盟阻止を目論んだ「重要事項決議案」に反対する，②イギリスが，台湾にある淡水領事館を閉鎖するという2点を提示した[41]．こうし

---

[38] Andrew Scott, *Allies Apart: Heath, Nixon and the Anglo-American Relationship* (Basingstoke: Palgrave Macmillan, 2011), p. 163.

[39] Graham to Douglas-Home, 20 April 1971, FCO21/833, TNA; Morgan to Wilford, 7 April 1971, FCO21/833, TNA を参照されたい．尚，ニクソン訪中直前の1972年2月4日，イギリス政府は，同総領事館閉鎖の決定を喬冠華副総理に伝えている．"Record of Meeting Between Vice-Minister Chiao Kuan-hua and the Charge d'Affaires at the Ministry of Foreign Affairs on Friday 4 February 1972 at 4 pm," FCO21/986, TNA.

[40] Morgan to Wilford, 7 April 1971, FCO21/833, TNA.

た中国の姿勢に対してイギリスは，対中関係の改善に向けて上述「c. 国連などの場における世界と中国の関係改善」のとおり，これらの条件を受け入れる用意があった．なぜならば，イギリスは，そのプラグマティックな外交に基づき，「中国の近隣諸国を危険にさらすことなしに，中国のサイズと人口に見合った地位に適う中国との基本的理解に至る[42]」必要性を認識していたからであった．そのため，広大な面積と多くの人口を抱える中国の国連加盟を通じた国際社会への参加を促し，中国を西側に引き寄せることを重視していた点が指摘できよう．

次に，前後するが「b. 中国市場でのイギリスのシェアの拡大」に関し説明する．1970年末には，英外務省が英政府の優先課題として対中貿易の重要性を打ち出した[43]．特に，イギリス政府は，民間航空機の対中輸出を重視しており，商業的機会の拡大に向けて英政府貿易代表団が訪中している[44]．ヒースは，イギリスがヴァイカウント（Viscount）機，トライデント機やスペイ・エンジンといった航空機および関連技術の対中輸出を実現させたことについて「重要な貿易事業となり得るもののはじまり」とよんだ[45]．このような航空機の対中輸出を通じた英中間の貿易を拡大させることで，英中関係の改善にも繋がり，英中両国間の大使交換を実現することができ，ひいては「d.」のように香港の利益と平和の確保[46]をもたらし得ると考えた．

このようなプラグマティックなイギリスの対中政策は，イギリスの歴代政権が引き継いできたものであったことにも注意すべきである．イギリスは，中華人民共和国を国家承認して以降，英中関係の改善，中国市場へのアクセス，国際社会への中国の復帰，香港の平和と安定の維持を一貫して模索してきたのである．

---

[41] Andrew Scott, *Allies Apart: Heath, Nixon and the Anglo-American Relationship* (Basingstoke: Palgrave Macmillan, 2011), p. 164.
[42] "Britain in the Far East and Southeast Asia," undated, Bureau of East Asia and Pacific Affairs, Subject Files of Asian Communist Affairs, Subject Files, 1963-1972, Lot72D456, Entry 5409, Box. 5, NARA, p. 1.
[43] Andrew Scott, *Allies Apart: Heath, Nixon and the Anglo-American Relationship*, p. 63.
[44] *Ibid.*, p. 63.
[45] Edward Heath, *The Course of My Life: My Autobiography* (London: Hodder & Stoughton, 1998), p. 494. ヒースは回顧録の中で，トライデント2E型の対中輸出に伴い同機に装架されている民間機用スペイの売却にとどまらず，軍事用スペイ・エンジンの輸出にも示唆している旨解釈できる．
[46] ヒースは，極東，特に香港の歴史的利益にかんがみれば，良好な対中関係の構築を進める決意があったと述べている．*Ibid.*, p. 468を参照されたい．

2．イギリスの対中政策の制約

　しかしながら，イギリスが対中接近を進めるうえで，以下の主な2点に注意する必要があった．第一に，アジアにおけるアメリカのプレゼンスである．イギリスの対東アジア政策を考えるにあたり，東アジアにおけるイギリスの利害がアメリカに依存している事実を認識したうえでの規定が行われていた[47]．無論，イギリスは中国をめぐってもアメリカの対中政策と足並みを揃え，アジアにおけるアメリカの利益を損なうことなく対中接近を進めなければならなかった．なぜならば，アメリカはアジアの共産主義諸国（中国，北ベトナム，北朝鮮）に対抗し，同盟国，とりわけ日本，台湾，韓国，フィリピン，南ベトナムなどの防衛責任を有していたからである．また，イギリスは，最も重要なアメリカの同盟国の一国として，アメリカから信頼を確保するため，アメリカに対し，アジアの安全保障を確保するための協力を行っていたことも注目されよう．とりわけ，ヒース英首相が，ウィルソン前労働党政権が発表したスエズ以東撤退の動きをスロー・ダウンさせつつ，オーストラリアとニュージーランドと協力しながら東アジアにおける防衛へのコミットメントを維持することを約束したことは，アメリカから評価を得たとされている[48]．また，ヒース首相は，安全保障面での対米協力の一環として，ディエゴ・ガルシア（Diego Garcia）の英軍基地の米軍使用を許可したことからも明らかである[49]．

　第二に，イギリスは，対中接近を進めるうえで，東南アジアやオセアニア[50]における反共諸国の懸念を払拭する必要もあった．つまり，イギリスが対中接近を推し進めた結果，英中間の大使交換を実現させ，対台湾関係を格下げした場合，「東南アジアやオセアニアの友人に誤解を招かない[51]」ことが重要であ

---

[47] Victor S. Kaufman, *Confronting Communism*, p. 212.
[48] *Ibid.*, p. 140.
[49] *Ibid.*, p. 212. ディエゴ・ガルシアに関していうならば，ニクソンとキッシンジャーは，ソ連のインド洋進出を牽制するため，インド洋における西側のプレゼンスが不可欠と考えていた．"Memorandum of Conversation between Nixon, Kissinger and Scowcroft," undated, Memo Con 1973-1977, Box. 4, National Security Archive, the George Washington University, Washington D.C., USA. を参照されたい．
[50] 東南アジア及びオセアニアの反共諸国とは，オーストラリア，ニュージーランド，マレーシア，シンガポール，タイ，南ベトナム，フィリピンを指している．Amery to Royle, 6 April 1971, FCO21/833, TNA を参照．
[51] Royle to Amery, 19 April 1971, FCO21/833, TNA.

る，としていた．なぜならばイギリスは，他の西ヨーロッパの同盟国よりも東アジアにおける影響力を，この時期においても依然と有していたからである[52]．イギリスは①香港での特別な地位，②マレーシア，シンガポールとイギリスの紐帯，③東南アジア条約機構（South East Asia Treaty Organization，以下SEATO）へのイギリスの関与，④ベトナム・ラオスをカバーするジュネーブ協定（1956年，1962年署名）における共同議長国としてのイギリスの地位が，その根拠として挙げられよう[53]．

また，イギリスは，マレーシア・シンガポール地域における5カ国防衛協定（FPDA：Five Power Defence Arrangements）[54]を締結し，SEATO への支持を継続させることによって，イギリスがアジア地域において今後も関与し続ける姿勢を示すことが必要であった[55]．

その背景として，ウィルソン前政権が進めたスエズ以東撤退という政策をヒース政権が見直し，イギリスとしてアジアにおけるプレゼンスを維持し地域の安定化に関与することによって，同地域でのアメリカのプレゼンスを補完する姿勢を示し，これによりアメリカとの関係を維持・強化することをヒース政権が狙った点が挙げられよう．

3．アメリカの対中貿易統制の部分的緩和決定へのイギリスの反応

アメリカが対中貿易統制の部分的緩和に向けて動きはじめた中で，イギリスも対中関係の更なる改善を狙っていた．1970年11月11日，英米間で事務レベル協議が行われた．この協議において，ジョン・モーガン（Sir John Morgan）英外務省極東部長は，アメリカ側のマーシャル・グリーン（Marshall Green）

---

[52] "Britain in the Far East and Southeast Asia," undated, Bureau of East Asia and Pacific Affairs, Subject Files of Asian Communist Affairs, Subject Files, 1963-1972, Lot72D456, Entry 5409, Box. 5, NARA, p. 1.
[53] *Ibid.*
[54] 永野は，スエズ以東撤退発表の文脈において，イギリスがマレーシアとシンガポールの対外防衛に関与を続け，この地域での平和と安定に一定の役割を果たす理由として，「「力はあるが経験のない」アメリカがこの地域で冒険主義的行動をとることを抑制し，大規模戦争のリスクを最小限に抑え，それと同時にイギリスの影響力の保持，大国としての地位を守る」と主張している．永野隆行「イギリスと戦後東南アジア国際関係――政治的脱植民地化と防衛政策」『国際政治』第128号，2001年，215頁を参照されたい．なお，5カ国防衛協定の参加国は，イギリス，オーストラリア，ニュージーランド，マレーシア，シンガポールである．
[55] Amery to Royle, 19 April 1971, FCO21/833, TNA.

国務次官補(東アジア・太平洋担当)に対し,中国情勢について,文化大革命の際に混乱が生じていた政治及び経済の機能がここにきてようやく回復してており,英中関係も改善してきていると述べている.モーガン部長は,特に商業面においても英中関係は進展をはじめていることに言及するとともに,中国側は,イギリス製航空機に関心をもちはじめていると述べた.そのうえでモーガンは,英中関係の一層の発展のためにも,このようなイギリス製航空機の対中輸出を通じた経済関係の強化と英中大使交換の実現が必要であると強調した[56].

イギリスは,1950年1月に西側諸国としてはじめて中華人民共和国政府を承認して以降,プラグマティックな対中政策を進めてきた.イギリスは,朝鮮戦争で直接戦火を交え,文化大革命の際に在中国イギリス公館が紅衛兵により焼き討ちにあったにもかかわらず,アメリカとは異なり,中国との政治・経済関係を一貫して維持してきた.また,香港を通じた中国大陸との貿易を維持することによって,香港の利益と安全の確保に努めてきた.アメリカ側の一次史料によれば,イギリスの対中政策は,「中国の近隣諸国を危険にさらすことなしに,中国のサイズと人口に見合った地位に適う中国との基本的理解に至る[57]」こととされている.この視点に立てば,このような広大な面積と多くの人口を抱える中国を国連に加盟させることを通じて国際社会への参加を促し,中国を西側に引き寄せることを目標にしたものであった.

たとえば,1961年,ココム内においてアメリカの反対があったにもかかわらず,イギリス政府が,英ヴィッカーズ(Vickers)社による民間航空機ヴァイカウント機の対中輸出を承認したことも,このようなプラグマティックなイギリスの対中政策の一環であった.同社がヴァイカウント機の対中輸出に係る契約に署名した3日後の1961年12月4日,イギリス政府は,ココムにおいて本件に関する除外手続を申請したことで,アメリカ側を憤慨させたが,反共的なイデオロギーを身にまとった中国に対する封じ込めとは一線を画し,プラグマティックな対中政策を貫いたといえる[58].しかし,イギリス政府,特に英外務省

---

[56] "Anglo-American Discussions on the Far East and South East Asia on November 11 1970," November 18 1970, FCO21/660, TNA, p. 4.

[57] "Britain in the Far East and Southeast Asia," undated, Bureau of East Asia and Pacific Affairs, Subject Files of Asian Communist Affairs, Subject Files, 1963-1972, Lot72D456, Entry 5409, Box. 5, NARA, p. 1.

[58] Jeffrey A. Engel, *Cold War at 30,000 Feet: The Anglo-American Fight for Aviation Supremacy* (Cambridge: Harvard University Press, 2007), pp. 198-208.

は，アメリカが進めてきた対中封じ込め戦略によって中国との接触を行う範囲が限定されていると考えており，自国の対中政策が制約されていると考えていた[59]。したがって，ニクソン政権がこれまでの対中封じ込めを転換し，対中貿易統制の部分的緩和を進める中で，イギリスは，文化大革命に生じた混乱から立ち直りつつある中国との関係を更に進展させ，プラグマティックな対中政策を更に進める絶好の機会と考えたのであろう。このような背景から，イギリスは，一連の航空機の対中輸出を計画するが，本件については次章以降にて詳述する。

---

[59] "Record of Conversation with Mr. Marshall Green, Assistant Secretary of State for East Asia and Pacific Affairs at the State Department Held in FCO on Monday 22 May 1972," FCO21/973, TNA.

第4節　アメリカにおけるNSCの政策立案・決定の強化　1970-1971年

1．次官委員会の政策提言

　1969年に限定的な形で対中貿易統制の緩和を実施したことによる対中接近の効果が出ていないことについて，ニクソン政権は懸念していた[60]．そこでニクソンは1970年末になると，NSCに対して，1969年に実施した対中貿易統制の内容からより大きく踏み込むような，米中間の個人・商業的接触拡大に向けたステップ及び勧告を作成するよう指示した[61]．この指示を受け，NSCは1971年に入ると，1969年に大統領が承認したNSDM17よりも踏み込んだ形で対中貿易統制の緩和を行うべく検討を続けた．その結果，NSCは「対中政策」と題するNSSM106[62]を取りまとめた．ここで重要な役割を担ったのが，NSC次官委員会であった．当時NSC傘下にあった次官委員会では，リチャードソンの後任として，次官委員会委員長を兼任した国務次官のジョン・アーウィン (John Irwin) を中心に，対中貿易統制の緩和に係る政策が立案されることとなった．

　アーウィンは，対中接近を着実に進めるための方策として，対中貿易統制をより大胆に進めるべきであると考え，ロジャーズ国務長官に対し，「1971年末までに，アメリカの中国に対する輸出統制のレベルをソ連のものと同等のものにしたい[63]」と提言していた．つまり朝鮮戦争以降に中国に対してアメリカは

---

[60] Boyd to Appleyard, 16 July 1970, FCO21/663, TNA.
[61] Kissinger to Irwin, 26 December 1970, Subject Files of the Office of People's Republic of China and Mongolian Affairs, Subject Files, 1969-1978, Lot 74D213, Box. 1, NARA, p. 1.
[62] "105. Draft Response to National Security Study Memorandum 106," 16 February 2971, U.S. Department of State, 1969-1976, VolumeXVII, China, 1969-1972, FRUS, (Washington D.C., U.S. Government Printing Office, 2006), pp. 259-266.
[63] Irwin to Rogers, "Memorandum for the Secretary," undated, Subject Files of the Office of People's Republic of China and Mongolian Affairs, Subject Files, 1969-1978, Lot 74D213, Box. 1, NARA.

独自の貿易統制を独自に発動していたため，これを緩和させることで，少なくともニクソン政権中の1971年末を目途に，ココムの枠組みで行っていたソ連及び東欧諸国に対する貿易統制のレベルまで引き下げることを目指した．アーウィンは次官委員会の場でもこうした考えを共有し，ホワイトハウスの政策決定に反映させることを模索した．

1971年 2 月 22 日，次官委員会は「U/SM (Under Secretaries Committee Study Memorandum) 91」と題し，短期的な対中貿易統制の緩和に関する報告書を作成した．なお，次官委員会の公的会合が開催された形跡はみられず，むしろアーウィンが中心となり次官委員会の名の下に非公式な形で報告書が作成されたことが考えられる．この報告は，①対中輸出統制，②輸入制限，③中古アメリカ製航空機の対中売却の承認，④ドル規制の緩和，⑤燃料補給規制の緩和，⑥通商代表の招聘及び交換提案，⑦寄港規制の緩和といった，以下の 7 点が含まれていた．本章では，この中でも特に，①の対中輸出統制と③の中古アメリカ製航空機の対中売却の承認という 2 点に関して以下のとおり説明したい．

まず，①の対中輸出統制についてみていく．アメリカによる対中輸出統制の緩和に係る措置の中には，A．対中輸出統制の大幅な緩和（対ソ連のものと同等レベルへと大幅な引き下げ），B．対中輸出統制の一定の緩和（A に比べると一定の統制は維持），C．統制レベルの原則維持，といった三つのオプション[64]が提起された．そのうえで，次官委員会は，B を勧告した．B を選択するメリットとしては，アメリカの対中貿易統制の緩和に向けた一定の措置をとることによって，「アメリカの技術及び構成部品の輸出が拒否されることによって引き起こされ得る（同盟国との）摩擦を減じることができるし（中略）これにより，アメリカ政府は，より広い選択肢の幅（maneuverability）を確保することができる」ことが挙げられている[65]．つまり，他の西側諸国が，アメリカ製の部品や技術の含まれた製品を中国に輸出しようとする際に，アメリカが，米独自の対中貿易統制を維持していることを理由にこうした製品の輸出を阻止することで，これらの国々との摩擦を引き起こしてきた．こうした摩擦を避けるべ

---

[64] アーウィンは，中国国連代表権問題をめぐる台湾との協議に入る前に，オプション B を行うこと，また，台湾との協議後をみはからってオプション A に進むべきであると，ニクソンに提言している．Irwin to Nixon, "Memorandum for President," 21 January 1971, Subject Files of the Office of People's Republic of China and Mongolian Affairs, Subject Files, 1969-1978, Lot 74D213, Box. 1, NARA を参照．

[65] *Ibid*., p. 17. 括弧部引用者．

く，対中貿易統制をBの下で一定程度引き下げることによって，同盟国によるアメリカ製部品及び技術の対中輸出を円滑化することとなり，これにより，アメリカが西側同盟全体の連帯を強化し，西側同盟に対する影響力を維持することにも資する，ということである．

その統制緩和の具体的方策として，①ソ連に対する一般ライセンス下にあるすべての日常品に中国への一般ライセンス付与を拡大させること，②アメリカの国益に反しないと審議で判断されたとき，他の日常品，技術的データ（潜在的に戦略性を有するが，中国が他のどこの国でもアクセスできるもの）への対中輸出ライセンス申請を承認することを挙げている．この対中輸出統制レベルでの経験を審議したうえで，いずれは対中輸出統制のレベルを対ソのレベルと同等にするという将来的目標を達成させるべきである，と強調している．

他方Aについては，安全保障上の視点から，拙速な形で大幅な対中貿易統制を緩和させれば，中国にとって戦略的重要性をもつような米製品・技術の中国への流出を招くおそれがあり，エンドユーズ及びエンドユーザー情報の問題があることを懸念した[66]．依然としてホワイトハウスの中でさえも，中国に対して慎重な形で接近を進めるべきである，という考えが根強かったことがうかがえる．また，Cについては，アメリカがほとんど対中貿易統制の緩和を行わなかったことによって米産業界が，対中貿易の拡大を狙う他の西側諸国のライバルとの競争において深刻な不利益をこうむること，第二に，非常に限定された対中貿易統制の緩和は，中国に対して逆効果であるということから，次官委員会報告書として勧告すべき選択肢とはならなかった[67]．

以上に取り上げた勧告の他，先述のとおり注目すべきもう一つの点は，アメリカ製の中古航空機，とりわけボーイング（Boeing）707型の対中売却計画である．この報告書は，「アメリカが対中貿易を進める動きを強化するジェスチャーとして，戦略的機器を除去した中古のボーイング720型（ママ）3機に関し，補修などに必要なスペア部品とともに売却を承認する[68]」ことを勧告して

---

[66] *Ibid.*, p. 15.
[67] *Ibid.*
[68] 結果的に，1972年9月，アメリカは中国と10機ものボーイング707型（総額1億5000万ドル相当）の売却の契約を行い，中国側も5人の機長をワシントンに派遣するという合意が交わされることになった． "US-UK Talks on East Asia," 20 September 1972, Bureau of East Asia and Pacific Affairs, Subject Files of the Office of the People's Republic of China and Mongolia, 1968-1978, LOT 94D176, Entry 5411, Box.6, NARA.　括弧部引用者．本文中の「ボーイング

おり，中国に対して目にみえる動きを示すことによってアメリカに前向きな影響を及ぼすというメリットがあると説明する[69]。

　この報告書を通じてアーウィンは，ニクソンに対し「今こそ直接的な米中貿易を実現するため，アメリカの対中貿易統制の緩和を開始し，そしてやがてはおおよそ対中貿易統制のレベルをソ連に対するそれに均衡させるべきである[70]」と述べ，対中貿易統制の段階的な緩和を提言した．そして，対中貿易統制の緩和とアメリカ製中古航空機の対中売却を併せて実行することによって，中国に対して最大限の影響を及ぼすことができると説いた．ただし，アーウィンは，中国国連代表権問題というセンシティブな内容に関連して，アメリカがこれまで有してきた台北への影響力が減少することを防ぐべく[71]，劇的ではないものの，着実な段階を踏んだ形で対中貿易統制の緩和を実行することが望ましいとして，次官委員会報告書の勧告の重要性を改めて強調した[72]．また，アーウィンはアメリカ製中古航空機の対中輸出に関してもニクソンに強く同意を求めている．アメリカ製部品が装荷されているイギリス製航空機の売却[73]がココムにおいて許可されていることを挙げ，アメリカが他の西側同盟国のライバルに遅れをとってはならないと示唆した．そして航空会社がアメリカ製中古航空機を売却する代わりに新機種を購入することを望んでおり，これらの航空会社及び米産業界は，アメリカ政府によるアメリカ製中古航空機の対中輸出の決定を歓

720型」とはボーイング707型を指す．なお，「戦略的機器」とはすなわち，米政府の対中貿易統制にかんがみ安全保障上機微な品目とみなされ，対中輸出が認められていない部品や機材を指す．
[69] *Ibid.*, p. 23. デメリットに関して，他国からは，ココム規制，特にチャイナ・ディフェレンシャルの継続というアメリカの決定の緩和であると誤解される可能性があること，もし，輸出統制のオプションCが採用されたら，この行動は矛盾する旨，同報告書は述べている．
[70] Irwin to Nixon, 23 February 1971, "Steps towards Augmentation of Travel and Trade between People's Republic of China and the United States of America," NSC Institutional Files, Study Memorandums (1969-1974), National Security Study Memorandums (NSSM), Box. H-176, NPM, p. 3.
[71] 1971年10月，国連において中国国連代表権に関する投票が控えていた．アーウィンは，対中貿易統制の緩和がアメリカの台湾に対する影響力，すなわち北京と台北双方を国連に加盟させる，という二重代表権の実現を台湾に説得するうえでの影響力の減少に繋がることを懸念していた．キッシンジャーも，台湾からの外交的な抗議に発展し，また中国国連代表権において，台湾がアメリカの戦術に非協力姿勢を示すことを予想した．しかし，彼は対中貿易統制の緩和を優先させるべきであるとニクソンに示唆している．"Steps Towards Augmentation of Travel and Trade Between People's Republic of China," Kissinger to Nixon, 25 March 1971, Institutional Files, Policy Papers (1969-1974), National Security Decision Memorandums (NSDM), Box. H-223, NPM, p. 3.
[72] *Ibid.*, p. 3.

迎するであろうと強調した．この次官委員会の報告書「U/SM91」は，次官委員会の政策立案機能を通じた影響力を増大させたことを示唆するものとなった．

第5節　ニクソン訪中と対中接近　1971-1972年

1．対中貿易統制の緩和決定――NSDM105承認へ

　キッシンジャーは，国家安全保障担当大統領補佐官として，次官委員会報告書の内容を基に，ニクソンに対して対中貿易統制の緩和に向けた提案を行った．以下，詳述したい．

　1971年3月25日，キッシンジャーは，ニクソンに対して「次官委員会は全力を尽くしており，貴方が進んでいきたいと考える進路に向け，（米中接近に係る）諸提案を大規模パッケージに発展させた[74]」として，次官委員会の任務を高く評価するとともに，「次官委員会は，本質的な旅行・貿易の即時拡大という期待からではなく，むしろこれらの提案の採用が米中関係改善とひいては，重要な貿易の発展という我々の意思の誠意を示すからゆえに[75]」大規模パッケージの作成を行ったとして，この提案に対して自信を示した．しかしキッシンジャーは，次官委員会提案の大規模パッケージをすべて実施させた場合，台湾との激しい緊張や対ソ関係への悪影響を及ぼすため段階的な取り組みが必要と強調した．そのうえで，このパッケージを実施するにあたり三つの段階的措置，すなわち第一段階の「対中貿易統制の緩和」，第二段階の「航空機の対中売却」，第三段階の「通商代表の交換と穀物売却」を提案した．本章では以下，対中貿易統制に関連する内容である第一段階と第二段階について説明する[76]．

　まず，第一段階の対中貿易統制の緩和について説明する．キッシンジャーは，「中国にとって戦略的重要性があると思われるものを除き，現在ソ連にも発行されている一般ライセンス下において，すべての必需品の対中輸出を承認する」として，対中貿易統制の大幅な緩和を大胆に行うべきとの内容に踏み込ん

---

[74] "Steps Towards Augmentation of Travel and Trade Between People's Republic of China," Kissinger to Nixon, 25 March 1971, Institutional Files, Policy Papers (1969-1974), National Security Decision Memorandums (NSDM), Box. H-223, NPM, p. 1. 括弧部引用者．
[75] *Ibid.*, p. 1.
[76] *Ibid.*, pp. 5-6.

でいる[77]．またこうした対中貿易統制の大幅な緩和と平行しつつ，米国内企業・団体などから対中輸出の申請を受けた場合に，戦略的重要性の可否に関する省庁間審議の後に，一般ライセンスの下で個々の品目の対中輸出を実現させていくことも必要であると説いた．これによって，確実に米中接近を進めていくことを狙った内容と考えられる．もっとも，キッシンジャーは，「米ソ間デタントを維持すべく，ソ連に対する悪影響を回避するために対中貿易統制の緩和を拙速に行うべきではない」という国防総省と商務省の慎重な意見に留意はしていた[78]．すなわち両省は，対中貿易統制を進めれば，中国と対立するソ連とのデタントに悪影響が及び，アメリカ外交は困難に直面する，との意見を有していたとみられる．こうした国防総省と商務省の考えは，中ソ対立の激化を契機に，中国に対して対中貿易統制の緩和を通じた通商の再開という糸口を与えることによって，米中接近を追求する，そして米中接近を通じてソ連にも影響を与え，アメリカに有利な形で三角外交を模索する，というキッシンジャーの考えとは大きく異なるものであった．換言するならば，対中貿易統制の緩和を進めることはキッシンジャーからしてみれば，米中接近という進展を成し遂げ，三角外交に向けた「地ならし」であったといえよう．したがって，キッシンジャーは，官僚機構からのこうした意見に不信の念を一層強めたに違いない．

次に，第二段階の航空機の対中売却をみていきたい．対中輸出の拡大に関しては，また，航空機売却に関し，アメリカ製の中古民間機ボーイング707型[79]に係る対中輸出規制を廃止することを提案している．こうした措置は，アメリカ製航空機の新機体購入を望んでいる航空会社にとってプラスであり，また米産業界からも歓迎されるであろう，としている[80]．これは，キッシンジャーが貿易問題に関心を有していたことを示唆する文書といえよう[81]．

---

[77] *Ibid.*, p. 3. しかし，この段階では，アメリカ独自の差別的な対中貿易統制の廃止であり，ココム加盟国の間で行われていた，いわゆる「チャイナ・ディフェレンシャル」とよばれる差別的な対中貿易統制の廃止を意味するものではない．

[78] *Ibid.*, p. 3. 「ソ連への悪影響」とはすなわち，米ソ関係の悪化を意味する．

[79] なお，ボーイング707型のような民間航空機の対中輸出自体は，当時，ココムで規定されている経済制裁の対象ではなく，あくまでアメリカが独自に行ってきた対中貿易統制の対象となっていた．

[80] "Steps Towards Augmentation of Travel and Trade Between People's Republic of China," Kissinger to Nixon, 25 March 1971, Institutional Files, Policy Papers (1969-1974), National Security Decision Memorandums (NSDM), Box. H-223, NPM, p. 3; "Sale of Older Jet Planes to China," Kissinger to Flanigan, 19 April 1971, Institutional Files, Policy Papers (1969-1974), National Security Decision Memorandums, Box. H-223, NPM.

1971年4月13日，ニクソンは，前述のNSC次官委員会報告書とキッシンジャーの提案をベースに，「米中間の旅行及び貿易拡大へのステップ」と題するNSDM105を承認した．直接的な米中間貿易に向けて，このNSDM105を通じ対中貿易統制の本格的な緩和措置がとられることとなり，アメリカの対中禁輸政策は重要な転換期を迎えることとなった[82]．NSDM105に基づく対中貿易統制の緩和の実施に関する内容は，ここでもやはりNSCの次官委員会主導で盛り込まれたと考えられる．国防総省や商務省などの意見を部分的に取り入れることで，「戦略的重要性をもつ場合，省庁間による品目ごとの検討が行われた後，直接的な個別品目の対中輸出に一般ライセンスを付与することによって，米中直接貿易の規制緩和を開始する[83]」との文言が入り，関係各省庁を交えて戦略的に重要な品目であるか否かを審議する余地をつくった．しかし，その直後の文言の中に，「次官委員会が，どの品目が一般ライセンス下に置かれるべきか，そしてこれらの決定承認を要求する30日以内に報告を行うとの責任をもつ[84]」と付け加えられており，次官委員会が対中貿易統制について，政策立案という中心的な役割を引き続き担うこととなった．そして，ニクソンが次官委員会に対して，これらの政策が実施された結果を実施直後の4カ月の間に検討及び報告するよう指示を行ったことも[85]，政策立案能力を強化した，キッシンジャー主導のNSC次官委員会と同委員会の政策立案能力を頼ったニクソン大

---

[81] 大統領補佐官のピーター・フラニガン（Peter M. Flanigan）がキッシンジャーに対して，米国内航空会社の経営状況が瀬戸際まで追い込まれていることを挙げ，航空機の潜在的市場としての中国への米国内航空会社による中古航空機売却を認めるべきであると主張していた．バーは，ニクソンとキッシンジャー双方は，中国との貿易関係発展が対中接近を強化し，三角外交を補完することを当然のことである，そしてNSCと国務省高官は米産業界がより競争的な世界の中で市場を開拓する必要があり，この文脈から対中貿易は潜在的に重要であると認識していた．William Burr, '"Casting a Shadow" Over Trade: The Problem of Private Claims and Blocked Assets in U.S.-China Relations, 1972-1975,' *Diplomatic History*, Vol. 33, No. 2 (April 2009), pp. 316-317を参照．
[82] 田久保忠衛『ニクソンと対中国外交』筑摩書房，1994年，12頁．田久保によれば，ここに21年間にわたる「対中禁輸政策に風穴が開く」ことになったとしているが，本書が示すとおりすでに1969年6月26日にNSDM17承認という形で「部分的な対中貿易統制の緩和」が決定されていた．したがって本書では，NSDM105を通じ本格的な対中貿易統制の緩和措置がとられることで，アメリカの対中禁輸政策が大きな転換期を迎えた，との立場をとる．
[83] National Security Decision Memorandum 105, Kissinger to Secretary of State, Secretary of Defense, Director of Central Intelligence and Attorney General, 13 April 1971, Institutional Files, Policy Papers (1969-1974), National Security Decision Memorandums (NSDM), Box. H-223, NPM, pp. 1-2.
[84] *Ibid.*, p. 2.
[85] *Ibid.*

統領との間の強い繋がりを示すものとなった．他方，ロジャーズ国務長官は，NSDM17の大統領承認と国務省や関係省庁による実施を関係在外公館に伝達したにすぎなかった[86]．

そして，ニクソン大統領がNSDM105を承認したことを受けて，翌日の4月14日，対中貿易統制を緩和する旨のニクソン大統領の声明が各国に送付されるとともに[87]，アメリカ製のエンジン及びトランスミッションを使用したフランス製トラックの対中輸出が許可されることとなった．そして，1971年6月，ホワイトハウスは，対中貿易統制の緩和に関するプレスリリースを発表した．このプレスリリースによると，NSC次官委員会が勧告の中で，対中貿易統制から除外するよう提案した非戦略品目として，農産物，海産物，林業製品，煙草，肥料，石炭，化学品（取捨選択された化学品のみ），ゴム，繊維，特定の金属，農業・産業・オフィス製品，家電，一般的な産業・商業用途の電気製品，特定の電子・コミュニケーション機器，特定の自動車製品や消費者向け製品を含む47品目が，対中貿易統制の対象から外れることとなった[88]．このプレスリリースの中でも，やはりNSC次官委員会が統制解除対象の品目を勧告したという文言が添えられており，同委員会の影響力をここにもみることができる[89]．この発表が行われた1カ月後の7月7日，キッシンジャーが，極秘訪中を実現したが，NSC次官委員会が対中貿易統制の緩和を行う旨の提言，またこれに伴う直接的な米中貿易の再開に向けて米政府として用意を進めたことは，NSCの対中政策のイニシアティブの強化に繋がり，ひいてはホワイトハウス主導による米中関係の改善を進めるうえでの重要な素地になったといえよう．

時期は前後するが，ニクソンがNSDM105を承認した1週間前の4月6日，

---

[86] Rogers to US Embassy Singapore, 15 April 1971, Institutional Files, Policy Papers (1969-1974), National Security Decision Memorandums (NSDM), Box. H-223, NPM.

[87] "Text of the President's Statement of 14 April," Millard to FCO, 14 April 1971, FCO21/823, TNA.

[88] またニクソンは，小麦，小麦粉，及びその他の穀物の中国，東欧，ソ連への輸出に際して，商務省による許可の簡略化，そして中国からのすべての品目の輸入許可の決定を発表した．Millard to FCO, 10 June 1971, FCO21/824, TNA. 対中貿易統制の引き下げをかねてから主張していた国務省東アジア太平洋局アジア共産主義部（Office of Asian Communist Affairs: ACA）は，ニクソンのNSDM105の承認を歓迎した，と伝えられている．Boyd to Appleyard, 14 April 1971, FCO21/823, TNA, p. 1を参照．

[89] Millard to FCO, 10 June 1971, FCO21/824, TNA. プレスリリースには「国務省を長とするNSC次官委員会」と記載されているが，ここでいう「国務省」とは厳密にいえば「国務省を代表する国務次官」を指すことに注意する必要があるだろう．

中国がアメリカ人卓球チームを招待したが，アメリカ政府，とりわけグリーン国務次官補は，アメリカ人卓球チーム訪中を契機に，中国がもつアメリカの「悪魔のイメージを払拭する」ことになろうと語っている[90]．周恩来が，アメリカ人卓球チーム一員に対して，「中国があなた方の中国招待を受け入れたことをもって，あなた方は，米中両国間の友好的な接触の道を開くこととなった[91]」と表明したことは，その証左であるといえよう．なお，NSDM105による対中貿易統制の緩和決定は，中国によるアメリカ卓球チーム招待のタイミングからして，アメリカ政府から中国政府側への返礼と映ったかもしれない．

　それに加えこの時期，中国は，アメリカを中心に他の国に対しても外交攻勢をかけ，国交の樹立を追求するようになった．セオドア・エリオット (Theodore Eliot, Jr) 国務省事務局長は，「中国は，ルーマニア，アルバニア，ユーゴスラビアとの関係維持を行いつつ，日本とイギリスとの関係に今まで以上に注意を払っている[92]」と語っている．このような状況下において，中国はアメリカとの関係改善を強く望んでいたのである[93]．

2．英政府の見方——米の対中貿易統制の緩和がココムに及ぼし得る影響

　他方，イギリス政府関係者たちは，アメリカの対中貿易統制の緩和がココムに及ぼし得る影響についてどのような見通しをもっていたのか．イアン・マクルーニー (Ian McCluney) 英外相補佐官は，1971年6月にホワイトハウスが発表した，対中貿易統制の緩和に係るプレスリリースについて，対中貿易統制が解除された品目が，非戦略的なものであるという理由から，直接，ココムに影響するものではないが，対中貿易統制が緩和されることによって西側各国が中国との貿易を拡大させる動きを開始することになり，したがって，ココムにおいても中国に対する経済制裁を緩和すべきという声が強まっていくことにな

---

[90] Cromer to FCO, 19 April 1971, FCO21/823, TNA. これが同時に中国の国連加盟に向けてアメリカ政府に圧力をかけるという中国の戦術的な動きであるだろうと分析されている．
[91] Denson to FCO, 15 April 1971, FCO21/823, TNA.
[92] Eliot to Kissinger, 1 April 1971, Bureau of East Asia and Pacific Affairs, Subject Files of Asian Communist Affairs, Subject Files, 1963-1972, Lot 72D456, Entry 5409, Box. 5, NARA.
[93] *Ibid.* ただし，エリオットは，インドシナ戦争や台湾をめぐる問題が足かせとなっており，米中改善の見通しはすぐにはみられないとのアメリカ人ジャーナリスト，エドガー・スノウ (Edgar Snow) の意見をキッシンジャーに伝えている．

ろうと語っている[94]．また，アメリカが，対中貿易統制の緩和を通じて対中接近を進めていくことになれば，西側諸国による対中貿易の拡大や対中接近を認めざるを得ない状況になり，イギリス企業もこれに乗じて商業的利益を手に入れることができる旨[95]，マクルーニーは述べている．1971年7月，モーガン英外務省極東部長をはじめ，多くの英政府関係者が，アメリカの対中貿易統制の緩和[96]を受け，2500万ポンド規模のイギリス製民間航空機の対中輸出に係る契約がまもなく署名されることを強く期待していたことからもわかるとおり，上述のマクルーニー補佐官の見方は，イギリス政府内でも広く共有されたものであったといえよう．

3．アメリカの対中貿易統制の廃止へ——ニクソン訪中に向けて

1972年2月21日のニクソン中国訪問を目前に，アメリカの対中貿易統制のレベルは，NSC次官委員会のイニシアティブにより，（一部を除き）ソ連に対するレベルへと引き下げられ，差別的な対中貿易統制が廃止される運びとなっていた．

しかし1971年末に，対中貿易統制の緩和に向けた一般ライセンス付与をめぐる省庁間審議において，国防総省と商務省の間で意見の相違が生じていた[97]．その理由として，国防総省が「貿易統制で，中国をソ連・東欧諸国に課しているレベルと同様にする」という政策を支持できないことから，多くの品目が「戦略的」なものであると位置づけられるべきとの立場をとっていたからである．国防総省は，中国が兵器・軍事関連機器を発展させ独自に生産するのにアメリカとの貿易を利用するか否かを決定づけるうえでの基礎を提示するまで，既存の統制を維持すべきとして反対した[98]．国防総省としては，中国は依然と

---

[94] McCluney to Moon, 14 June 1971, FCO21/834, TNA.
[95] Evans to McCluney, 14 June 1971, FCO21/834, TNA.
[96] Morgan to Tomlinson and Logan, 21 July 1971, FCO21/834, TNA, p. 3.「イギリス製民間航空機」とは，トライデント機を指す．本件については，第2章で詳述する．
[97] NSC Under Secretaries Committee, Memorandum for the President, "Results of Initial Steps towards Augmentation of Travel and Trade Between the People's Republic of China and the United States, and Recommendations for Further Steps to be Taken," 6 December 1971, Subject Files of the Office of People's Republic of China and Mongolian Affairs, Subject Files, 1969-1978, Lot 74D213, Box. 1, NARA, p. 3.
[98] "Memorandum for Chairman, ACEP Operating Committee," from Martin, 27 January 1972,

してアメリカの安全保障上の脅威であるとの立場から対中貿易統制に慎重な姿勢を取り続けていたのである．他方，商務省としては，対中貿易への機運が高まる米産業界からの要望を受け，対中貿易統制の緩和は早期に実施すべきとの立場をとった．

こうした中で，次官委員会の影響力がこのような省庁間対立を乗り越えるうえで力を発揮した．次官委員会は，ニクソン宛メモランダムの中で，4点のオプションを提示した．その4点とは，以下のとおりである．

> 「オプションA：中国をカントリーグループZからソ連・東欧並みのカントリーグループYに移行する．これにより，ソ連・東欧諸国と同じ条件において，すべての日常品の対中輸出に一般ライセンスを付与する．アメリカの技術データを使用する外国製品の対中輸出の統制に対してもソ連・東欧諸国に対する輸出統制と同じレベルを適用する．
> オプションB：中国をカントリーグループYに入れることなしに，ソ連・東欧に適用されている一般ライセンス下にあるすべての日常品の対中輸出に一般ライセンスを付与する．そしてソ連向けの一般ライセンスに含まれているこれらの品目の中国向け一般ライセンスへの追加を承認する．
> オプションC：対ソ連リストの恣意的なパーセンテージ，たとえば90％程度を，中国向けの一般ライセンスに適用する．
> オプションD：中国に適用されている商務省の技術データ規制を中国に伝達する」[99]．

このメモランダムでは，オプションAが勧告されている．そのメリットとして，ソ連との均衡の中に中国を位置づけることを公にすることができ，これにより中国とソ連を同じレベルで扱うというアメリカの意思を示すことができるし，米中貿易の自由な貿易を実現することができる，という点が挙げられた[100]．他方，オプションBは，オプションAよりも直接的米中貿易に繋がることはな

Institutional Files, Policy Papers (1969-1974), National Security Decision Memorandums (NSDM), Box. H-210, NPM.
[99] "NSC Under Secretaries Committee, Memorandum for the President," 6 December 1971, Tab. A: Specific Proposals, Subject Files of the Office of People's Republic of China and Mongolian Affairs, Subject Files, 1969-1978, Lot 74D213, Box. 1, NARA, pp. 3-7.
[100] *Ibid.*, pp. 3-4.

く不十分であるのに加え，オプションCは，直接的な米中貿易を引き続き拒絶していることを示唆することになると中国に思われる可能性があると考えられた．したがって，オプションBとCは勧告されていない．ただし，オプションDに関しては，アメリカ技術データを使用する外国製品の対中輸出に，対ソ貿易統制と同じレベルの統制を適用することを勧告し，オプションAとともに行われるものであると付け加えられている[101]．

2月17日，ニクソンはこのNSC次官委員会のオプションAの勧告を受け入れ，NSDM155の中で，商務省に対して中国を日常品統制においてカントリーグループZからソ連・東欧並みのカントリーグループYに移行することを指示した[102]．ここに，非戦略分野における対中貿易統制がソ連・東欧並みの貿易統制のレベルへと引き下げられることになった．これにより，ニクソン大統領が中国を訪問する直前という絶好のタイミングにおいて，米中関係改善への布石となった．

1972年2月28日，ニクソンが訪中を行った際に発表された「上海コミュニケ」には，以下の文言が入っている．

>「米中双方は，2国間貿易を相互の利益がもたらされる他の一つの分野と考え，平等互恵に基づく経済関係は，両国国民の利益に合致するものであることに同意した．双方は，両国間の貿易の漸進的発展を促進することに合意する」[103]．

アメリカ政府による対中貿易統制の緩和決定が，上海コミュニケにおいて「米中間の貿易の斬進的発展を促進」の合意への重要な礎となったといえよう．

---

[101] *Ibid.*, p. 7.
[102] "National Security Decision Memorandum 155," Kissinger to Secretary of State, Secretary of Treasury, Secretary of Defence and Secretary of Commerce, 17 April 1972, Institutional Files, Policy Papers (1969-1974), National Security Decision Memorandums, Box. H-232, NPM. 中国のカントリーグループZからグループYへの移行に関して，加藤洋子『アメリカの世界戦略とココム 1945-1992——転機にたつ日本の貿易政策』有信堂，1992年，202-203頁を参照されたい．
[103] "Nixon-Chou Communiqué," United States Information Service American Embassy London, 28 February 1972, PREM15/1988, TNA, p. 4; "NSSM-149, China Policy," 21 March 1972, Institutional Files, Policy Papers (1969-74), National Security Study Memorandums (NSSM), Box. H-190, NPM, p. 1.

第6節　まとめ

　本章は，対中貿易統制の緩和問題の政策決定過程の考察を通じて，以下の3点を明らかにした．第一に，ニクソン政権成立直後の1969年には，対中貿易統制の再検討をめぐるNSCのイニシアティブの兆候が見られた一方で，ロジャーズ国務長官が対中政策決定に積極的に関与しようと試みた．ロジャーズは，外交問題にうといとされてきたが，国務長官就任後から当初の段階において，ニクソンへの政策提案を通じて対中貿易統制の緩和に向けたイニシアティブをとることに懸命であった．
　第二に，キッシンジャーは，対中貿易統制の緩和を進めるにあたり，リチャードソンやアーウィンという国務次官を長とするNSC次官委員会の政策立案機能を重視した．これにより，キッシンジャーは官僚機構としての国務省を政策決定から排除しようと試みた．次官委員会は，大統領による指示に応じて報告書を作成し，NSDM105をはじめとする政策決定に大きな影響力を行使してきた．
　第三に，キッシンジャーがNSC次官委員会を活用し，NSCによる対中貿易統制をめぐる政策立案及び決定のイニシアティブを強化した．彼は，NSC次官委員会を建前上，「各省の見解を集約する場」として扱ったが，実態は，対中貿易統制の緩和に関して，キッシンジャーなどを中心とする政策立案を行う役割を担った．キッシンジャーが次官委員会の政策立案という役割を与えることを通じて，NSCの強化をもたらし，ひいてはホワイトハウス主導の外交政策決定過程の強化を模索したと考えられる．次官委員会は，大統領による指示に応じて報告書を作成し，NSDM105をはじめとする政策決定に大きな影響力を行使した．
　政策立案の強化を通じたNSCの権限強化によってホワイトハウス主導の対中政策の決定への影響力が増大した一方で，ロジャーズ国務長官や関係各省庁が対中政策の立案及び決定から蚊帳の外へ置かれることとなった．こうした取り組みを通じて，アメリカの大胆な対中政策の転換を促し，米中接近を進めていく背景となっていったと考えられる．キッシンジャーは官僚機構を排除した

うえで，1971年7月に極秘訪中を実現させ，米中接近への道筋を切り開いた．この結果，1972年2月のニクソンの中国訪問が実現したのである．

　次に，アメリカの対中接近に対するイギリス側の反応についてまとめておく．イギリスは，アメリカが進めてきた対中封じ込め戦略によって中国との接触を行う範囲が限定されていると考えつつも，プラグマティックな対中政策を維持してきた．しかし，ニクソン米政権成立を受けてアメリカが封じ込め戦略から対中接近政策に転換させ，その一環として対中貿易統制を緩和したことを受け，イギリス側は，英中関係の改善や中国市場へのアクセスを含む対中政策を促進する動きを加速させるようになった．また，イギリスは，アメリカの対中貿易統制を緩和することで，西側全体でもココムの枠組みに何らかの影響があり得ることを予測した．このような中で，イギリスは，民間航空機であるトライデント機の対中輸出をはじめとする一連の航空機の対中輸出を通じてこうした対中政策を進めることを模索したが，次章以降にて説明したい．

第2章

イギリスの対中接近と英米関係　1969-1972年
―― イギリスによる民間航空機トライデントの対中輸出を中心に ――

第1節　はじめに

　前章では，アメリカ政府が中国に対する独自の貿易及び旅行統制に風穴を開ける政策決定を実施し，対中貿易統制を廃止した経緯を説明した．こうした動きに最も敏感であった西側諸国の一つとして，イギリスが挙げられる．1970年6月に成立したヒース保守党政権は，こうしたアメリカの動きに敏感に反応して対中接近を更に進めようと試みていた．また，イギリス産業界においても英中両国間の経済関係拡大を求める声が高まっていた．

　とりわけ，イギリスの航空機製造産業界は米中接近の動きを受け，中国への航空機の輸出の機会をうかがっていた．なぜならば，英BACが1961年に中国に対して6機の民間航空機であるヴァイカウント機を中国に売却[1]させてから約10年間にわたり，文化大革命に伴う中国国内の混乱を背景に，イギリス製民間航空機の中国との取引はストップしたままとなっていたためである．1970年代初頭に入ると米中接近の動向を受けて，BACやHSAをはじめとするイギリス航空機製造企業は，航空機の中国向け売却を実現させようとする動きを強めていた．

　しかし，こうしたイギリス航空機製造企業の中国市場への急速なアプローチは，アメリカ政府の強い反発を受けることが予想された．なぜならば，安全保障上の懸念から民間航空機の中国への輸出が継続的に行われれば，中国の軍事関連技術・能力を向上させるおそれがあるとの声がアメリカ政府内で出ていたからである．とりわけ米国防総省は，HSAが製造した民間航空機トライデント2E型の中国への売却に強く反対した．しかしながら，1971年に同航空機の対中売却は実現に至ったのである[2]．

---

[1] "UK Eyes Only," Note by the Foreign and Commonwealth Office, 16 February 1970, FCO69/107, TNA, p. 1; "Ministerial Committee on Strategic Exports, Export of Civil Aircraft to China," January 1970, FCO69/107, TNA. 詳細に関して，Victor S. Kaufman, *Confronting Communism: U.S. and British Policies toward China* (Columbia: University of Missouri Press, 2001) を参照されたい．
[2] もっとも，1970年にもトライデント1E型（パキスタン国際航空が使用していた航空機）4機に関し，中古機との取扱いであったため，安全保障上の懸念が低いとアメリカ政府が判

本章では，このように国防総省の強い反対があったにもかかわらず，なぜ，トライデント機の対中輸出が実現に至ったのかを明らかにする．この質問に答えるうえで，第2節ではまず背景説明として，中古機であるトライデント1E型の対中輸出をめぐる米政府内の決定の過程で国防総省の意向がバイパスされたことが，翌年のトライデント2E型新機体の対中輸出計画をめぐって国防総省の反発を強めたことを導く．第3節では，トライデント2E型の対中輸出が実現した経緯をたどる．そして，第4節では，「ニクソン・ショック」による英米関係の影響を最小限にとどめるために，国防総省の反対を抑え，トライデント機の対中輸出の許可を出したことを説明する．そのうえでイギリス政府が，ホワイトハウスが，キッシンジャーの極秘訪中を計画する中で，国務省を含む官僚機構をバイパスしていたこと，また，本件についてその他の国々にも伝達しなかったことを認知したことを明らかにする．

断したことから，中国への売却に対するアメリカ側の反対はなかった．他方，新規に製造された同2E型に関し，とりわけ同機に搭載された新型の通信レーダーについて安全保障上の懸念がアメリカ側より指摘されていたようである．"China may buy Tridents," Extract from Financial Times, 3 March 1971, FCO69/216, TNA参照．

第2節　中古のトライデント1E型の対中輸出

1．中古トライデント機売却計画の背景と中国の反応

　偶然のことではあろうが，アメリカ政府が対中貿易統制の部分的緩和に係る政策決定（NSDM17）[3]を発表した直後の1969年12月，中古トライデント機の対中輸出の計画が英国国内で浮上した．元々，パキスタン国際航空（Pakistan International Airlines，以下 PIA）が，HSAから1965年に購入したトライデント1E型を国内線運航で利用していたが，これを引退させ，新たにボーイング707型への置き換えの検討を開始していたことが契機であった．そこでPIAは，中国民間航空局（CAAC: Civil Aviation Administration of China，以下中国民航）に対して，不要となったこれらの中古トライデント機を売却することによって，北京に入港できる交通権を取得しようと考えた[4]．こうした意図から，PIAは中国側に4機の中古トライデント機の取引を提案した．

　PIAによるこうしたオファーに対し，中国がどのように反応したのか．中国民航側は，中古トライデント機について安価かつ即座に運航することができる機体であるとして魅力的な提案と考えた[5]．なぜならば，文化大革命の混乱の中で更新が大幅に遅れ老朽化した航空機を随時引退させ，今後2年間で，より近代的な航空機に更新しようと考えていたからである[6]．1960年代の文化大革

---

[3] NSDM17とは，前章でも取り上げたとおり，ニクソン政権が1969年6月26日に承認した「中国に対する経済統制の緩和」と題し，中国に接近する布石として，民生品を中心に中国に対してアメリカが独自に続けてきた貿易統制・経済制裁を部分的に緩和するという政策決定であった．詳細については，和田龍太「米国の対中接近プロセス　1969-1972年──対中貿易統制の緩和を中心に」『国際政治経済学研究』第25号，2010年，33-48頁を参照されたい．

[4] "Note of a Meeting at the Foreign and Commonwealth Office," 22 January 1970, FCO37/727; "Secret UK Eyes Only," Britten to Sutherland and Murray, 23 January 1970, FCO37/737, TNA. 更に，PIAは，航空機や航空機関連機器を容易に投棄することができないこともトライデント機の対中売却のもう一つの理由に挙げている．

[5] "Secret UK Eyes Only," Britten to Sutherland and Murray, 23 January 1970, FCO37/727, TNA.

[6] "Cabinet, Official Committee on Strategic Exports: Export of Civil Aircraft to China," Note by the Security Export Controls Working Party, 28 January 1970, FCO37/727, TNA, p. 1.

命や中ソ対立で続いた国際的孤立により，近代的な航空機を輸入してこなかった中国にとって，パキスタン経由でのイギリス製民間航空機の取得が，国際的孤立の脱却を経済関係という側面から象徴するものであったといえよう．事実，1966年5月にウォールトソン（Lord Waltson）外務政務次官が，イギリス製民間航空機の対中輸出を提案したことにより，ありうべき民間航空機の対中輸出の影響に関する研究がまさにイギリス政府内で行われようとしていた．その矢先，文化大革命に伴う在中イギリス公館の焼き打ち事件によって英中関係が悪化したことにより，1967年5月にこの計画は中止となった[7]．したがって，1970年代に入るや否や，中国にとってようやく国際的孤立から脱却する時期が訪れようとしていたのである．

ちなみに，PIAの中古トライデント1E型の中国への売却は，単純にパキスタンと中国の2国間ベースでの取引ではなかったことに注意する必要がある．なぜならばHSAが，同中古機の取引にあたり，中国に対して同機のスペア部品の保証をパキスタンに行うことが確約されていたため[8]，イギリス政府もまた，PIAが所有する同機の対中売却案件に関与する必要に迫られたからである．

2．イギリス政府内での検討

次に，イギリス政府内の動きをみていく．英内閣府に設置されている共同インテリジェンス委員会（Joint Intelligence Staff，以下JIC）[9]では，上述のトライデント1E型の対中売却がもたらしうる影響に関して，三つの視点から，以下のような検討が行われた．まず第一に，「直接的に軍事転用される可能性」に関して言及がなされている．かかる可能性に関し，中国の軍事輸送能力は非常に低いとしつつ，西側の大型航空機の導入が中国の輸送能力を高めうる．そして，こうした大型の民間航空機が中国で「適切な形で転用されることになれば，中国の核・通常爆撃能力を向上させる可能性がある[10]」としている．もっとも，中国は特定の外国製航空機を様々な軍事的な目的のために利用するであ

---

[7] *Ibid.*, p. 1.
[8] Stewart to Washington, 6 February 1970, FCO37/727, TNA.
[9] JICは，外交・防衛・安全保障問題において内閣府に助言を行う機関である．
[10] "Cabinet, Official Committee on Strategic Exports: Export of Civil Aircraft to China," Note by the Security Export Controls Working Party, 28 January 1970, FCO37/727, TNA, p. 2.「適切な形」という表現に関し，中国が民間航空機を軍事目的に利用するという意味を包摂している．

ろうが，民間機を核爆撃機として使用することはない[11]，と付け加えている．すなわち，イギリス製の民間航空機が中国軍関係者によって，軍事関連物資や人員の輸送などに使用される可能性があることを強調している[12]．

　第二に，JICは，「中国が先端技術を取得する可能性」に言及している．すなわち，近代的な西側のジェット機及びエンジンは，中国により先端的な技術的知識を与えることになろう[13]，と強調している．ただし，トライデント機に装荷されている民間航空機用のスペイ・エンジンである512Wを例に取り上げつつ，中国が大型航空機をコピーするのには今後10年ないし15年かかるとしている．いずれにせよ，イギリス製民間航空機の対中輸出は，中国に西側がもつ航空機の技術ノウハウを取得させ，中国の航空機関連技術に関する能力を向上させる可能性は決して否めないと指摘した．

　第三に，JICは，政治的視点から，中国の近隣諸国とココム参加国に関する考察を加えている．

> 「航空防衛能力の限定された国のみが，イギリス製民間機の軍事利用の直接的な脅威となる．軍事転用された航空機は，おそらくソ連や英米両国のプレゼンス下にある諸国に対しては効果的ではない．したがって，明らかに，最も被害を受ける国は，インドであろう．他方，ココムにおけるアメリカの態度は重要である．もし，特定の電子機器を内蔵している場合，1年以上民生用として使用された航空機のみが（ココムの）統制下にある．（ココムの統制の対象とならない航空機でさえも，重要な構成品にアメリカ製が含まれる場合，アメリカの態度は重要である．）」[14]．

以上のように，JICは，イギリス製の民間航空機の対中売却を進めることが，いずれ中国の軍事能力の向上に繋がることを認識していた．ただし，中国が軍事能力を向上させるには時間がかかることに加え，ソ連や英米のように航空能

---

[11] *Ibid.*, p. 2.
[12] *Ibid.*
[13] *Ibid.*
[14] *Ibid.*, pp. 2-3. しかしながら，在印イギリス大使館は「トライデント機の取引へのインドの反応は，耳障りかもしれないがパキスタン・中国2国間で行われているという事実のみに集中するであろう」と外務本省に伝えており，インドに関しては楽観視できるとの見方を示している．Sir M James to FCO, 25 January 1970, FCO37/727, TNA を参照されたい．

力を保有する国にとっては，中国が当面の間は安全保障上の脅威とはならない，として中国の軍事力への展望を過小評価していたことがわかる．

また，いずれにせよかかる航空機の対中売却を行う前に，アメリカの同意が重要である，という旨の内容となった．確かに，ココムの枠組みにおいて，民間航空機は，その範疇ではないが，アメリカが独自に行っている対中貿易統制にかんがみれば，他の西側諸国が対中貿易を進める際にアメリカに配慮する必要があったからである．もちろん，中古トライデント機の対中輸出の計画もその例外ではなかった．

以下，中古のトライデント1E型に対するアメリカ政府の態度をみていきたい．

3．アメリカ政府の見解とイギリスの対応

中古のトライデント1E型については，駐パキスタン米国大使及び米国務省が見解を表明している．まず，ジョセフ・ファーランド（Joseph Farland）駐パキスタン米国大使は，米国務本省に対し，もしPIAが所有していたトライデント1E型の対中売却が行われた場合，「米・パキスタン関係に危機をもたらす可能性がある[15]」という見方を報告している．また，当該トライデント1E型の対中輸出が実現すれば，中国の軍事的な輸送能力を強化する可能性がある[16]，と同大使は考えたからである．すなわちファーランド大使は，たとえ当時の中国・パキスタン関係が良好だったとしても，パキスタンでかつて使用されていた民間機がアメリカの同意を受けて中国に輸出されたうえで，中国国内で軍事能力の向上に多少なりとも繋がるような形で利用されれば，米・パキスタン関係は悪化するのではないか，と懸念していた．

他方，米国務省は，ファーランド大使とは異なる見方を示している．1970年1月5日，国務省は，英外務省に対し，以下のように伝達している．

「米国務省としては，中国がトライデント機（1E型）の軍事転用を模索す

---

[15] Jeffrey A. Engel, *Cold War at 30,000 Feet: Anglo-American Fight for Aviation Supremacy* (Harvard: Harvard University Press, 2007), p. 290.
[16] *Ibid.*, p. 290.

る可能性が高いとは予測していないものの，中国が，パキスタンのトライデント機（同上）を購入することを通じて，より近代的な航空機エンジン技術を取得するという可能性を，懸念をもって注視している．しかしながら，当該航空機に内蔵されているアメリカ製機器は，この取引が進められるにあたり，アメリカが介入するような法的根拠を与えるものとはならないだろう」[17]．

換言するならば，米国務省の見解は，ファーランド大使の見方とは異なり，中国がトライデント1E型を取得することにより，確かに多くの技術的知識を入手するという可能性は認めるが，仮に軍事転用された場合でも，中国の軍事力，とりわけ空中補給や爆撃能力を高める可能性についてはさほど高くはない，というものであった[18]．その論拠として，国務省は，中国民航側が，国際旅客便を運航するために当該機を利用する旨，イギリス政府に対して確約していた点を挙げている[19]．こうした国務省の見解を受け，ニクソン政権は，トライデント1E型の対中輸出計画を承認した[20]．

なお，ニクソン政権が，国務省から上申されたトライデント1E型の対中輸出計画を承認するにあたり，事前に国防総省に意見を求めた形跡は見当たらない．その背景としては，当該計画については外交チャンネルを通じて英外務省から国務省に伝えられたものであることから，同政権としてはかかる計画については純粋に国務省案件であり，他省庁には事後報告で済むものと判断した可能性は指摘できよう．

以上のような国務省の見解に対し，当初はアメリカの対応をめぐり悲観的な予想をしていた英外務省貿易政策部は，国務省からの深刻な懸念表明が何もなかったことに驚きをもって受け止めた[21]．貿易政策部は，イギリスとして唯一の心配が「アメリカの態度」であったが，こうした国務省の反応にかんがみれ

---

[17] "Cabinet, Official Committee on Strategic Exports: Export of Civil Aircraft to China," Note by the Security Export Controls Working Party, 28 January 1970, FCO37／727, p. 3; Freeman to FCO, 5 January 1970, FCO37／727, TNA. 括弧部引用者．
[18] Britten to Gallagher, 5 February 1970, FCO37／727, TNA, p. 2.
[19] Britten to Sutherland and Murray, 23 January 1970, FCO37／727, TNA.
[20] Jeffrey A. Engel, *Cold War at 30,000 Feet: Anglo-American Fight for Aviation Supremacy*, p. 290.
[21] "Meeting of the Ministerial Meeting Committee on Strategic Exports at 9:15am on 25 March," Britten to Murray, Sutherland, Wiggin and Croathneit, 23 March 1970, FCO37／727, TNA, p. 4.

ば，アメリカ政府がトライデント1E型及び同機に内蔵されるエンジンの対中輸出を阻むことをしないであろう，と考えるようになった[22]．

他方イギリス側の対応をみていく．在米イギリス大使館は，イギリス本国が米国防総省や米中央情報局（Central Intelligence Agency，以下 CIA）との適切なコミュニケーションをとっていないことを警告し，前述のような外務省の楽観的姿勢に警笛を鳴らしている[23]．なぜならば，イギリス政府が，安全保障上の懸念から中国に対する貿易・旅行統制の緩和及び対中貿易・旅行の拡大に懐疑的であるとされる国防総省やCIAとは，トライデント機の対中輸出計画をめぐる接触をほとんど行ってこなかったからである．このように英外務本省が，米国務省との外交チャンネルを通じアメリカ政府からの同意を確保したと認識した一方で，他のアメリカ政府関係省庁への接触をほとんど行うことなしに，中古トライデント機の取引を推進する動きを危惧するような指摘となった．もっとも，イギリス政府がかかる輸出計画の実現を急ぐあまり，国務省とホワイトハウスの承認をもってアメリカ政府からの同意であると認識した形となった．したがって，この時点では，イギリス政府が米国防総省とのコミュニケーションをとる必要をないとの認識をもったことが米国防総省の強硬路線をもたらし，その後のトライデント2E型とよばれる新機体の対中輸出事案に響く契機となった．それに関しては，後述することにしたい．

4．トライデント1E型の対中輸出実現

1970年5月27日，カラチにおいて中古のトライデント1E型の対中売却の契約が署名され，翌月29日に最初の同機機体が中国に向けて出発することとなった[24]．かかる件に関し，ヒューム英外相は，イギリス政府として，スペア部品の同時輸出にコミットしてきた点に言及したうえで，「戦略的観点から，中国にとって，近代的航空機のスペア及びサービスにおいて，ソ連ではなく，西側に依存するほうが望ましい[25]」と述べ，同航空機の対中輸出が実現したことに満足していた．つまり，商業的視点のみならず，中国が更なる西側への接近を

---

[22] Walker to Sutherland and Wilford, 6 January 1970, FCO37／727, TNA.
[23] Midgley to FCO, 16 January 1970, FCO37／727, TNA, p. 2.
[24] Stout to FCO, 2 June 1970, FCO37／728, TNA.
[25] Alec Douglas-Home to Washington, 24 November 1970, FCO69／111, TNA, p. 2.

進めるうえでも，この取引は中国にとり戦略的には利益となるものであったとする意見である．ヒース首相もまた，中国に対しては，ソ連ではなくイギリスから航空機部品を購入させたほうが得策であると述べている[26]．なぜならば，中国が対ソ依存を深めるよりはむしろ，西側諸国との関係構築を進めたほうが中国のプラグマティックな姿勢を引き出すことが可能となり，ひいては英中関係の拡大に繋がると考えたからである．

また，ボイド・デンソン（Boyd Denson）駐中国イギリス臨時代理大使は，アメリカの対中接近の動きを契機に，イギリスがアメリカの対中政策の方途，すなわち今後の米中接近の加速度や内容に合わせた行動をとるべきであるとして，以下のように主張している．

> 「トライデント機をめぐる我々の路線は，最近のアメリカの旅行・貿易統制の緩和そして，アメリカのより協調的な対中政策の一環としてみなすことができるかもしれない」[27]．

つまり，イギリスもまたアメリカの対中貿易統制の緩和を通じた対中接近の動き[28]に応じて，トライデント1E型に係る取引のような対中貿易を更に拡大させる路線を取る必要がある，という主張であった．実際に，イギリス政府内においては，このPIAが所有していた中古トライデント1E型のパキスタン経由での対中輸出の実現がイギリスにとって，「イギリス航空機製造産業が，直接的に中国でビジネスを行うという可能性を開くものとなる[29]」として，中国市場へのアクセス拡大の機会となるとの声が存在した．ただし，デンソン臨時代理大使は，アメリカ政府が，対中貿易統制の緩和をどの程度まで実施し得るのか，そして，どの程度の最新技術の対中輸出が許可するのかを承知することができない[30]，と漏らしており，引き続き，アメリカ政府の動向を注視するしかない，と考えていた．

---

[26] Jeffrey A. Engel, *Cold War at 30,000 Feet: The Anglo-American Fight for Aviation Supremacy*, p. 294.
[27] Denson to FCO, 14 January 1970, FCO37／727, TNA, p. 1.
[28] 和田龍太「米国の対中接近プロセス　1969-1972年——対中貿易統制の緩和を中心に」『国際政治経済学研究』第25号，2010年，33-48頁．
[29] Stewart to Washington, 12 January 1970, FCO37／727, TNA, p. 1.
[30] Denson to FCO, 14 January 1970, FCO37／727, TNA, p. 1.

5.「競争的ライバル」と「協力的パートナー」

　イギリスがトライデント1E型の対中輸出に関する案件を進めている中，イギリス政府内の一部では，アメリカが更なる対中貿易統制の緩和を押し進めながら，中国市場に進出し，英中貿易で得られうる商業的利益の邪魔になることを懸念する声が聞こえるようになった．デンソン臨時代理大使は，アメリカの最新技術の対中輸出が承認されることになれば，「我々の中国との接触，ロンドンでの接触によって追求してきた我が国の商業的利益が脅かされるかもしれない[31]」と述べ懸念を示した．したがって，デンソン臨時代理大使は，化学品や航空機といった諸分野で，イギリスが中国に対して長期的な輸出を行うべく，アメリカよりも先手を打って行動に出るべきである[32]，と提言した．先の12月19日，ニクソン大統領が下した，部分的な貿易統制緩和の決定（NSDM17）でも，アメリカが航空機を許可することはなかったが[33]，イギリスは，いずれ中国市場にアクセスするだろうアメリカよりも先手を取って英中間の貿易を進めるべきであると考えていたのである．

　しかしながら，以上のような英米の中国市場をめぐるライバル関係とは裏腹に，英米両国の政治的関係は，（少なくとも1971年7月のキッシンジャー極秘訪中の発表までは）良好なものであったといえよう．1970年10月3日，ロンドンで行われた英米首脳会談において，両首脳は，個人間及び英米両国間の緊密な関係を維持することに同意している．ニクソンが以下の発言から議論をはじめている．

　　「「特別な関係（special relationship）」は，（両首脳の）個人間の極めて重要な問題であり，一時的な危機によって制限されるべきではないと考える．英米間で緊密な接触を継続することの必要性は，我々が直面する多くも問題，（中略）たとえば，（中略）極東における共同の利益などを考慮すれば，

---

[31] *Ibid*., p. 1. デンソン臨時代理大使は，アメリカの製造業者は，より迅速なデリバリーといった商業的な優位点を有しているかもしれないと伝え，アメリカが中国市場をめぐり，イギリスとライバル関係となる可能性を示している．

[32] *Ibid*., p. 2.

[33] Denson to FCO, 14 January 1970, FCO37／727, TNA.

おそらく今までよりも高まってきている」[34].

このニクソンの発言に対し，ヒースは，以下のように返答した．

> 「自分（ヒース首相，以下同）は，貴大統領の発言を歓迎する．自分も，貴大統領が説明したような緊密な個人間の関係への展望を，極めて高く評価している」[35].

ヒース首相は，ニクソン大統領が言及したような，「緊密な両首脳の個人間の関係」を重視する旨に同意している．また，ニクソンがこの会談において英米の「特別な関係」の重要性を強調した一方，ヒース首相がこれに何の言及をしていないゆえに，英米関係を「特別」なものとみなしていたか否かは判断が分かれるであろうが，少なくとも「特別な関係」を否定していたわけではない．

したがって，ヒース首相が，政権成立直後から「ヨーロッパの一国」として振る舞いはじめたわけではない．たとえ，ヒースが政権成立時にEEC加盟を目指すと表明したとしても，ヒースにとって決して「与するはアメリカか，あるいはヨーロッパか」という単純な二者択一論ではなく，ヒースとニクソン双方は二人の密接な関係を基礎とする緊密な英米関係に同意している．この視点に立てば，たとえ1970年12月，ヒースが，英米首脳会談において「何者にも優先する目標は，イギリスの共同体加入である[36]」と表明したとしても，それはあくまでイギリス政府としてのヨーロッパにおける目標であって，緊密な英米関係を否定することを意味しないのである．換言するならば，彼は，この時期において英米の緊密な関係とEEC加盟の両立を目指していたのである[37]．したがってヒース政権が発足した年である1970年の英米の政治的関係は良好であった．したがって，当時の英米両国は，中国をめぐって「経済的ライバル[38]」

---

[34] "Record of a Meeting between the Prime Minister and President Nixon at Chequers on Saturday 3 October 1970," FCO7/1815, TNA. 括弧部引用者.
[35] Ibid. 括弧部引用者.
[36] 橋口豊「苦悩するイギリス外交 1957-1979年」佐々木雄太・木畑洋一（編）『イギリス外交史』有斐閣，2006年，196-197頁.
[37] 岡本は，こうしたイギリスの動きについて，ヒース政権が米欧間の仲介者としての役割を担うことで，英米及び欧米関係の両立を目指したと指摘している．岡本宜高「ヒース政権期のイギリス外交――欧州統合とデタントの間」『西洋史学』第240号，2010年，59頁参照.
[38] 詳細については，Jeffrey A. Engel, *Cold War at 30,000 Feet: Anglo-American Fight for*

であると同時に，政治的及び安全保障面では，協力的かつ緊密な同盟国であるといって良いかもしれない．

Aviation Supremacy, p. 1 を参照されたい．

第3節　新規に製造されたトライデント2E型の対中輸出

前節では，中古のトライデント1E型の対中売却が実現した経緯を説明した．本節では，新機に製造されたトライデント2E型[39]の対中売却について説明する．

1．トライデント2E型の対中売却に向けイギリスの姿勢は加速

1971年2月，HSAの訪中団が北京に滞在している間，中国側の中国機械進出口有限公司（China National Machinery Import and Export Corporation，以下MACHIMEX）[40]が，6機のトライデント機の新機種，いわゆるトライデント2E型の購入を打診したことが契機となった[41]．イギリスはこれを受け，予備部品及び予備エンジンとともにトライデント機の新機種であるトライデント2E型の対中国売却に向けて，対中交渉を開始した．HSAは，中国民航による当該航空機購入の主な目的として，中国民航の老朽化した航空機を近代化することにあると事前に承知していた[42]．また，HSAとしても，中国民航で使用されているが，老朽化の進んだイリューシン（Illusyn，以下IL）18型がこの新しいトライデント機に交換されることを期待していた．

これを受けて，中国側のMACHIMEXは，HSAに北京訪問を要請した．この要請を受け，HSAの代表団が訪中し，中国民航との協議を行った．かかる協議では，一機体に付き15万ポンド前後である点では両社はおおむね同意した

---

[39] トライデント2E型は，1E型よりも長距離航行を可能にした機体であった．トライデント1E型は合計で15機分だけ製造された一方，2E型は50機製造された．以下，英軍事企業である「BAEシステムズ」のURL（HSAの航空機部門は1977年にBAEに吸収合併された）を参照されたい．http://www.baesystems.com/en/heritage/hawker-siddeley-hs121-trident（2019年2月10日最終アクセス）．
[40] MACHIMEXが民間航空機の輸入を実施し，中国民航が民間旅客便を運航する，という役割分担を両社は行っていた．両社は，表向きでは民間会社であるが，社会主義体制下の中国においては，当時の実態は国営企業であった．
[41] Home to Washington, 28 February, 1971, FCO21/852, TNA.
[42] Denson to FCO, 19 June 1971, FCO69/217, TNA.

ものの,値段をめぐる具体的な交渉に入るとなかなか折り合いをつけることはできなかった.

トライデント2E型に関する契約総額は,およそ2300万ポンドに相当するものであるが,中国はトライデント機購入を追求する一方で,アメリカのボーイング社のボーイング707型[43]やマクドネル・ダグラス社のDC-8型の購入も同時に検討していた.そのような中で,英オブザーバー(Observer)紙は,これらのアメリカの航空機がトライデント2E型のおよそ半額にて取引され得る旨報じている[44].同紙が報じたような「半額にて取引」するというのは極めて非現実的な内容であるのに加え,中国側がこの時点で実際にボーイング社やマクドネル・ダグラス社に接触していたか否かは不明だが,少なくともこのような形で英メディアに情報をリークすることで,HSAからより有利な条件を引き出そうとしたことは指摘できよう.他方,HSAの中国訪問代表団は,6月22日に再び北京入りし,7月中旬までには中国との契約を実現させていく,と語っており[45],可及的すみやかに中国側との契約を確保することに自信をにじませていた.

2. トライデント2E型の対中輸出にココムの壁

しかしながら,トライデント2E型の対中国売却には,前節で説明した中古のトライデント1E型とは異なり,ココムという貿易統制が待ち受けていた.特に,トライデント2E型に装荷されている電子航法援助装置については,ココムの場における承認が必要であった.なぜならば,電子航法援助装置については当時,軍用機やミサイル技術などに利用されていたため,ココムにおいて軍事転用可能な機微な品目であるとみなされていたからである.したがって,中古のトライデント1E型の対中輸出の件では,2国間の外交チャンネルのみを通じて米国務省経由でホワイトハウスの承認を確保したため,ココムでの承

---

[43] 1971年3月11日付けウォール・ストリート・ジャーナル紙の記事は,ボーイング社が中国に対し民間航空機のボーイング707型を売却する動きを報じている. "The China Trade: U.S. Concerns Export to Mainland-Bound Goods as Embargo Loosens," Extract from Wall Street Journal, 11 March 1971, FCO69/212, TNA 参照.

[44] "US may sell jets to Mao," Extract from Observer, 7 March 1971, FCO69/216, TNA.

[45] "Visit of Dr. Kissinger: Brief on Tridents for China," Note by Trade Policy Department, FCO, 21 June 1971, FCO69/217, TNA, p. 1.

認は不要だった一方で,トライデント2E型の案件では,ココムの場で承認されることが必要とされた.1971年6月,イギリス政府は,この電子航法援助装置に関して対中輸出の承認をココムに申請した.イギリスとしては,電子航法援助装置を事前に取り外した形で輸出された中古トライデント1E型の事例とは異なり,トライデント2E型は新規に製造された機体であったことからも,仮に電子航行装置を航空機から取り外してしまえば,新規に製造されたにもかかわらず使用側である中国民航による効果的な運用ができなくなり,機体の価値が大幅に下がってしまうことは想像がつく.そのためイギリス側からすれば,トライデント2E型から電子航法援助装置を除去することは,決して受け入れられるものではなかった.

3.アメリカ政府内では対立——国務省の条件つき賛成と国防総省・商務省の反対

トライデント2E型の案件がココムの場で提起された.しかし,アメリカ政府代表が留保を表明したことでアメリカ側の承認を確保できなかった[46].こうしたココムでのやり取りを通じ,トライデント2E型の対中輸出計画が国務省のみならず,商務省や国防総省といった関係各省に知らされることとなった.もっとも,ココムのアメリカ政府代表がトライデント2E型の対中売却案件を承認しなかった背景としては,商務省,そしてより重要なのは国防総省の反対表明が指摘できる.

その前に,まず国務省の態度をみていきたい.国務省は,トライデント2E型の対中売却に賛同の意向を示したが,同機が中国で純粋に民生用として利用される証拠をイギリス政府が示すべきである,との条件を付した[47].国務省の見解は,航空機自体についてはココムの貿易統制の対象品目ではないため原則的に同意できるが,念のためトライデント2E型が民生用として利用されるような明示的な証拠を提示できれば,ココムにおいても何ら問題はないし,国防総省からの反対表明も撤回されるだろう,というものであった.

他方,国防総省と商務省は,トライデント2E型の対中売却に反対を表明していた.国防総省と商務省は,中国が純粋に民生目的で使用するのかどうか定かではない,という理由から反対表明を行った[48].両省は,トライデント2E型

---

[46] *Ibid.*, p. 1.
[47] Millard to FCO, 16 June 1971, FCO69/217, TNA.

そのものが軍事用途に使用されることを懸念していただけでなく，同機に内蔵されている電子航法援助装置や電子ギアに係る関連技術が中国に軍事転用される可能性を懸念していたのである．こうした背景から，ココム米政府代表は，とりわけ通信装置や電子航法援助装置，電子ギアを含む制裁品目の必要性にイギリス側が十分に説明していないという根拠を挙げ，かかる事案に同意しなかった[49]．

とりわけ国防総省は商務省以上に，トライデント2E型の対中売却計画に強く反対していた．国防総省は，同機が純粋に旅客用として実際に使用されない可能性に懸念をもっていた．中国民航が明らかにしたところによれば，パキスタン経由で中国に売却された中古のトライデント1E型が，同社の所有するIL18型のパイロット訓練用として使用されていた[50]．IL18型は民間航空機であるため，あくまで「民生利用」という点では問題はないことを強調している．

また，米国防総省は，トライデント1E型が旅客用として実際に使用されていない事例に強い懸念を表明した．なぜならば，中国軍当局が中古トライデント機を中国軍高級幹部の中国国内輸送に使用している事実が明るみに出ると[51]，トライデント1E型の運用について「民生利用」に限るという中国側との約束が反故にされているのではないかという対中批判と，そしてゆくゆくは軍用機を操縦できる人材を中国で輩出しかねないとする疑義が国防総省内部で高まっていたからである．したがって国防総省は，トライデント2E型についてももし新たに売却されれば，トライデント1E型と同様に，「民生利用」の枠を超える形で利用される可能性があることについて，トライデント機の中国国内での運用がすでに民間利用の枠を超えて利用されるとして反対したのであった[52]．

---

[48] *Ibid.*
[49] Pellew to Burns and Gallagher, 8 July 1971, FCO69/217, TNA. とりわけ，商務省が，トライデント機に装荷されている電波，電子航法支援機器が必要以上に近代的であることを論拠に反対表明をしていた．Trezise to Secretary, 18 June 1971, Bureau of East Asia and Pacific Affairs, Subject Files of Asian Communist Affairs, Subject Files, 1963-1972, Lot72D400, Entry 5409, Box. 6, NARA を参照．
[50] Denson to FCO, 19 June 1971, FCO69/217, TNA. ソ連製のIL18型は当時，中国民航によって使用されている最速の航空機であるとされたが，米国防総省がパイロットの訓練として使用されることを知れば，中国の軍用機のパイロットの育成にも繋がる可能性を危惧したに違いない．
[51] Denson to FCO, 19 June 1971, FCO69/217, TNA.
[52] Denson to FCO, 19 June 1971, FCO69/217, TNA; Trezise to Secretary, 18 June 1971, Bureau of East Asia and Pacific Affairs, Subject Files of Asian Communist Affairs, Subject Files, 1963-1972, Lot72D400, Entry 5409, Box. 6, NARA.

4．イギリス政府の対処

イギリス政府は，ココム米政府代表によるトライデント2E型の対中売却の反対表明を受け，どのような対処を試みたのか．1971年6月下旬に，キッシンジャーが訪英するのを機に，トライデント2E型の対中売却の前進に向け，ホワイトハウスを促すべきとの声がイギリス政府内に上がっていた[53]．つまり，国防総省を中心とするアメリカ政府内の反対を乗り越えるためには，ホワイトハウスに対して，トライデント2E型の対中売却案件を提起し同意を求める，という考えである．なぜならば，アメリカ政府内では国防総省や商務省の反対意見を解決するための省庁間のメカニズムが存在しないので，米国務省が国防総省・商務両省を説得して同機の対中輸出をめぐる合意に到達させることは困難であることを，在米イギリス大使館，とりわけクローマー駐米大使が示唆したためである．

したがって，イギリス政府が必要に応じて国務省に対し，ホワイトハウスに本件を提起するよう求めることも可能であるが，たとえそれが可能となったとしても，国務次官補代理のレベルにまでしか上申されないため，国防総省の強い反対を抑えるのには不十分であるから，キッシンジャーに直接アプローチするべきである，との意見が英外務省内で高まっていた[54]．もっとも，クローマー大使は，キッシンジャー自身がトライデント機の対中輸出計画に対して好意的であることは好都合である，と語っていた[55]．その根拠となるものが，6月25日に，ロンドンで開催されたキッシンジャーと英外務省高官の間での交渉であった．この交渉の中で，トーマス・ブリメロー（Sir Thomas Brimelow）英外務次官代理は，アメリカ関係各省庁の間でトライデント機の対中輸出をめぐる議論がまだ行われており，国防総省がいまだ同機の輸出に反対しているとワシントンからの報告を受けていることに言及した．そのうえで，ブリメロー外務次官代理は，「もし，本件が，ホワイトハウスの中で提起されることになれば，キッシンジャー博士がこれを好意的に判断することを，イギリス政府として期待する[56]」と発言した．キッシンジャーは，本件に関し，ブリーフィング

---

[53] Millard to FCO, 19 June 1971, FCO69/217, TNA.
[54] Meynell to Britten, 9 June 1971, FCO69/217, TNA.
[55] Cromer to FCO, 28 June 1971, FCO69/217, TNA.

をまだ受けていないものの,「誠意をもって対応する (approach it with goodwill)」と返答していた[57]. こうしたキッシンジャーの発言に加え, クローマー大使は, トライデント機の対中輸出をめぐるニクソンの見解が好意的なものである, という情報を確認していた[58]. したがって, クローマー大使は, ニクソン大統領がトライデント機の対中輸出に関して同意する見込みが高いことから, 国防総省の反対表明を乗り越えることができると考えた. そのため, ニクソンの側近として大統領補佐官を務めるキッシンジャーが関与する形で, ホワイトハウスにイニシアティブを発揮してもらうことによって, 国防総省の強硬な反対を取り除くことが可能である, と強調した.

　この意見に対して, 英外務省貿易政策部補佐官のケビン・バーンズ (Kevin Burns) は, 以下2点の理由から, 現時点ではキッシンジャーに対してトライデント2E型の対中売却計画を提起すべきではない, として慎重な姿勢を示唆した. 第一にバーンズ自身が, 米国務省に対して大きな信頼と期待を寄せていたことが挙げられる. すなわちバーンズは, 国務省が国防総省と商務省の反対を乗り越えることができるとの楽観的な見方を伝えており, 国務省の手腕に任せるべきと考えた[59]. したがって, キッシンジャーに対して本件を提起するという選択肢は最後の手段であり, 国務省と在米イギリス大使館の間にある通常の外交チャンネルを通じた信頼関係をないがしろにするべきではない, と考えた. 第二に, 仮にキッシンジャーが介入した場合, トライデント2E型の対中売却計画がNSCに上申されるまでに相当程度の時間の遅れが生じるであろうとバーンズ補佐官は予測している[60]. すなわち, 通常の外交チャンネルを利用しながら, 平行してキッシンジャーに直接提起した場合, 米政府内で混乱を招くことが予想され, ホワイトハウスで審議されるまでの政権内部の調整に時間がかかってしまうことを, バーンズは懸念したのである.

　こうしたバーンズ補佐官の見解は, イギリス政府内で説得力あるものと判断され, 結局この1971年6月の時点でイギリス政府がホワイトハウスにこの案件

---

[56] "Record of Conversation Between Dr. Kissinger and FCO Officials Held at 10 am on Friday 25 June at the FCO," FCO21/820, TNA, p. 11.
[57] *Ibid.*, p. 11.
[58] Cromer to FCO, 28 June 1971, FCO69/217, TNA.
[59] Burns to Bottomley and Daunt, 18 June 1971, FCO69/217, TNA.
[60] *Ibid.* バーンズのこうした見解から, 当時のイギリス政府においては, アメリカ外交におけるキッシンジャーのイニシアティブをまだ認知していなかったことがわかる.

を提起することはなかった．その代わり，イギリスは，在米イギリス大使館経由で米国務省に覚書を送付することを決定するとともに，米国防総省と商務省の説得を試みることとなった[61]．

5．商務・国防総省の反対撤回に向けて

　1971年6月21日，英外務省は在米イギリス大使館を通じ，米国務省に対して覚書を送付した．同覚書によれば，

> 「航空機本機体及びすべての機器，並びに契約交渉において確認されたすべての機材は，民間の国内便及び国際的運行に使用する意図に完全に一致するものである．これはもちろん，軍関係者の要人を輸送するのに使用されることを禁止するものであるとともに，中国空軍の下でのフライトの予備習熟や訓練が施されることも併せて禁止するものである．無論，イギリス政府としては，中国が所有する4機の中古トライデント機による（中国軍）高級幹部の輸送やパイロット訓練以上に悪意のある軍事用途に使用された証拠を有していない．6機の（新型）トライデント機の統制品目はすべて，西側では普通の民生用途である航法及び通信装置の標準的な品目である」[62]．

　また，トライデント2E型に装荷されている品目のうち，米国防総省と商務省がココムにおいて「統制品目」と主張する中継器，無線高度測量計，ドップラー，HF用・VHF用トランスミッターなどの通信・航法関連装置は，すべて西側諸国で民生用途として使用されている航空機の標準仕様であると正当化した[63]．さらに英外務省は，中国側が民間旅客機としての用途以外に利用しない旨，HSAに確約した事実も米国務省側に伝達した．イギリスは，米国務省がトラ

---

[61] 他方で，英国防省と英貿易産業省がそれぞれのカウンターパートである米国防総省と米商務省に説得を行ったことは考えられるが，かかる事実について開示されている資料は見当たらないため，今後の課題としたい．

[62] "Aide-memoire," Note by UK Embassy Washington D.C., 21 June 1971, FCO69/217, TNA, p. 2; "Aide-memoire," Note by UK Embassy Washington D.C., 21 June 1971, Bureau of East Asia and Pacific Affairs, Subject Files of Asian Communist Affairs, Subject Files, 1963-1972, Lot72D400, Entry 5409, Box. 6, NARA.　括弧部引用者．

[63] Pellew to Burns and Gallagher, 8 July 1971, FCO69/217, TNA.

イデント2E型の対中売却計画に対する国防総・商務両省の懸念を払拭できるよう，可能な限りこうした情報を提供するのに躍起になっていた．

　この覚書の送付が功を奏し，米商務省は反対表明を撤回した．商務省は，このようなイギリス政府の説明を誠意あるものと受け止め，中国がトライデント機，及びこれに装荷されている関連機器及び技術が軍事転用されるおそれはないだろう，というイギリスの説明に満足したことにより，反対を撤回することとなった．

　他方で，米国務省を通じた国防総省への説得工作はうまくいかず，国防総省は反対の立場を維持し続けた．前述したとおり，国防総省は，トライデント2E型の対中輸出が引き起こし得る安全保障上の懸念をもち続けていたほか，1年前にイギリスが国防総省への直接的な事前協議なしに中古トライデント1E型の対中輸出を進めたこと，また同機が結局のところ中国軍関係者に利用されていたこともあり，トライデント2E型の対中売却に同意しなかった．

　その後も国務省は本件に対する国防総省の反対を撤回させるために，アーウィン国務次官を介して，デービッド・パッカード（David Packard）国防次官補に説得工作を行うことを決定した[64]．この国務省の決定を受け，その後の7月2日，アーウィン国務次官は，パッカード国防次官補に対して書簡を手交した[65]．アーウィン国務次官は，イギリスにとってトライデント2E型の対中輸出が，政治的・経済的に重要であるとしながら，イギリスの産業が受難に直面する中で，もしアメリカ政府が，トライデント2E型をめぐる取引を阻止した場合，結果的に英米の同盟関係に悪影響を及ぼし得るので反対し続けることは決して適切ではない[66]，と伝えた．そして，アーウィン国務次官は，近年のアメリカの対中政策の変化，すなわち米中接近の動きにかんがみれば，トライデント機の対中輸出計画を前進させるべきではないとココムの場で決定されることは，イギリス側にとって受け入れがたいであろう[67]，とした．アーウィン国務次官は，不況に苛まれるイギリス国内の製造産業の状況を理解し，イギリス製航空機の対中輸出がイギリス経済にとって意義あるものと認識するとともに，

---

[64] Cromer to FCO, 24 June 1971, FCO69/217, TNA.
[65] Irwin to Packard, 2 July 1971, Bureau of East Asia and Pacific Affairs, Subject Files of Asian Communist Affairs, Subject Files, 1963-1972, Lot72D400, Entry 5409, Box. 6, NARA.
[66] *Ibid.*
[67] *Ibid.*

これをアメリカ政府として容認することによって，緊密な英米関係を維持することの重要性を認識していたのである．しかし，国防総省は，反対の立場を撤回することはなく，国務省の説得の試みは停滞していた[68]．

6．ホワイトハウスのイニシアティブ

　しかし，1971年7月中旬になるとアメリカ政府内で大きな動きがあった．クローマー駐米大使が英外務本省宛に発電した公電によると，国防総省がここにきて，トライデント2E型の対中輸出計画に対して表明していた反対表明を条件つきで撤回する可能性が高まっているとのことだった[69]．国防総省の条件とはすなわち，ニクソン大統領による承認を得る必要があるというものであった．これにより，トライデント2E型の対中輸出計画をめぐっては，ホワイトハウスがその可否を判断することとなった．

　次に，ホワイトハウスの対応がいかなるものだったのかをみていく．ニクソンがキッシンジャー極秘訪中（7月15日）を発表した5日後の7月20日，クローマー駐米大使は，トライデント2E型の対中輸出計画に関してニクソン大統領が好意的反応を示したため[70]，国防総省の反対表明はもはや問題ではなくなった，と外務本省に伝えた．その直後，米国務省は，英外務省に対し，米国防総省の反対表明が撤回されたのを受け，ココムのアメリカ政府代表[71]による反対表明も正式に撤回された旨伝達した．

　こうして，トライデント2E型の対中輸出計画をめぐる障壁が取り除かれ，1971年7月中にHSAはトライデント2E型をめぐる取引において，中国民航との契約を締結した．トライデント2E型の対中輸出の実現は，米中接近の動きを受けて対中関係を拡大させたいというイギリス政府の思惑，そして，中国市場を確保したいというHSAの思惑を前進させるものとなった．

---

[69] *Ibid*.
[70] Cromer to FCO, 20 July 1971, FCO69/217, TNA.
[71] ココム米政府代表は，国務省と国防総省から派遣された官僚によって構成されていた．とりわけ国防総省の同代表への影響力が強力であったので，ココム・アメリカ政府代表による反対表明が撤回されることは，国防総省の影響力を乗り越えたことを意味する．

第4節　トライデント2E型の対中輸出への米同意と英米関係

1．ニクソン政権がトライデント2E型の対中輸出を承認した理由

　前述のとおり，国防総省がトライデント2E型の中国売却に対する反対声明を撤回させた背景には，ホワイトハウスのトップダウンによる対外政策の決定が大きく影響していると推測できよう．もっとも，ホワイトハウスがトライデント2E型の対中輸出計画をめぐり，具体的にどのような認識によって決定を下したかについては，史料上の制約があるものの，少なくともニクソン政権側が対英関係の悪化を憂慮してかかる案件に同意した点は重要ではないか．
　その論拠としては，以下2点が指摘できる．第一に，いわゆる「ニクソン・ショック」英米関係に悪影響を及ぼしたためである．すなわち，7月15日のキッシンジャー極秘訪中とそれに伴うニクソン訪中発表は，イギリスや日本，オーストラリア，台湾といった西側同盟国によるアメリカに対する不信感を招いた[72]．ニクソンとキッシンジャーが，ニクソンの訪中発表が英米関係に及ぼし得る悪影響を懸念していたと考えても決して不自然ではない．したがって，彼らは，トライデント2E型の対中輸出に関し，イギリス側に許可を与えることによって，この「ニクソン・ショック」による英米関係への悪影響を最小限にしようとする意図があったとみられる．
　繰り返しになるが，トライデント2E型の対中輸出を許可する旨，アメリカ側に伝えたのは7月20日であるが，その5日前の7月15日に，ニクソンがキッ

---

[72] 西側諸国のみならず，非同盟諸国や社会主義諸国もまたこの「ニクソン・ショック」について，衝撃と戸惑いをもって受け止めた．米中接近は，各国が外交政策の再検討を行うきっかけとなった．Extract from a Record of Meeting between Mrs. Ghandhi[sic] and the Prime Minister at the Chequers, 31 October 1971, PREM15/1988, TNA; Memorandum from Popple to Brown, 13 October 1971, Bureau of East Asian and Pacific Affairs, Subject Files of the Office of PRC and Mongolia, 1969-1978, Lot 94D176, Entry 5411, Box. 4, NARAを参照されたい．

シンジャーの極秘訪中と彼自身の中国訪問を発表した．もっとも，こうしたニクソンとキッシンジャーによる対中接近は，北ベトナムとソ連に圧力を加え，ベトナム戦争をアメリカに優位な形で終結させること，また，ソ連を封じ込めることが目的であったものの，西側同盟国には事前連絡を十分に行っていなかったため，同盟国との関係を動揺させる可能性があることを認識していたはずである．特に英米関係の文脈で述べると，スコットによると，ニクソンの訪中と同じ時期にヒース首相が西側で初めての訪中の機会をうかがっていたところキッシンジャーから訪中を延期するよう求められたため，それを受け入れていた[73]．しかし，ニクソン訪中がその発表のわずか35分前にイギリス政府に伝えられたため，イギリス政府内では，アメリカ側に出し抜かれたとの強い不満が噴出していた[74]．英内閣府も英外務省に対して以下のような不満を伝えている．

「アメリカが，（イギリスに対し）こうした決定を事前に報告しなかったという事実について，我々は，どのように見ればよいのか．我々は，（このようなニクソン・キッシンジャーの行動により）英中関係の再検討，とりわけ英中関係の大使級レベルへの引き上げ，及び台湾へのプレゼンスの撤退を実行するうえで，果たしてより自由を獲得したとみてよいのか」[75]．

イギリスは，アジアにおけるアメリカのプレゼンスと同国の対中政策に配慮し，イギリスの対中政策の中心の一つである中国との大使交換に向けた一連の行動をとることを延期してきたとされる[76]．なぜならば，ロジャーズ国務長官が，英中間の大使交換が台湾や他の西側同盟国の反発が予想されるという背景から

---

[73] Andrew Scott, *Allies Apart: Heath, Nixon and the Anglo-American Relationship* (Basingstoke: Palgrave Macmillan, 2011), pp. 53-62.

[74] *Ibid*, pp. 53-62; Heath to Amin, 28 July 1971, PREM15/1988, TNA; Victor S. Kaufman, *Confronting Communism: U.S. and British Policies towards China* (Columbia: University of Missouri Press, 2001), p. 229; 青野利彦「力の凋落と変容する国際秩序への対応 一九六三〜七五年」君塚直隆・細谷雄一・永野隆行（編）『イギリスとアメリカ——世界秩序を築いた四百年』勁草書房，2016年，202頁．

[75] Moon to McCluney, 16 July 1971, PREM15/1988, TNA. 括弧部引用者．またこの書簡によると，英内閣府は，キッシンジャーの中国訪問の発表のタイミングの意図を，次期大統領選を視野に入れたものではないか，という予測を行っている．「中国訪問を発表したタイミングの意図は，まず極東の喫緊の特定イシューよりも，大統領選の第一義的な問題と結びつく．また，大統領選のキャンペーンに新たな問題を当時，ベトナムや経済という二つの困難な問題への注目を紛らわすための意図ではないか」と考えられた．

[76] Wilford to Millard, 4 May 1971, FCO21/824, TNA.

イギリス政府に対して延期を要請していたからである[77]．対中政策を進めるにあたって，アメリカ側との調整が必要であることを認識していたイギリス政府は，こうしたロジャーズ長官の要請を受け入れる必要があるだろうと考え，アメリカ側に配慮した形で外交を展開していた．しかしながら，1970年7月のキッシンジャーの極秘訪中の発表によって，イギリス政府が「中国との大使交換への我が国の努力に対するアメリカの延期という要求によって引き起こされた辱め[78]」を受けることとなり，したがってヒューム外相は，こうしたアメリカ側の反応に困惑している．同外相は，これ以上，英中間の大使交換を延期するというロジャーズ長官の要請を受け入れることは困難であると伝えている[79]．なぜならば，もちろんニクソンが，イギリス側に対し，キッシンジャーが秘密裏に訪中を行ったこと，大統領自身がその後に中国を訪問する予定であることをイギリスに事前に報告しなかった点，またニクソンとヒースの間の緊密な連絡を行うという英米間の合意がアメリカ側によって反故にされた点を英政府高官たちが問題視していたからである．こうした理由から，イギリスがもはやアメリカに配慮した形で英中間の大使交換を延期し続けることは無意味である，とヒューム外相は考えていた．

また，「キッシンジャーがニクソンの中国訪問を暗闇に置いてきたことへの苛立ち[80]」をあらわにする声や，更に「我々は，中国に関して，アメリカとの交渉で率直になることをやめるべきである[81]」との声さえイギリス政府内で上がっていた．以上のように，キッシンジャーの極秘訪中の発表は，イギリス政府内において混乱とアメリカ政府の対応に対する憤慨の念をもたらす契機となったのである．「ニクソン・ショック」直後の英米関係については後述したい．

アメリカ政府がトライデント2E型の対中輸出を許可した第二の理由としては，仮にトライデント機の売却に対する反対声明を維持し続ければ，自国のボーイング社やマクドネル・ダグラス（McDonnell Douglas）社が民間航空機を中国に売却する際にも悪影響が及ぶのではないか，というアメリカ側の懸念が

---

[77] "Record of the Call of the American Ambassador with the Secretary of State at 12.15 on 2 August 1971," FCO21/824, TNA, p. 2.
[78] Cromer to FCO, 12 November 1971, PREM15/712, TNA.
[79] "Record of the Call of the American Ambassador with the Secretary of State at 12.15 on 2 August 1971," FCO21/824, TNA, p. 2.
[80] Elliot to Wilford, 2 December 1971, FCO21/820, TNA.
[81] *Ibid*.

作用したと推測できる.すなわち,他の西側同盟国による民間航空機の中国への売却について,ココムの場で安全保障上問題があるとして阻止されれば,米同盟国がアメリカ製の民間航空機の対中売却の計画についても同じ理由から阻止する動きをとる可能性があったためである.他の西側同盟国がアメリカ製航空機の対中売却の可能性を阻止するにあたって,アメリカのこうした動きについて商業的な利益のみによって動いていると疑いにかかる可能性が指摘されていた[82].ホワイトハウスとしては,もしそのようなことがあれば,アメリカは西側同盟国との関係を悪化させるおそれがあるため,イギリスのような西側同盟国との良好な関係を維持することが重要である,と考えた.以上のような国際政治の文脈から,ニクソン政権は,トライデント2E型のような民間機の対中輸出を許可したのではないか.

2.「ニクソン・ショック」直後の英米関係

　前章で考察したように,この時期は,ホワイトハウスがNSCによる政策立案の強化を通じて対外政策における影響力を行使しはじめている時期であり,キッシンジャーたちが,国務省をはじめとする官僚の対外政策における影響力を削ごうとしていた.他方で,トライデント2E型の対中輸出に許可を与えることで英米関係を修復させる,というニクソンとキッシンジャーの試みは「焼け石に水」であった.ニクソンは,「ニクソン・ショック」の約1カ月後,ヒース首相に対し,関係修復を狙い以下の書簡を送付している.

> 「自分(ニクソン大統領,以下同)は,英米双方がこれらの問題(中国を指す)における緊密な協力を維持することを期待している.第一に,(中略)過去2年間にわたり,アメリカは,米中国民による様々な交流を拡大させることに向けて行動してきた.(中略)周恩来とキッシンジャー博士との会談,及びこの後に行われる自分の中国訪問はその一環である(中略).
> 　第二に,(1972年2月に行った)自分の北京訪問は,無論,米中間に存在

---

[82] Boyd to Appleyard, 6 July 1971, FCO69/217; Douglas-Home to FCO, 24 August 1972, FCO69/308, TNA.

する多くの本質的な相違を解消されるという仮定に依拠するものではない．（中略）．しかし，自分の訪中が，アジアと世界双方に平和の要因という利益を生み出すであろう，という自分自身の信条に基づくものである．これこそが，自分の中国訪問の目的である．

第三に，（中略）かかる訪問は，他の国の国益に反して行われるものではない，ということである．もっとも自分は，米中間の緊張を緩和させることが，国際関係全体の雰囲気を改善させるのに資すると確信している．

最後に，自分の中国訪問及び米中関係の改善が，古い友人や同盟国を犠牲にするものとはならない．これらの国との同盟強化は，アメリカの外交政策にとって根本であり続ける」[83]．

ニクソンは，ヒースとの個人の関係に基づく緊密な両首脳による協議について同書簡で改めて言及したうえで，ヒースに対してニクソン自身の中国訪問に関して理解を求めるとともに，今後も緊密な英米関係の維持を望んでいることをにじませた．そして，彼はイギリスのような米同盟国との関係冷却化は不本意であり，今後も英米の同盟強化を望むことを明らかにしている．

しかし，ヒース首相のアメリカへの態度は「ニクソン・ショック」を機に冷淡なものであった．ヒースは，以上のニクソンの書簡を受け取ってから2カ月も経過した頃に，重い腰を上げるかのごとく，ニクソンに対して以下の不躾な返答を送付した．

「8月11日の貴大統領の書簡に感謝する．自分（ヒース首相，以下同）は，中国に関する貴大統領の考えに関心を有している．

貴大統領は，この後に行われる米中首脳会談に関し，自分の見解についてたずねているが，英政府として，すみやかに貴大統領の質問を検討するとともに，貴大統領が米中首脳会談の中で，どのような問題を提起する予定であるのかを，適切なタイミングで貴大統領からお聞きしたいと考えている」[84]．

---

[83] Nixon to Heath, 11 August 1971, PREM15/1988, TNA, pp. 1-2. 括弧部引用者．
[84] Heath to Nixon, 5 October 1971, PREM15/1988, TNA. 括弧部引用者．

「ニクソン・ショック」によって裏切られたと認識したヒースの返信は，とても遅くかつ冷淡なものであり，わずか三行だけで構成されている短い返信書簡であった．しかも，ヒースは，この返信書簡の中では「古い友人や同盟国との同盟強化」というニクソンのよびかけにも言及することはなかった．クローマー駐米大使は，外務本省宛の公電の中で，以上のヒースによる返信書簡の背景に言及している．

> 「キッシンジャーは，10月5日に首相からニクソンへ送られた書簡の遅れと短さを気づかずにはいないだろう．これは，キッシンジャーの最初の中国訪問と，対中政策の転換を知らせる大統領による首相宛の書簡の間の長い時間を考えれば，決して驚きではないだろう」[85]．

クローマー駐米大使は，ヒースが，キッシンジャーの中国訪問から遅れること約2カ月が経過してから，大統領の書簡がヒースの元に届けられたことに対して憤慨するのは当然であり，アメリカ側は，このヒースの怒りに気づいているだろうと示唆している．

　それでは，ニクソンが自らの訪中発表に代表される「ニクソン・ショック」からすでに1カ月がすぎた遅い時期にヒースに対して書簡を送付したのはなぜか．もっとも，キッシンジャーの中国訪問の発表を行った後，早急に同盟国に大統領の公式メッセージの送付を行うことが危機管理上重要ではあったが，ニクソンは同盟国との関係修復に動いたのは，しばらく時間がすぎた後であった．その理由は，少なくともニクソンは，キッシンジャーの極秘訪中により，三角外交を米有利な形で展開するというより大きな世界戦略を追求すべく，まずは中国にアプローチを行うことが肝要であり，その他の同盟国に対する対応は後回しになっていたことが考えられる．ニクソンとキッシンジャーは，「ニクソン・ショック」後に同盟国との関係修復を試みたが，その試みはしばらく時間を置いてからのことであったことがわかる．

　ヒースの視点からは，このようなニクソンとキッシンジャーの行動が同盟国軽視であると見えた．マーガレット・マクミラン（Margaret Macmillan）は，以下のようにヒースの対応を考察している．

---

[85] Cromer to FCO, 12 November 1971, PREM15/712, TNA.

「ヒースは,ニクソンと彼自身との関係がよいと思っていたので,(ニクソン・ショックは)特に手痛かった.ニクソンがヒースに対し,こうした主要な政策(キッシンジャーの極秘訪中及び対中政策の転換)を事前に伝達しなかったという理由により,ヒースは決して立ち直ることができないだろうと米外交官は述べている」[86].

ヒースは,ニクソンがヒースをはじめとするイギリス政府を出し抜く形で,キッシンジャーの極秘訪中とニクソンの中国訪問を発表したことに対して憤慨していたことがわかる.ヒースにとって,ニクソンを信じるに足る同盟国のパートナーであるとの認識が,「ニクソン・ショック」によって大きく揺らいだ瞬間でもあった.

ただし,こうしたショックに伴う英米両首脳間の関係冷却化にもかかわらず,英外務省が緊密な英米関係を維持する方策を探っていたことに注意しなければならない.11月12日,ヒューム外相は,クローマー駐米大使に対して,キッシンジャーとの会談において率直な意見交換を行うよう求める旨の公電を発電している.ヒュームは,こうした率直な意見交換の中で,以下の2点をキッシンジャーに伝えるべきである,としている.第一に,ヒース政権によるEEC加盟という決定によって,アメリカに対するイギリスの態度が今後も変化することはないし,英米関係を緊張したものとは認識していない点である[87].そして,イギリス政府は,英米関係の重要性を十分理解し,米同盟国としてアメリカの支援を今後も追求することを付け加えている[88].このように,たとえヒース政権がヨーロッパ重視のスタンスを取り,その傾向が強まるとしても,英米の信頼関係を維持することが重要であると明らかにした内容である.第二に,しかしながらアメリカ政府の決定が,イギリスだけでなく西側全体に困難をもたらしたことをも率直に伝えるべきである,と伝えている[89].もっともヒューム外相は,以下の声明をキッシンジャーに率直に伝えた.

「イギリスの真上を飛び越えるようなアメリカのやり方(たとえば,対中

---

[86] Margaret Macmillan, *Nixon and Mao: The Week That Changed the World* (New York: Random House, 2008), p. 288. 括弧部引用者.
[87] Douglas-Home to Washington, 12 November 1971, PREM15/712, TNA, p. 1.
[88] *Ibid.*
[89] *Ibid.*, pp. 1-2.

政策）は，アメリカ政府の外交手法が変化し，次のサプライズは何なのか，イギリスにそのような考えを想起させるものである」[90]．

　この趣旨の声明は，ニクソンとキッシンジャーが，イギリスをはじめとする同盟国に対して事前に知らせることなく，中国への接近を図ったことに対する懸念を明示的に表明するものであった．他方で，ヒューム外相は，在米イギリス大使館宛の電報の中で，キッシンジャーに対しイギリス政府の懸念を表明するとともに，率直なアメリカ側とのやり取りを通じて，英米間に良好な雰囲気をつくりだすことが必要であると強調した．

　ヒューム外相は，クローマー駐米大使に対して，キッシンジャーとの昼食会に臨むよう指示し，これを受けてクローマーとキッシンジャーの間で約1時間にわたって昼食会が行われた．この昼食会の中で，キッシンジャーは，ホワイトハウスが国務省を完全に無視するかのような行動をとっていることを，事前にイギリス政府に明かすのは困難であったと弁明しつつも，「米国務省は，ニクソン大統領が実現したいと考える方向とは逆の向きへと向かっている[91]」と述べ，ニクソン政権の立場は，国務省のものとはまったく異なる旨示唆している[92]．すなわちキッシンジャーは，国務省が従来どおり台湾の国民政府を支持する姿勢を取り続けた一方，ホワイトハウスとしてはこれまでの対中政策を転換させ，大陸の中華人民共和国への接近に舵を切ったことを明確にした．続けてキッシンジャーは，クローマー駐米大使に対して，通常の外交チャンネルを重視する国務省のアプローチを利用すれば情報漏えいの可能性は否めないため，対中接近の方法としてこれを防止するためにも自身の極秘訪問がやむを得なかったことを打ち明けた．キッシンジャーは，国務省をバイパスした形で対中政

---

[90] *Ibid*., p. 2.　括弧部引用者．
[91] Cromer to FCO, 15 November 1971, PREM15/712, TNA.
[92] 国務省は，同盟国及びパートナー国との関係を重視すること，また，米政府として対中関係を改善させるのであれば，これらの国々との調整を進めることの必要性を認識していたことから，これらの国々との関係を悪化させる形で米中接近を進めることは望まなかった．他方，ホワイトハウスは，ドラスティックな形で米中接近を実現する必要性を認識しており，キッシンジャーの極秘訪中に関し，同盟国及びパートナー国のみならず，国務省官僚にも事前に知らせるべきではないと考えたのであろう．仮に，キッシンジャーの極秘訪中に関する情報が事前にリークされるようなことがあれば，ニクソン政権がこれらの国々との時間のかかる調整を行う必要に迫られるし，米政府内でも関係省庁間による調整作業を行う必要に迫られるだけでなく，ソ連がアメリカに先手を打って中国への接近を図る恐れもあったのであることを，キッシンジャーたちは考えていたのであろう．

策を展開する事実について，イギリスのような重要な同盟国にでさえ「明かすことは困難だった[93]」とクローマーに率直に述べた．

こうしたキッシンジャーの率直な態度を受け，クローマー大使は，この昼食会に関する外務本省宛電報の中で，キッシンジャーが英米関係に「大きな価値」を据えているに違いない，と伝えている[94]．キッシンジャーも，こうしたヒュームとクローマー大使の英米関係修復の動きから糸口をたどろうとしていたのかもしれない．

キッシンジャーは，ヒューム外相に対し，上述のとおりホワイトハウスと国務省のアプローチの違いに言及している．それでは，どのようなアプローチの違いがあったのかを説明しておきたい．国務省は，同盟国及びパートナー国との関係を重視すること，また，アメリカ政府として対中関係を改善させるのであれば，これらの国々との調整を進めることの必要性を認識していたことから，これらの国々との関係を悪化させる形で米中接近を進めることは望まなかった．ある英外務省関係者によれば，米国務省は，ニクソンとキッシンジャーによる秘密外交に加え，「三角外交」に基づく外交手法に嫌悪感を抱いており，米中接近を追求する中で中ソ対立を利用することは問題であると考えていたとのことである[95]．他方，ホワイトハウスは，ドラスティックな形で米中接近を実現する必要性を認識しており，キッシンジャーの極秘訪中に関し，同盟国及びパートナー国のみならず，国務省官僚にも事前に知らせるべきではないと考えた．仮に，キッシンジャーの極秘訪中に関する情報が事前にリークされるようなことがあれば，ニクソン政権がこれらの国々との時間のかかる調整を行う必要に迫られるし，アメリカ政府内でも関係省庁間による調整作業を行う必要に迫られるだけでなく，ソ連がアメリカに先手を打って中国への接近を図るおそれもあったのであることを，キッシンジャーたちは考えていた．

他のイギリス政府関係者たちもまた，ホワイトハウスが，国務省官僚をバイパスする形でキッシンジャーの訪中という政策決定を行ったことを認識するようになった．特に，マイケル・ウィルフォード（Kenneth Michael Wilford）英外務次官補（アジア・極東担当）は，「ニクソン・ショック」直後に以下のように語っている．

---

[93] Cromer to FCO, 15 November 1971, PREM15/712, TNA.
[94] *Ibid*.
[95] Boyd to Appleyard, 16 July 1970, FCO21/663, TNA.

「国務省が,イギリスに対し対中交渉を延期するよう求めていた中,ホワイトハウスは,キッシンジャーの極秘訪中を計画しており（中略),イギリスに対して率直でなかったのは事実である．しかし,これは我々が接触を続けている国務省東アジア太平洋局アジア共産主義部は,我々と同様,何が計画されているのかわからない暗闇の中にあったのだろう」[96].

もっとも,ホワイトハウスは,イギリスに対して率直にキッシンジャーの訪中を知らせなかったが,これは同様に国務省に対してもまったく情報が共有されていなかったことにイギリス政府が認識したことを示している.

また,バミューダにおける英米首脳会談が行われた際の1971年12月20日,ヒューム外相とキッシンジャーは,同地において会談を行った．ヒューム外相は,この場で,ニクソン政権が進めている「三角外交」を認知していると述べている．この会談録によると,ヒューム外相は,キッシンジャーに対し,ニクソン訪中の発表によってアメリカが中国と手を結んでいるという印象をロシアに与えることとなり,米露関係に悪影響を及ぼし得るのではないか,と尋ねた[97].これに対し,キッシンジャーは,米政府は,たとえば第一次戦略兵器削減交渉(Strategic Arms Limitation Talks 1: SALT Ⅰ) を通じてソ連とのデタントを進めている旨示唆した[98].つまり,ヒューム外相が,ニクソンとキッシンジャーが米主導による米中ソ間の三角外交を模索していることをキッシンジャーに確認する場となった．他方で,ヒューム外相が同日に行われた英米外相会談の中で,来たるニクソン訪中の目標についてロジャーズ国務長官に尋ねたところ,ロジャーズは,ニクソン大統領が発表した以上の情報は有していない旨述べた．そのうえでロジャーズは,ニクソン訪中が発表された結果,ソ連がアメリカに対する態度を軟化させる兆候があったことを明らかにした[99].ヒューム外相は,ニクソン訪中を事前まで知らされていなかったロジャーズ長官の発言からも,米中接近がソ連を動かしたことを把握するとともに,ニクソン政権が三角外交を展開していることを認知することとなった.

---

[96] *Ibid.* 括弧部引用者.
[97] Record of a Conversation between the Foreign and Commonwealth Secretary and Mr. William Rogers, US Secretary of State, at the Princess Hotel, Bermuda at 300 pm on Monday 20 December 1971, FCO21/820, TNA.
[98] *Ibid.*
[99] *Ibid.*

また，ヒュームのみならず他の英外務省高官が三角外交の存在について，国務省の局長級に対して確認を試みている点も興味深い．1972年5月22日，グリーン米国務次官補（東アジア・太平洋担当）とウィルフォード英外務次官補の会談が英外務省において行われた．両者は，ニクソン訪中により西側に対する中国の姿勢が劇的に変化することはないという認識で一致した．その上で，ウィルフォード次官補は，ニクソン訪中について，「世界を変えた1週間」ではなく，「三極」(triangularity) に向けた第一歩であること，またこうした動きは，朝鮮戦争以降に形づくられたアジア地域情勢を変容させる触媒としての影響をもち得るものになるという英政府の見方を示唆することで[100]，グリーン国務次官補の対応を見極めようとした．しかしグリーンからの明確な反応はみられなかった．

　この「三極」の構成国は何であるかについて，ウィルフォード次官補はこの場では明示していない．しかし，以上の文脈から察すると，中国がソ連との対立を激化させる中でアメリカに接近したこと，また，アメリカがソ連を操作するために中国に接近したことによって，「三極」という言葉に言及しつつ，米中ソ3大国が三つの極となって大国間外交を展開する第一歩となると示唆し，それを英外務省として認知し，見極めようとしていたと考えられよう．

---

[100] Record of Conversation with Mr. Marshall Green, Assistant Secretary of State for East Asia and Pacific Affairs, held at FCO on 22 May 1972, FCO21/973, TNA.

第5節　まとめ

　イギリスによる民間航空機トライデント機の一連の対中輸出計画が実現に至った理由を総括したい．まず中古のトライデント1E型の対中輸出の実現について振り返りたい．同機は中古機とはいえ，中国側により軍事的な用途に転用される恐れがあった．そのため，イギリスは，アメリカからの同意が事前に不可欠であると判断し，米国務省に接触した．イギリスは，米国務省に加え，同省を通じてホワイトハウスからの同意を確保したことで，トライデント1E型の対中輸出を実現させた．しかし，米国防総省には接触しなかった．

　中古のトライデント1E型の対中輸出を実現させた1年後の1971年，トライデント2E型の新機体の対中輸出計画が提起された際，イギリスは同機の機微な技術を理由にココムを通じて，アメリカの同意の確保を模索した．ココムの場では，アメリカ政府代表はかかる案件を承認しなかった．その背景としては，米国防総省が強く反対していたためである．しかし同省は，ニクソン大統領の承認を条件に反対表明を撤回する旨示唆した．これを受け，キッシンジャーはイギリスに対して「誠意をもって対応する」旨述べ，イギリス側を期待させた．こうした中，キッシンジャーが極秘訪中を実現させた直後，ニクソンはトライデント2E型の対中輸出に好意的である旨，イギリス側に伝えた．その背景には，「ニクソン・ショック」が対英関係に及ぼし得る悪影響を回避する必要があったこと，また対英関係の悪化により，アメリカ製民間航空機の対中輸出が提起されたときにイギリスがココムの場で反対し，これが阻止される可能性があったことが指摘できる．

　ニクソンは，「ニクソン・ショック」による英米関係への悪影響を最小限にとどめるために，トライデント2E型の対中輸出を許可したほか，ヒース首相への書簡送付を通じて関係修復を試みた．しかし，ヒースは冷淡なメッセージで応じたことから，トライデント2E型の対中輸出に対するニクソンの同意だけでは関係修復は困難なものとなった．他方で上述のとおり，イギリス側，特に英外務省が英米関係の維持に向けた動きを取りはじめていた点も重要である．ホワイトハウスが国務省をバイパスする形で極秘訪中を実現させるにあたり，

米同盟国に対しても事前に通告することができなかった旨伝えられると，ヒューム外相は，ニクソンとキッシンジャーによる秘密外交を認識し，三角外交の存在に言及するまでに至った．

　次章においては，ハリアー機とVC-10機の対中輸出計画の経緯を考察することによって，イギリスが安全保障上の視点と政治的な視点から英米関係を重要視するようになったことを明らかにする．

第3章

イギリスの対中国航空機売却の挫折　1972-1973年
―― ハリアー機とVC-10機の対中輸出計画の頓挫を中心に ――

第1節　はじめに

　第 1 章で考察したように，アメリカ政府は，キッシンジャーを中心とする NSC のイニシアティブにより，アメリカ独自で実施してきた中国に対する貿易統制を緩和し，ニクソンの中国訪問直前にこれを原則的に廃止する決定を行った．また，こうしたアメリカの動きを受けてココムでは，国際的貿易統制の緩和の要求が西ヨーロッパ諸国や日本などのココム参加国の間で高まっており，これらの諸国と統制の現状維持を望むアメリカとの間における意見対立が，ココム内部において顕在化していった．

　また，1971 年 7 月のキッシンジャーの極秘訪中や 1972 年 2 月のニクソン訪中及び米中共同声明（上海コミュニケ）が発表されたことを契機に，ココムの中に残っていた中国に対して行われていた差別的な経済制裁，いわゆる「チャイナ・ディフェレンシャル」が廃止される運びとなった．このような潮流の中で，西側諸国，とりわけアメリカや日本において，中国との貿易を拡大させる機運が高まっていた．

　前述のとおり，イギリスもまた，米中接近や東西貿易の拡大の動向を敏感にとらえていた．イギリス国内では，対ソ・東欧貿易のみならず，対中貿易拡大の機運が，不況に悩む産業界を中心に高まっていた．特に英航空機産業では，第 2 章で説明したように 1971 年の民間航空機トライデント 2E 型の対中輸出の実現を契機に，今後，航空機の対中輸出が進むことが一層期待されるようになった．1972 年，HSA が製造した垂直離着陸型（VTOL: Vertical Take-off and Landing）軍用機であり，攻撃機として運用されたハリアー機（Harrier）の対中輸出と，BAC が製造した民間航空機の VC-10 機の現地生産計画がその典型的な事例である．しかし，これらの航空機の対中輸出をめぐる交渉は中止に追い込まれ，結局実現には至らなかった．本章では，イギリス政府がなぜハリアー機や VC-10 機の対中国売却計画を推進させようとしたのか，そしてなぜこれらの計画は結果的に実現しなかったのかを検討するとともに，イギリス政府内における政策決定過程の分析を行う．ハリアー機及び VC-10 機という，2 つの航空機の対中売却計画は，イギリス政府内の外務省，国防省及び貿易産業省と

いう3つの関係省庁の見方に基づき，経済的利益の追求と外交・安全保障上のリスクという視点から比較検討がイギリス政府内で行われた．その結果，イギリス政府は，政府内での検討が進む中で，外交・安全保障上のリスク，特に対米関係の更なる悪化やイギリスに対してアメリカが報復を行うというリスクが真剣に考慮されるべきであると再認識するようになったことから，ハリアー機及びVC-10機の対中輸出計画の実現を先延ばしすることを決定し，結局両計画ともに実現に至らなかった経緯を考察する．イギリス政府が，政治的・安全保障上の視点を重要視して，これらハリアー機及びVC-10機の対中輸出計画を中止する決定を下したことが，1975年12月，軍事用ジェットエンジンの対中輸出が実現するうえで，三角外交に沿った形でキッシンジャーの考えや行動に合わせることとなったことを示唆したい．

第2節　攻撃機ハリアー機の対中輸出計画

1．ハリアー機売却計画の背景

　本節では，イギリスは，当初ハリアー機の対中輸出を通じてどのような経済的利益を得ようと意図したのか，また次第にどのような外交・安全保障上のリスクが考慮に入れられるようになったのか注目する．まず，ハリアー機の対中売却計画がどのようにして提起されたのか，背景について簡潔に説明したい．1972年11月13日に民間航空機トライデント2E型の中国引渡しに係る式典が開催された際，宋之光駐英中国大使がHSA社長に対して，「中国政府として，ハリアー機の導入を検討している[1]」旨，内々に伝達したことが発端である．HSA側が宋之光大使に対して，そのような計画の実現は困難かもしれないと伝えた．なぜならば，HSA側は，民間航空機であるトライデント機とは異なり，ハリアー機が軍用機であるために明らかにイギリス政府の承認が必要であることを認識したからである．これに対して，宋之光大使は，「200機の注文がそのような困難を除去することになろう[2]」と述べた．おそらく，宋之光大使は，200機という数がHSAにとって魅力的であり，莫大な経済的利益が得られることから，HSAがこのオファーを受け入れる見込みはあると考えたのであろう．

　200機ものハリアー機の対中売却という商業的機会に魅力を感じたのであろうか，トライデント2E型の対中輸出に続いて更に対中ビジネスの大幅な拡大をにらんだHSA社長のアーノルド・ホール卿（Sir Arnold Hall）は，その4日後にヒース首相に対して書簡を送付した．その書簡の中で，HSAは「無論，

---

[1] Hall to Heath, 17 November 1972, FCO69/308, TNA. マイケル・ヤフダ（Michael Yahuda）によれば，中国側がハリアー機の購入に関心を初めて示唆したのが1977年としているが，HSA社長からヒース首相宛て同書簡を見ると，正しくは1972年であった．Michael Yahuda, *Towards the End of Isolationism: China's Foreign Policy After Mao* (London: Macmillan, 1983), p. 191.
[2] Simmons to Whitehead, 24 November 1972, FCO21/1003, TNA.

（ハリアー機の売却に際して）イギリス政府の同意が必要であることを認識し，既に国防省に対し（この計画を）提起するよう求めた[3]」と述べた．そして，HSA は，同社が構築した中国政府との良好な関係を維持するために，ハリアー機の対中輸出に関し前向きに検討することを示唆した．これに応える形で，ヒース首相は，「イギリスが中国にできる限り迅速な返答をすることに賛成であり，またこの要求に対してできる限り迅速に対処することを約束する[4]」と述べ，政府内において検討する旨を伝えた．この書簡が送付された後に，イギリス政府が迅速に HSA の提案を受理し，検討を開始した．なぜならば，英政府内からは「イギリスにとって莫大な利益となるであろうから，我々は手中から手放すことはしなかった[5]」との声があったことも理由の一つであろう．

2．イギリス政府の関係三省庁の見方

1972年11月29日，英国防省は，外務・貿易産業・国防という関係3省庁の見方に基づいて，ハリアー機の対中売却計画を政治的・経済的・戦略的な視点から検討した文書を作成した．まず同文書に取りまとめられた外務省の見解から見ていく．英外務省が示した政治的視点からすると，ハリアー機の売却は，中国及びその周辺諸国に影響を及ぼし得るにとどまらず，西側諸国，特にアメリカからの強い反応が想定され得るし，これは深刻な「副作用」となり得るため[6]，特に対米関係に配慮すべきという見方を示した．実際，ハリアー機は，アメリカ政府，とりわけ相互開発計画庁による財政援助とイギリスが有する航空機技術によって開発された最新鋭の垂直離着陸型軍用機であり，米海兵隊が90機のハリアー機を導入していた[7]．したがって，ハリアー機開発の一翼を担ったアメリカには，同機の第三国への輸出に対する発言権が発生することから，イギリスはこの点においても対米協議の必要に迫られた．こうして外務省は，

---

[3] Hall to Heath, 17 November 1972, FCO69/308, TNA. 括弧部引用者.
[4] Heath to Hall, 21 November 1972, FCO69/308, TNA.
[5] "Sale of Aircraft to China," Draft Brief, undated, FCO21/1124, FCO, TNA, p. 5.
[6] "Annex 'A', Sale of Aircraft to China- Harrier," 29 November 1972, FCO69/308, TNA, p. 2.
[7] John Baylis, *Anglo-American Defence Relations 1939—1980: The Special Relationship* (London and Basingstoke: Macmillan, 1981), pp. 105-106. 邦訳書においては，ジョン・ベイリス（佐藤行雄・重家俊範・宮川眞喜雄訳）『同盟の力学——英国と米国の防衛協力関係』東洋経済新報社，1988年，169頁．

ハリアー機の対中売却が中国との政治的経済的関係の発展をもたらすだろうが，他方でアメリカによる強い反発や報復措置という「副作用」をもたらすと予想した．また，外務省貿易政策部長のガイ・シモンズ（Guy Simmons）と，モーガンの後任として外務省極東部長に就任したリチャード・エヴァンス（Sir Richard Mark Evans）を中心に，ハリアー機の対中輸出をめぐって懐疑的意見が外務省内では支配的であった．とりわけ同省貿易政策部長のシモンズは，11月30日付の書簡の中で，ハリアー機の対中売却がココムの軍需品リスト（Munitions List）の第10項目に抵触し，ココム原則からの逸脱行為であると指摘した[8]．

英国防省は，外務省と同様，ハリアー機の対中輸出に否定的な見解を示した．国防省の国防政策部及び国防情報部は，戦略的視点から，もしハリアー機の対中売却が実施されれば，イギリスが大きな不利益をこうむるとして，以下述べている．

　　「我々は，中国を軍事面において我々の国益と対立する敵国とみなす同盟の一員である．（中略）我々が（ハリアー機のケースにおいて，ココムの）除外手続を申請すれば，ココム参加国との関係に影響する」[9]．

国防省は，イギリスは西側同盟の一国としての責務を遂行すべきという認識から，中国への軍用機売却によってアメリカを中心とする西側諸国との関係に及ぼし得る悪影響を懸念していたのである．

最後に貿易産業省の見方に触れる．貿易産業省航空機担当部門は，経済的利益という視点から，ハリアー機の対中輸出のメリットについて論じている．イギリスが「ヨーロッパの一員になる場合に大きな効果[10]」があるとして，貿易産業省はハリアー機の対中輸出に前向きな姿勢を明確にした．すなわち，貿易

---

[8] Simmons to Rose, 30 November 1972, FCO69/308, TNA. ココムの軍需品リスト第10項目によれば，「戦闘機や軍事ヘリコプター，そして偵察機・軍事演習・輸送支援などを含む軍事目的に特化された他の航空機やヘリコプター，軍隊，軍事機器・補給品を輸送または空中投下するための複数のハッチ，特殊ドア，ランプ，強化下盤などの特殊な構造的特徴を有するすべての航空機；これらの航空機やヘリコプターの使用に適用される航空機エンジン（中略）；その構成部分」を包含するものとされている．

[9] "Annex 'A', Sale of Aircraft to China- Harrier," 29 November 1972, FCO69/308, TNA, p. 2. 括弧部引用者．

[10] *Ibid.*, p. 3. 「ヨーロッパの一員」とは，EEC加盟を指す．

産業省の考えはこうである．イギリスは，ハリアー機の対中輸出を通じてヨーロッパの航空機産業市場での優位性を確保しようと考えた．またイギリスは，1973年1月にEEC加盟を控えていたが，ヨーロッパの航空機産業市場における優位性の確保によって，EECの中で政治的及び経済的に優位な地位に立つことができるであろう，とみこんでいた．更に，ハリアー機の対中輸出という大規模ビジネスの成功は，雇用促進にも繋がり得ると考えた[11]．すなわち貿易産業省は，ヨーロッパの航空機産業市場で優位性を確保することを通じて，イギリス航空機製造産業の雇用を増大させる可能性をみこんでいた．以上のように，外務・国防両省と貿易産業省の間で意見の相違が表面化していた．

3．防衛対外政策公式委員会での貿易産業省の賛成意見

1972年11月29日，英内閣府の省庁間協議の場である防衛対外政策公式委員会において，ハリアー機の対中輸出に関して検討が行われた．その中でまず貿易産業省は，外務省や国防省による消極的見解とは異なり，中国における航空機製造市場へのアクセスを確保でき，また少なくとも4億ポンドに相当する200機ものハリアー機ビジネスの莫大な経済的利益を得ることができると切り出した．これは，過去の米海兵隊による90機の受注や英海軍による91機の受注を大幅に上回るものであり，したがって，200機の受注が実現すれば一機体にかかるユニット・コストも大幅に削減され，更なるビジネスへの大きなステップになるだろう，と貿易産業省は続けて述べた．

しかし，ここでも省庁間の意見の相違を解消することができなかった．なぜならば，外務省と国防省がそれぞれ政治的・戦略的視点から，ハリアー機の対中輸出の対米関係やココムに与える悪影響についてより深刻に認識しはじめたためである．

4．外務省の報告書

外務省は上述のような貿易産業省の見解を牽制すべく，報告書を取りまとめた．ジェームズ・ケイブル（Sir James Eric Sydney Cable）英外務省政策企画

---

[11] *Ibid.*

部員を中心にとりまとめたこの外務省報告書には，仮にハリアー機が中国に輸出された際のメリットとリスクが詳細に記載されている．同報告書によると，外務省の見解に関して，「200機ものハリアー機の対中輸出取引によって引き起こされる政治的なリスクは，商業的魅力を上回るものである[12]」というものであった．まず，第一に英中関係に関し，英中関係の政治的なメリットは不確実なものである，としている．以下，その根拠に言及している．

> 「目下中国の目的は，外国との契約や供給元を多様化させることによって中国の安全保障や世界における独立的役割を強化することである．イギリスは，中国にこうした機会を与えるような唯一の産業国の一つである（中略）．もし，イギリスが（ハリアー機を入手したいとする）中国のオファーを受け入れ，ハリアー機の対中輸出を成功させることができれば，短期・中期的に利益となるであろう．たとえば1年間の60機のハリアー機の生産上限を大きく拡大させれば，中国の注文はこの十数年のほとんど継続されよう．そしてその間に，中国は香港との友好的関係の維持や香港の安全の尊重を維持するインセンティブを加えるであろう．中国は，単一の海外供給国に依存することのないよう注意していこう．ハリアーの対中輸出による利益は，英中間貿易の拡大によって更に強化されるであろうが，不確実なものである．新たなる文化大革命，あるいは急進的な政治体制や毛沢東の死に続く政策の急進的変化が起こった場合，こうした利益は失われよう（中略）．したがって，こうした契約が英中関係の改善への非常に明るい見通しをもたらし得るかもしれないが，イギリスがハリアー機の対中輸出から得る利益は十分大きいものでもないし，またその他の分野にもたらす多大なる犠牲を担保するものにもならない」[13]．

つまり，外務省は中国の政治的状況の不確実性からかんがみて，ハリアー機の対中輸出実現による英中関係の改善を通じたメリットはイギリスにもたらさない，というものであった．

---

[12] "Harriers for China: A Case for Further Consideration," 1 December 1972, FCO21/1003, TNA, summary page.
[13] *Ibid.*, pp. 6-8. 括弧部引用者．

そして，外務省の同報告書は，主要な国々及び地域としてアメリカ，ソ連，ヨーロッパへのありうべき悪影響についても考察している．まず，アメリカ政府が以下の2点の論拠からハリアーの対中輸出に憤慨するであろう，としている．

　「第一に，ココムに係る規則をないがしろにするものであり，軍事用航空機は共産主義国家に売却してはならないという規則にイギリス政府として同意している．イギリス政府が，この義務を怠ることは，（中略）アメリカからみれば，西側の連帯を侵害することを意味するだろう．イギリス政府は，「共産中国との武器取引を行った」という強い非難に直面しよう．これにより，ニクソン大統領やキッシンジャー補佐官が，イギリスが，グローバルなパワー・オブ・バランスをいじくり，超大国によるゲームの中に生意気にも関与を行おうとしているのではないか，として不満をもったとしても，決して不思議ではないであろう．既成事実（イギリスがハリアー機の対中輸出計画を進めることでココムの義務を侵害しようとしているということ）をきっかけに，アメリカ政府と対立することは，アメリカ政府の憤慨を爆発させることとなり，致命的な悪影響をイギリスにもたらし得る」[14]．

　英外務省は，西側の連帯を重視するアメリカを憤慨させることは，イギリスにとりマイナスであるとなるとして，深刻に受け止めていた．ハリアー機の対中輸出によってこれを妨害することはニクソン及びキッシンジャーを憤慨させることになると予測した．なお，以上の外務省報告書からは，ニクソン及びキッシンジャーによるバランス・オブ・パワーに言及しており，こうした外交手法に基づく三角外交について英外務省が認識していたことがわかる．
　更に，イギリスのハリアー機対中輸出に伴うアメリカの対応が，以下のようにヨーロッパや台湾，韓国など及びその他の地域にも影響を及ぼし得ると予測している．

　「より重要なことに，他の分野に関するアメリカとの協力関係が危険にさらされることになろう．英米関係は，緊張の下に置かれることになろう．

---

[14] *Ibid.*, pp. 8-9. 括弧部引用者.

また，ヨーロッパ防衛に対するアメリカの態度にも，悪影響を及ぼす可能性がある．こうした感情的な対応は，ソ連以外の中国の近隣諸国が有している，中国に対する警戒感を緩和させることによる負担が，（中略）アメリカの肩にふりかかることになる．たとえば，アメリカは台湾や韓国のような諸国からの軍事的支援を要求されるかもしれない」[15]．

また，同報告書は，こうした悪影響を防ぐためには，①事前にアメリカの同意を得ることが必要であり，また，②ニクソン大統領個人にアプローチする必要があること，③ニクソンを説得するためには，偏狭な商業的視点ではなく，世界のバランス・オブ・パワーを維持するという視点から議論すべきであること[16]を強調している．英外務省は，世界のバランス・オブ・パワーを維持するという視点から，ニクソンとキッシンジャーを説得することができる可能性に言及しているが，以下のようにアメリカの国内政治を考慮すれば困難が伴うので，ハリアー機の対中輸出をめぐってアメリカの同意が得られる可能性は低いとしている．

「イギリス政府は，ソ連の脅威に対抗すべく中国を支えるつもりである．中国は，ソ連に対抗するため，追加的に軍事兵器を導入することを必要としていると考えている．これを後押しするうえで，ハリアー機を中国に輸出することは，アメリカにとっても魅力的なことであり，イギリス政府にとっても利益となろう．こうした議論は，イギリス政府からキッシンジャー博士に示されることはできようが，アメリカの国内政治上の考慮に勝るものではないだろう．アメリカは，おそらくは先延ばしをするという対応をとることになろう」[17]．

つまり，英外務省の考察は以下のとおりである．イギリス政府がニクソン及びキッシンジャーに対し，バランス・オブ・パワーのロジックに基づき，ハリアー機の対中輸出が，中国がソ連の脅威に対抗するのに重要な役割を果たし得ると主張することはできるかもしれないが，アメリカの国内政治にかんがみれば，

---

[15] *Ibid.*, p. 9. 括弧部引用者．
[16] *Ibid.*
[17] *Ibid.*, pp. 9-10.

仮に西側の軍用機が中国に輸出されれば，ニクソン政権が米議会や世論の反発に直面することになる，ということである．換言するならば，ハリアー機のような軍用機が西側の安全保障上の脅威とされる中国に輸出されること自体を米議会が問題視することで，米国内世論にも悪影響を及ぼし得る，という考えである．以上の考察を通じて，英外務省は，ハリアー機の対中輸出がアメリカを憤慨させるものであると予測しただけでなく，対米関係の悪化を招けばイギリスの国益とはならないと結論づけた．

　次に，ソ連の反応の可能性に関する分析をみていきたい．英外務省は，仮にハリアー機の対中輸出が行われたときのソ連の不満はアメリカ以上のものとなる，と予測した．なぜならば，ハリアー機の対中輸出が実際に行われればソ連にとっては直接的に脅威となることが予想されるからである．この場合イギリスは，ソ連の対英強硬路線を覚悟しなければならないであろうし，ハリアー機の対中輸出に伴うアメリカの不満が明らかとなれば，米ソ2国間関係が強化されることになろう[18]，と予測した．つまり英外務省は，2国間関係を強化した米ソ超大国が共同して，ハリアー機の対中輸出をめぐりイギリス政府に対して圧力をかけてくる可能性を危惧するようになった．

　また外務省は，西ヨーロッパ諸国との関係への影響に関しても分析を加えている．この分析は，フランス以外の西ヨーロッパ諸国は，米ソ2大超大国の態度に影響を受けるであろうと述べている．イギリスがハリアー機の対中輸出を実施したことで，アメリカが在ヨーロッパ米軍の撤退の動きを加速させた場合，西ドイツや他の西ヨーロッパ諸国がイギリスを非難するであろうし，ソ連・東欧諸国とのデタントを追求する西ドイツのオストポリティーク（Ostpoplitik）を危険に晒そうとしている[19]．そして，ハリアー機の対中輸出が行われれば，「対米協調と対ソ・対東欧に対する連帯というヨーロッパ共同体（European Communities）（ママ）の政策に向けて議論を行うイギリスの能力と資格を失わせることに繋がろう[20]」と続けている．何よりも英外務省は，EEC加盟国が対英非難を行う可能性やこれらの加盟国がイギリスのまねをする可能性を指摘するとともに，これによって西側の連帯を弱体化させ，米欧関係を困難にする危険性を十分認識した[21]．英外務省の以上の政治的視点からの考察は，その後

---

[18] *Ibid.*
[19] *Ibid.*, pp. 11-12.
[20] *Ibid.*, p.12.　括弧部引用者．

のハリアー機の対中輸出計画をめぐるイギリス政府の政策決定過程に大きな影響をもたらす可能性が大きい,というものである.

また,英外務省報告書は,ハリアー機の対中輸出が行われたことによるアジア太平洋地域への影響について,台湾を除き,東南アジア,日本,オーストラリアが,中国による侵攻にさらされる可能性が低いとして,同機の対中輸出の影響はさほど大きくはないと予測している.ただし,同報告書は,オーストラリアが,ハリアー機の対中輸出に強い不満を表明することで,他の分野での英豪関係の緊張が増大する可能性に言及している.また,同報告書は,日本はオーストラリアと同様これに不快感を示すだろうが,アメリカの決定に対して足並みを揃えようとすることが予想されるため,深刻な警告を発することはないだろうと予測する.

東南アジアに関して,SEATO[22]へのイギリスの信頼性は損なわれることになろう,と予測している.しかしながら,オーストラリアやニュージーランドにおける政治的変化という視点に立てば,SEATOの枠組みはすでに地に落ちたものである[23],との評価を下している.オーストラリア及びニュージーランドでは,保守政権から左派政権への政権交代が実現した.とりわけ,オーストラリアではウィットラム労働党政権が1972年12月に発足するや否や,ウィットラムはその月のうちに対中国交正常化を実施し,対中政策の大胆な転換を行った.英外務省政策企画部は,オーストラリアやニュージーランドなど,アジアの西側諸国による対中接近によって,SEATOのような東南アジアでの反共軍事同盟がすでに形骸化してしまっていると述べている[24].

このように,英外務省は,中国の周辺諸国への影響について,対米関係への悪影響に及ぶものではないと考えていた.次節において,外務省を含む関係3省庁による意見集約が行われる経緯をみていきたい.

---

[21] *Ibid.*
[22] 永野隆行「東南アジア安全保障とイギリスの戦略的関与」小島朋之・竹田いさみ(編著)『東アジアの安全保障』南窓社,2002年を参照されたい.
[23] "Harriers for China: A Case for Further Consideration," 1 December 1972, FCO21/1003, TNA, p. 13.
[24] *Ibid.*, p. 13.

5．防衛対外政策公式委員会における意見の再集約

　12月6日，イギリス政府内の意見集約を進めるべく，防衛対外政策公式委員会が行われ，ハリアー機の政治的，国防的及び経済的な影響に関して検討が行われた．

　まず，「政治的影響（外交政策的考慮）」について見ていきたい．英中関係が，1949年の中華人民共和国建国以来のどの時代よりも「良好」であり，この「良好」な英中関係の維持がイギリスの国益であると12月7日付の報告書の中で指摘されている．「良好」な関係とは，すなわち以下の3点を意味するものである．

①イギリスが，政治的理由のために通商上の損失を被ることがないこと
②香港の安全保障を確保できること
③中国指導者と，究極的に彼らの思想・態度を修正に導くような姿勢をもって，より密接な接触をもつことができること[25]

文化大革命の間の1967年7月，ロイター通信記者が中国当局によって不当に逮捕された事件や，翌月に在中国イギリス公館が紅衛兵によって焼き打ちに遭った事件などを契機に，イギリス国内では反中感情が高まっていた．1970年代に入って，イギリス政府はようやく英中両国が「良好」な関係を構築しつつあると考えたのであろう．

　しかしながら，①中国は共産主義国家であり，たとえ中国の西側諸国に対する敵対的態度に変化の兆候がみられたとしても，再び敵対的態度へと舞い戻る可能性もはらんでいる点，②依然として躊躇なく海外の革命運動に支援を継続している点，③たとえ中国が武力侵攻を試みる可能性は低いとしても，引き続き，マカオ，香港及び台湾の最終的な回復を追求している点，④香港，東南アジア，中東及びアフリカにおいて，英中間の国益をめぐる潜在的対立の可能性もある点が指摘されている[26]．したがって，政治的観点から中国はイギリスや他の西側諸国にとって「潜在的敵国」であることが強調されている．当時の

---

[25] "Secret UK Eyes A: Sales of Aircraft to China- Harrier," 7 December 1972, FCO69/309, TNA, p. 1.
[26] *Ibid*., pp. 1-2.

「良好」な英中関係は，「潜在的敵国」というイギリスの対中認識を前提にしたものであることが確認されたといってもよいだろう．

更に，ハリアー機の対中売却計画は，NATO加盟国やココム参加国のみならず，インド，オーストラリア，ニュージーランドなどのコモンウェルス諸国，ソ連など多くの周辺諸国による反対表明が行われる可能性があることが防衛対外政策公式委員会の報告書で言及されている[27]．特にインドについては，ハリアー機の対中輸出に強く反発する可能性が高いとされた．インドは，中国と国境問題をめぐって対立し武力衝突を引き起こしていた．中印両国間の国境紛争を契機に，イギリスは1962年，インドとの間に対印軍事援助に関する合意文書を交換し，その後，英米両国がそれぞれインドとの間に防空協定を締結した[28]．インドは，イギリスが中国への戦略的支援を通じてインドに対して非友好的行動を行っているという非難に直面する可能性が指摘された[29]．防衛対外政策公式委員会は，アメリカ，ソ連，インドといった諸国がイギリスによるハリアー機の対中輸出計画に反対表明を行い，これによりイギリスは国際社会から孤立するという可能性を強調する内容となった．

ソ連は，1960年代前半から中国との対立を抱えていた．1969年3月，中ソ間の軍事衝突がダマンスキー島（珍宝島）で勃発し，その後軍事衝突はアムール川（黒竜江）まで拡大していた．防衛対外政策公式委員会は，ソ連がハリアー機の対中輸出を，驚きと懸念をもってソ連に対して英中両国が共謀を図っているという証左とみなすであろうと予測している[30]．つまりソ連は，ハリアー機の対中輸出によって，英中両国が共同でソ連を牽制するであろうと判断し，イギリスに対し何らかの報復措置を行う危険性がある，と同委員会は指摘した．

---

[27] *Ibid.*, p. 2. 同報告書では，中国の軍事的能力を向上させることに繋がり，これが直接的な脅威であるとこれらの諸国によって表明されるであろうとの予想がなされている．

[28] 入江啓四郎・安藤正士（編）『現代中国の国際関係』日本国際問題研究所，1975年，166-167頁．

[29] "Defence and Overseas Policy (Official) Committee, Aircraft Sale to China," 11 December 1972, FCO69/309, TNA, p. 20. ハリアー機の対中売却は，インドがイギリスからの軍需品の購入（5艘のコルヴェット艦，30機のジャギュアー機，3機のシー・キング・ヘリコプター）をキャンセルするだけではなく，インドが対ソ接近を図る契機になりかねなかった．イギリスにとって，インドの対ソ接近の可能性は悪夢であったようである．"Brief by Foreign and Commonwealth Office, Talks between the Prime Minister and the President of the United States on 1 and 2 February 1973―India, Pakistan and Bangladesh," 16 January 1973, FCO89/293, TNAを参照．

[30] "Defence and Overseas Policy (Official) Committee, Aircraft Sale to China," 11 December 1972, FCO69/309, TNA, p. 20.

西ヨーロッパ諸国，カナダなどのNATO諸国のほとんどはココムにも参加しており，武器及び軍事転用可能な品目・技術などの戦略物資の貿易統制を通じて共産主義諸国に対する戦略的封じ込めを維持していた．ハリアー機の対中輸出というココムからの逸脱行為は，他の西側同盟諸国からの反発を招くだけでなく，これらの同盟国のイギリスに対する信頼を失うおそれもあった．

　そして何よりも，防衛対外政策公式委員会は，最も重要な国としてアメリカを位置づけている．12月7日付の同委員会の報告書によれば，「アメリカから反対があれば，それは絶対的[31]」であると強調されている．すなわち，アメリカがハリアー機の対中輸出計画に対して疑いなく反対を表明するであろうということであり，アメリカの反対表明を深刻に受けとめることの重要性を明示的に示唆する内容となった．また，ハリアー機の対中売却計画に対するアメリカの態度が，数年のうちに反対表明の撤回へと変化することはないとして，ハリアー機の対中売却を悲観視する見解を示した．しかし万が一，「アメリカ政府が（ハリアー機の対中売却への）反対を撤回するならば，ソ連以外のほかの国家の反対は重要ではないであろう」との予測を行った[32]．ハリアー機の対中輸出計画が実現する可能性が悲観的であること，また，アメリカとの交渉を進めることの重要性が強調された．

　次に，戦略的影響に関してみていきたい．同委員会報告書では，ハリアー機の対中輸出は戦略的視点から周辺地域に悪影響を及ぼす可能性が指摘されている．第一に，中国がハリアー機を入手すれば，中ソ国境地域での対ソ陸戦において，力強い空軍能力を発揮することができる可能性が言及されている[33]．これは，中ソ両国間の軍事バランスに影響を及ぼすものであり，こうした戦略的視点にかんがみれば，ソ連がハリアー機の対中輸出に反発する可能性があった．第二に，この報告書は，中国が外洋航行できる海軍の創設など，攻撃的な軍事力増強を図っていることから，ハリアー機の対中輸出が実現した場合にこうした中国軍の方向性を一層強化させる可能性を強調している．したがって，中国がハリアー機の導入を通じて，攻撃的な軍隊を展開させる能力を改善させた場合，以下のように英領香港，台湾及びインドが直ちに軍事的脅威にさらされる

---

[31] "Secret UK Eyes A: Sales of Aircraft to China- Harrier," 7 December 1972, FCO69/309, TNA, p. 2.
[32] *Ibid.*, p. 2. 括弧部引用者.
[33] *Ibid.*, p. 3.

危険性があると予測した.

> 「a. 香港:ハリアー機の使用は,地域での中国軍のかねてからの圧倒的な優位性を強調することに役立ち,軍事的に適切ではないだろう.
> b. 台湾:中国が武力によって台湾問題を解決するという起こりえない状況の中,ハリアー機は大陸から島(台湾を指す)に対して軍事行動をする飛程を有している.繰り返すならば,中国の大陸軍隊の圧倒的な優位性という視点から,これはおおむね軍事的に適切ではないだろう.
> c. インド:中印の戦闘が再発したときに,ハリアー機はチベットなどの近隣地域における場所から使用されるだろう」[34].

第三に,戦略的視点に関連して,技術的側面を織り交ぜた見解が同委員会の報告書の中で論じられている.「ハリアー機売却は,中国の直接的な垂直・短距離離着陸(Vertical/Short Take-off and Landing,以下 VSTOL)攻撃機を運用するような経験を与え,それによって中国の VSTOL 技術開発を支援し,イギリスがもつハリアー機の能力と限界を明かすことになるだろう」と前置きしつつ,中国は VSTOL 技術を開発する知識も意図もないので,この件に関して更なる慎重な検討が必要であると指摘した[35].また,1975年を目途にハリアー機を中国に売却すべく,機微な機器や部品を削除した形でハリアー機を生産することは可能かもしれないが,売却する前にやはりアメリカとの協議を進めるべきであると指摘しており,対米交渉の重要性が強調されている.

次に,経済的影響についてみてみよう.ハリアー機の対中売却は,イギリスが EEC 加盟を果たす中で,ヨーロッパ航空機製造産業の統一に向けた第一歩を踏むときに,イギリスの航空機産業を強化する契機になるだろう,との見方を示している[36].もしヨーロッパ航空機産業の統合が提起されれば,ハリアー機の対中輸出はイギリスがヨーロッパの航空機産業において優位に立つ原動力になる,という貿易産業省の従来の主張を反映した内容であった.

同報告書の結論では,中国は,西側陣営にとっては「潜在的敵国」であるこ

---

[34] *Ibid.* 括弧部引用者.
[35] *Ibid.*, p. 3.
[36] *Ibid.*, p. 4.

とに変わりはないので，政治的・戦略的な影響を重視するべきと締めくくられている．経済的利益を追求することが（インド，ソ連などの）周辺諸国や西側同盟国の反発だけでなく，アメリカによる厳しい対応を招くことが指摘されている．もしイギリスがココムでのしかるべき合意なしにハリアー機の対中輸出を決定すれば，それはアメリカと進めていた技術開発情報や軍事情報交換の中断，コンピュータ，電子及び他の産業における経済的協力の打ち切り及び在英駐留米軍の撤退など[37]，イギリスにとって耐え難い措置を招くことを意味した[38]．これは，ハリアー機の対中輸出が，アメリカとの政治的関係を悪化させること，またこれによる英米関係の悪化はイギリスの国益に反するものとして，英外務省が作成した前述の報告書の内容を再確認するものとなった．

したがって，防衛対外政策公式委員会は，イギリス政府がハリアー機の対中売却計画を実現することは困難と結論づけた．しかしながら，わずかな望みをもって，アメリカとの協議に臨むべきであると提言しており，簡単に，ハリアー機対中売却による商業的利益を断念すべきではないと付け加えた．対米協議を行いつつ慎重に対処すべきと強調する国防省と外務省，そしてイギリスの航空機製造産業の強化のためにハリアー機売却に積極的な貿易産業省の間に意見の相違が生じていたが，防衛対外政策公式委員会では，主に対米交渉の重要性という視点から国防・外務両省の意向が最大限反映された[39]．

---

[37] *Ibid.*, p. 5; John Baylis, *Anglo-American Defence Relations 1939-1980: The Special Relationship* (London and Basingstoke: Macmillan, 1981), pp. 106-115. 邦訳書においては，ジョン・ベイリス（佐藤行雄・重家俊範・宮川眞喜雄訳）『同盟の力学――英国と米国の防衛協力関係』東洋経済新報社，169-182頁．ベイリスによれば，1970年代を通じて，ハリアー機の対米輸出などの通常兵器及び核分野での協力や武器の売買，両国科学者の情報交換，イギリスの抑止力効果を高めるためのアメリカによる幅広い支援が含まれていた．また，化学・生物兵器に関する研究，インテリジェンス機関や英米両軍の様々な形態における協力など，防衛分野において実務上の協力関係が幅広く行われていた．

[38] ココムと，1951年に成立したアメリカのバトル法が密接に関連しており，アメリカがバトル法の下，共産主義諸国に対する戦略的貿易統制に失敗した国家に対して，すべての軍事，経済，財政的支援の終了という厳しい制裁措置を課すことになっていた．バトル法については，本章脚注43を参照されたい．

[39] 前述の通り，防衛対外政策公式委員会の報告書において，英米両国間の軍事及び技術協力の終了の可能性が盛り込まれていた．筆者の推論にすぎないが，この主張がハリアー機の対中売却を実現させるべきという，貿易産業省を中心とする売却積極派の意見を抑えるブラフとしての効果があったかもしれない．

6．ヒース首相の慎重姿勢

　防衛対外政策公式委員会の結論を受けて，ヒース首相は，ハリアー機の対中輸出計画に慎重な姿勢を示すようになった．ヒース首相は，HSA社長のホール卿に対しイギリス政府として慎重姿勢をとるとの返答を以下のように伝えている．

> 「本件（ハリアー機の対中輸出計画）は，複雑な問題である．もし，我々が早急に返答を行うのであれば，単に否定的なものである．しかし，自分（ヒース首相，以下同）は，現段階において，扉を閉じることは好まない．自分は，貴方に対してより正確に中国の意図や条件を求めることを提案したい．（中略）．中国との接触において，イギリス政府はこの航空機を購入するという中国の利益を慎重に検討する必要がある，と貴方は知るべきだと考える．もちろん，貴方は，イギリス政府がいずれハリアー機の対中売却に同意するだろうという期待をもつことを回避すべきである（中略）．
> 無論，この軍用機の輸出に係る特別な手続きを行う必要があるが，我々は，近年の英中関係の改善に配慮しつつ，その問題を注視すべきであり，自分は，間違った希望をもつつもりはない」[40]．

　更に1973年2月2日に行われた英米首脳会談の中で，訪米中のヒース首相はニクソン大統領とキッシンジャー大統領補佐官に対しても，「ハリアー機が軍用機であり，（VC-10機のような）民間航空機とまったく異なる提案であるので，イギリス政府として，慎重に対処しているところである[41]」と述べている．

　1973年以降，ハリアー機をめぐる英中間の交渉は，停滞の一途をたどった[42]．イギリス側が上述の防衛対外政策公式委員会の報告に基づいて，ハリアー機の対中輸出に慎重姿勢をとり続けていたので，中国はハリアー機に関する具体

---

[40] "Sale of Aircraft to China," Heath to Hall, 29 December 1972, FCO69/309: FCO21/1003, TNA. 括弧部引用者.
[41] Record of a Discussion at Camp David on Friday 2 February 1973 at 4.00 pm, 4 February 1973, PREM15/1949, TNA. 括弧部引用者.
[42] "Brief for Sir Burke Trend's Talk with Dr. Kissinger on 10 May 1973," 9 May 1973, PREM15/1949, TNA, pp. 2-3.

提案をイギリス側に提示することができず，結果的に交渉は延期されることとなった．ハリアー機の対中輸出計画をめぐる交渉を延期するというイギリス政府の決定は，同政府が「良好」な関係を構築しつつある中国を，外交・安全保障の視点から西側の「潜在的敵国」であると再認識するに至った帰結であった．イギリスは，この選択を通じて経済的利益を得ることには失敗したが，NATOやココムに参加する西側諸国や中国の周辺諸国の反発，バトル法（Battle Act）と呼ばれる相互防衛援助統制法（Mutual Defense Assistance Control Act, 以下バトル法）[43]に基づくアメリカによる多くの制裁措置の可能性を回避するとともに，そして対米関係をはじめとするその他の政策に悪影響が及ぶ可能性を回避するのに腐心していたことは明らかである．

---

[43] バトル法は，ローリー・バトル下院議員（Laurie Calvin Battle）（民主・アラバマ州）が提案した法であり，共産主義諸国に対する戦略物資の輸出を統制することを目的に，1951年10月に成立し，翌年1月に発効した．

第3節　民間機VC-10機の対中輸出計画

1. VC-10機の対中輸出計画の発端

　本節では，民間機VC-10機の対中輸出計画が頓挫した経緯について議論する．1970年9月，中国が国際線の運航を再開するために，VC-10機の取得に高い関心を表明したことが発端である[44]．これを受けて，1970年11月，英ブリティッシュ・ユナイテッド航空（British United Airways: BUA）[45]は，同社が所有する4機の中古VC-10機の対中輸出を，英中貿易協会（Sino-British Trade Council）を通じて模索していた．同社は，VC-10機よりも航行距離の長いボーイング707型を購入し，イギリスからアメリカ西海岸までの航路にノンストップ便を運航させるつもりであった．同社は，イギリスの対中貿易の拡大傾向を，中国の航空機市場アクセスの絶好の機会であるととらえ，不要になったVC-10機の4機の対中輸出を計画した．この直後の11月17日に開催された防衛対外政策公式委員会では，アメリカ政府がVC-10機の対中売却を「阻止する可能性」があるという見解が出された．つまり，VC-10機にはアメリカ製の構成品，及びアメリカのライセンス下で製造されたイギリス製品が含まれるため，政治的視点からアメリカとの協議が必要となろう，との提言が出された[46]．しかし，万が一こうした政治的判断から離れて，アメリカ政府に抵抗することは，商業及び産業分野でアメリカの報復を招く，と警告されている[47]．したがって，アメリカとの協議が必要であるとされた．

---

[44] "Export of Civil Aircraft to China," from Webster, 13 November 1970, CAB148/103, TNA, p. 2.　1970年6月上旬に，中国は非公式ではあるものの在パキスタン英国大使館に対し，VC-10機に関心を有していると示唆していた．Denson to FCO, 9 June 1970, FCO37/728, TNA を参照．

[45] カレドニア航空とBUAが1971年に合併し，ブリティッシュ・カレドニアン航空（British Caledonian）が成立していた．

[46] "DOPO, Minutes of a Meeting Held in Conference Room C, Cabinet Office, 17 November 1970 at 3:00," from Webster, undated, CAB148/103, TNA, p. 3.

[47] *Ibid.*, p. 3.

ただし，中古VC-10機に対する中国側の反応は，冷やかであった．1970年12月29日，中国民航は，中古VC-10機の輸入にはまったく興味がないことを英中貿易協会代表のジョン・ケズウィック卿（Sir John Henry Keswick）に述べており[48]，中国政府対外貿易部もまたこれを最終的に確認した．こうして，アメリカとの協議を行うことなく，VC-10機の対中輸出計画は一時的に頓挫することとなった．

　それではなぜ，中国側が中古VC-10機の購入に否定的だったのか．当時，中国はソ連からのIL62型の10機の輸入を重視しており，中古VC-10機の購入をまったく想定していなかったからである．また，中国は，IL62型の機能や値段と比較して，中古VC-10機は満足のいく航空機ではないと考えていた[49]．もっとも，中国はIL62型をめぐるソ連側との交渉を有利に進めるための材料として，VC-10機のイギリスからの情報入手を行ったとの見方もあったことがイギリス側の外交文書の中でうかがえる[50]．

2．再び動きはじめたVC-10機の対中輸出計画

　翌々年の1972年になると，事態は再び動きはじめた．1972年8月29日，ジョン・アディス（Sir John Addis）駐中国イギリス大使が発電した英外務本省宛の公電によると，中国がVC-10機を10機あるいは15機，あわよくば20機の購入に急に興味を示したとのことである[51]．なぜ，中国が急にVC-10機に興味を示したのかについての理由は定かではない．しかし，1972年8月14日に東ドイツ国営航空のインターフルク（Interflug）が引き起こしたIL62型墜落事故[52]を契機に，中国が，それまでの同機の発注を重視する姿勢を改め，VC-10機発注の検討を開始した可能性が考えられる[53]．中国はこの時期に，IL62型のエンジン

---

[48] Chang Chen-hua to Keswick, 29 December 1970, FCO69/216, TNA.
[49] "Defence and Overseas Policy (Official) Committee," Note by Foreign and Commonwealth Office, 17 February 1971, FCO69/216, TNA, p. 1.
[50] Pellew to Hervey, 24 May 1972, FCO21/1002, TNA.
[51] Addis to FCO, 29 August 1972, FCO69/308: FCO21/1002, TNA.
[52] 西側のマスメディアはこの事故を，ヨーロッパの航空史上で，最大の民間航空機事故であると報じた．またその一部は，この事故がエンジンのトラブルによるものであると報じている．
[53] その後の10月13日には，モスクワ空港にてIL62型の破壊的な墜落という事故が発生したが，中国は，これをきっかけにIL62型の発注そのものを懸念するようになった北朝鮮の舞踏団が東欧から平壌に戻る際にIL62型に搭乗していたが，中国はその2，3日前にモスクワでIL62型の墜落が発生したとの噂を広め，同機の信頼性を更に落とす動きを取るようになった．

に不満があるという言い訳を行い,同機の発注機数を半数に削減した.

しかし,VC-10機は元々大量生産されておらず,その生産ラインも1970年に停止されていたので,当時の時点での同機の生産総数は非常に限られていた.したがって,10機から20機に及ぶ数の中古のVC-10機を早急に取り寄せることは困難であった.そこでBACは,中古機輸出ではなく,生産ラインの再開によって新たに製造されたVC-10機の売却を決定した.しかし,同社は生産ラインを再開させるためのコストを考慮に入れる必要に迫られた[54].停止中の生産ラインを再稼動させるには,部品の製造や組み立てに必要な資源の調達や技術者の確保をしなければならず,そのためのコストは膨大にかかることが予想された.したがって,9月20日,BAC側は,アンソニー・ロイル(Anthony Henry Fanshawe Royle)英外務政務次官に対して,生産ラインの再開は非常に困難であると伝えた[55].ただし,BACがイギリス政府との共同事業を実現することになれば,世界の航空機市場においてイギリスが確実に優位に立つことができるであろう,と語った[56].つまり,イギリス政府がBACに対して補助金を交付すれば生産ラインの再開に弾みがつく,というのが同社の主張である.

なお,BACがイギリス政府に対して補助金交付を要求した背景として,1971年に経営破綻したロウルズ-ロイス社が政府によって救済策を講じられるほど,イギリス国内における航空機製造産業の経営は,概して逼迫していた.大河内によれば,①軍事用航空機分野では,1960年代中頃の労働党政権下での防衛費の大幅削減に伴う軍用機開発計画の中止やイギリス製よりも安価なアメリカ製軍用機の輸入決定,②民間航空機部門では,コンコルド(Concorde)計画の失敗やヨーロッパ・エアバス(Airbus)からの撤退など,イギリス政府による累次の政策決定の失敗が,イギリス国内の航空機産業の縮小と1971年のロウルズ-ロイスの破綻を招いたことを指摘している[57].BACについても航空機産業の経営は苦しかった点でその例外ではなかった(中短距離機のBAC1-11型の売れ行きはおおむね良好であったことを除けば)[58].

これは,中国のIL62型だけでなく,ソ連の航空機製造産業に対する不信感を示唆するものである.Scott to Lush, 27 October 1972, FCO21/1002, TNAを参照されたい.
[54] Addis to FCO, 29 August 1972, FCO69/308, TNA.
[55] Hamshaw to Royle, 20 September 1972, FCO69/308, TNA.
[56] *Ibid.*
[57] 大河内暁男『ロウルズ-ロイス研究――企業破綻の英国的位相』東京大学出版会,2001年,100-102頁.
[58] Geoffrey Owen, *From Empire to Europe: The Decline and Revival of British Industry Since the*

ロイル外務政務次官は，BAC 副社長のジェフリー・タトル卿（Sir Geoffrey William Tuttle）に対し，本件を進めるにあたり困難な問題に直面するだろうとしつつも，イギリス政府と BAC による共同事業に関心を示し，本件に関し更なる検討を進めるべきである，と語った[59]．しかしイギリス政府内には，補助金を拠出する案に対する反対意見が強かった[60]．たとえば，英財務省は，安易な補助金拠出に懐疑的であった．BAC は，生産ラインを再開するのに必要な経費が4000万ポンドから4200万ポンドかかるとの見通しを示唆しており[61]，更に VC-10 機は上述のように元々大量生産されていたわけではなかったので，一機体が製造されるコストは大量生産がされていたボーイング707型と比較して高いとされていた．英財務省としては，政府がこの膨大な金額の多くを負担するほど，政府財政に余裕がないとしていた．更に英航空船舶相のマイケル・ヘーゼルタイン（Michael Ray Dibdin Heseltine）は，仮に特定の企業に対して補助金を付与することがあれば，関税及び貿易に関する一般協定（GATT: General Agreement on Tariffs and Trade）に係る原則及び義務に矛盾する可能性[62]に抵触し，自由貿易原則をないがしろにしてしまうため，同案に反対した[63]．

　そこで，補助金に依存することなく製造コストをいかに削減すべきか，という問題の打開策が BAC 内で練られた．その結果として考案されたのが，中国国内での航空機の生産であった．同社は，中国国内で VC-10 機が生産されれば，人件費などの製造コストや機体の値段も大幅に縮減できると考えた．また，VC-10 機がボーイング707型よりも高価であることから，中国側に対して航空機の現地生産ができるという魅力的なインセンティブを与えることによって中国とのビジネスを有利に進め，ボーイング社との競争に競り勝とうと考えていた．魅力的なインセンティブとはすなわち，中国に対して現地生産が中国の雇用を創出すると同時に，航空機技術の対中移転を促進させ，更には中国の航空機技術能力の向上にも繋げるということを示している．

Second World War (London: HarperCollins, 1999), p. 317. 邦訳書においては，ジェフリー・オーウェン（和田一夫訳）『帝国からヨーロッパへ──戦後イギリス産業の没落と再生』名古屋大学出版会，2004年，262頁．

[59] Crompton to Johnstone, 4 October 1972, FCO69/308, TNA.
[60] Cromption to Clark, Hervey, Wilford and Logan, 19 October 1972, FCO69/308, TNA, p. 1.
[61] Cromption to Hervey and Logan, 26 September 1972, FCO69/308, TNA, p. 1.
[62] D le B Jones to Christie, 17 November 1972, FCO21/1002, TNA.
[63] Draft Minute from the Minister for Aerospace and Shipping to Secretary of State for Foreign and Commonwealth Affairs, 17 October 1972, FCO38/308, TNA.

1972年9月29日，BAC副社長のタトル卿は，中国側窓口であるMACHIMEXに対し，VC-10機を中国国内で生産するといった，現地生産案を提示した．翌月12日にロンドン英国美術院で開かれたロイル外務政務次官と宋之光駐英中国大使の昼食会では，宋之光大使は，イギリスで製造された20機のVC-10機を先行的に購入し，その後，BACが中国国内で同機10機を製造するための支援を行うという案はいかがであろうか，という提案を行ってきた．宋之光大使は，ボーイング707型のほうが低価格であるという理由により，中国が同機を10機分購入するという決定を下したことを認めた[64]．しかし，同大使は，「価格は確かに重要であるが，他方で中国が重要視する考えは，政治的なものである[65]」と明らかにした．つまり，中国にとって，ボーイング707型に支払った価格とVC-10機購入に伴うコストの比較はさることながら，政治的な意図を重視している，ということであった．

　それでは，中国がこれほどVC-10機の現地生産に積極的な反応を示したのはなぜか．宋之光大使が示唆した「政治的」という言葉にそのヒントが隠されていよう．つまり，英外務省の分析によれば，中国がイギリス製航空機技術の導入を模索する一方で，アメリカやソ連という超大国を主要な供給源としてとらえてはいない[66]，としている．そして，米ソ超大国の技術的依存や政治的影響力を排除しながら，ヨーロッパの中でも高度の航空機技術を有するイギリスの力を借りることによって，中国独自の航空機製造能力を発展させようと意図していたからである[67]．確かに，中国はソ連との国境紛争を抱えていただけでなく，ソ連による技術支援の中止[68]という苦い過去の記憶があり，ソ連に対して不信感を有していた．また，当時の米中関係を見ても，たとえ1972年2月のニクソン訪中の際に米中和解を象徴する「上海コミュニケ」が発表されたとはいえ，アメリカに対する中国の疑念が完全に晴れたわけではなかった．事実，アディス大使が，周恩来と行った会談の中で，以下のように述べている．

---

[64] Royle to Heseltine, 13 October 1972, FCO21 / 1002, TNA.
[65] *Ibid*.
[66] Draft Brief from Gahan to Abbotts, 4 January 1973, FCO21 / 1124, TNA, p. 1.
[67] *Ibid*., p. 1; Draft Minute from the Minister for Aerospace and Shipping to Secretary of State for Foreign and Commonwealth Affairs, 17 October 1972, FCO38 / 308, TNA.
[68] 毛里和子「科学技術と中国外交」日本国際政治学会（編）『国際政治』第83号，1986年，94頁．坂本直道『中ソ国境紛争の背景』鹿島研究所出版会，1970年，208-212頁を参照．「ロケットと航空機など新技術援助協定」を含む中ソ協力協定（国防新技術協定）の中止や1万800名ものソ連人工業顧問と経済専門家の引き上げなどが挙げられよう．

「ソ連に対する中国の強い猜疑心は，明確なものである．また，中国は，明らかにアメリカがベトナムで行おうとしていることにも疑念を有している」[69]．

このように，中国が，米ソという２大超大国に対する不安や疑念を有していたことがわかる．すなわち中国は，アメリカへの過度な技術的依存は回避すべきである，と考えていた．中国は，短期的視野から，軍用機のハリアー機導入を通じて対ソ国境紛争に対処する一方で，長期的視野から，VC-10機の現地生産を通じてイギリスから航空機技術を導入し，米ソ超大国の影響を排した形で，自国の航空機製造技術を発展させることを目論んでいたのである．周恩来は，アディス大使に対してVC-10機の導入に関心を寄せ，これを機に英中間で航空協定を締結することによって，イギリス領香港に中国政府代表部を設置し，中国・香港間のコミュニケーションの改善を行いたい，との意向を示した[70]．換言するならば，宋之光大使が示唆する航空機購入をめぐる「政治的」要素とは，すなわち，①米ソ超大国への技術的依存や政治的影響力の回避，②西側の技術の導入，③英中関係の更なる改善及び大陸側と英領香港間の関係拡大という意図を示すものであるということがわかる．

　11月になると，現地生産案が有力案としてイギリス政府内で本格的に議論されるにつれ，補助金案が立ち消えになりつつあったが，BACは補助金案の実現をあきらめたわけではなかった．11月8日，BAC社長のジョージ・エドワーズ卿（Sir George Robert Freeman Edwards）[71]は再度，ピーター・キャリン

---

[69] Addis to FCO, 2 November 1972, FCO21/1/2, TNA.
[70] *Ibid.* この文書によると，周恩来は，中国政府がイギリス領香港に対して突然に行動をとらないことを，アディス大使に約束している．
[71] エドワーズ卿は，イギリス政府に対してVC-10機の対中輸出の実現に向け，引き続き説得を行うことを模索していた．彼は，キャリントン国防相に対し，一度，VC-10機の生産ラインが再開されれば，同機の売却の見通しは明るいであろうと語っている．その論拠として，彼は，イギリス空軍が，VC-10機を購入し，輸送機として使用するであろうという国防省やイギリス空軍関係者筋の情報を明らかにした．また，彼は最近開発されたRB211エンジンを新たに装荷したVC-10機はノイズの静かな航空機に改善され，その結果，ブリティッシュユーロピアン航空（British European Airways）がRB211搭載のVC-10機の購入に関心をもつであろうと強調した．ヒューム外相は，英空軍がすでに輸送機として保有するVC-10機は，6，7年後に更新される必要があるであろうが，現時点でイギリス空軍がVC-10機を新たに発注するかは疑問であると伝えた．しかし，キャリントン国防相によれば，イギリス空軍は，経済性を重視しており，また戦術的な投下能力を行うことのできる重量のある軍事物資を運搬する正しい装備に欠けるVC-10機を必要とはしていない，

トン (Lord Peter Carrington) 国防相に対して，生産ライン再開のための補助金を要請した．エドワーズ卿は，仮に生産ラインの再開を行う際，およそ4000万以上ポンドのコストがかかり，更に500万ポンド以上ものユニット・コストが追加されるとする見積もりを示唆した（したがって，合計約4500万ポンド以上のコストが予想された）．しかし，彼はボーイング707型のコストが4025万ポンドであり，中国がVC-10機購入のために余計に500万ポンド以上のコストを支払う用意はないだろう，と語った[72]．したがって，ボーイング707型の値段に対抗し，VC-10機の対中輸出を達成させるにはイギリス政府の補助金が必要であると説明し，キャリントン国防相に対して政府予算からの拠出を求めた．キャリントン国防相は，こうしたエドワーズ卿の求めに対して，ヒューム外相と相談して決めたい，と答えた．

政府補助金案の求めに対するヒュームの対応はどのようなものだったか．ヒューム外相は，補助金案に関しては非現実的ではないと考えていたため，注目に値する案として受け止めなかった．当時のヒース政権は公共支出削減を進めつつも，上述したとおり破綻したロウルズ－ロイス社への国費投入を行った中で[73]，更なる国費の投入は現実的な判断とはなりえなかったことが，補助金案に対するヒュームの否定的意見の背景として挙げられる．

したがってこうした政府内の事情については，キャリントン自身も理解せざるを得なかった．結局，補助金案はイギリス政府内で幅広い合意が形成されることなく立ち消えになり，その一方で，中国国内での現地生産案が有力な提案としてイギリス政府内において議論されることになった．

3．VC-10機に関する英政府内での検討

VC-10機の現地生産案が，英政府内で本格的に検討されることになったが，英国防・貿易産業・外務省の関係3省庁の見解はいかなるものだったのか．国防省及び貿易産業省は，VC-10機の現地生産の可能性に関し，航空機部品の対

と明らかにした．Acland to Andrew, 8 November 1972, FCO21/1002; 17 November 1972, FCO21/1002; Douglas-Home to Heseltine, 16 November 1972, FCO21/1002; Carrington to Douglas-Home, 21 November 1972, FCO21/1002, TNA.

[72] Andrew to Royle, 8 November 1972, FCO69/308, TNA.

[73] 坂出健『イギリス航空機産業と「帝国の終焉」――軍事産業基盤と英米生産提携』有斐閣，2010年，255-256頁．

中輸出にとどまらず航空機の現地生産には，ココム規制という大きな課題に直面すると指摘した．両省は，基本的には完成された形で民間航空機が直接イギリスから中国へ輸出される場合にココム規制に抵触しない一方で，仮に，現地生産案を実現するとなれば航空機機器や部品が個別に輸出されることになるだけでなく，必要不可欠な一部の機器や部品が中国国内で製造されることも含むものであり，ココム規制上問題があると判断した．

もっとも，貿易産業省は，この現地生産案がココム規制に抵触することを知りつつも，莫大な経済的利益を優先する立場を取っていた．貿易産業省のある高官は，こうした懸念を認識しつつも，現地生産に必要な組立及び生産ラインは，中国国内産業における技術的能力を急激に高めるものではないと発言し[74]，戦略上はほとんど問題はないとの見解を示した．また貿易産業省は，経済的視点から中国の航空機市場へのアクセスを確保することを通じて，イギリス国内の航空機製造産業を活性化させるというメリットを見出していた．更に，同省はアメリカとの航空機産業の競争という面からも，VC-10機の現地生産案が非常に好ましいと考えていた．

他方，英国防省は当初，経済的利益を優先すべきという貿易産業省の主張に押され気味であった．国防省国防情報部は，VC-10機が中国で生産されるならば，生産開始までに短くとも5年はかかり，おびただしい経済的利益という観点から考えれば，中国での組立ラインのセットアップに反対しなかった．なぜならばVC-10機の対中輸出計画に係る案件は，明らかに戦略的問題をはらんでいた軍用機であるハリアー機の案件とは異なるとの立場をとった[75]．ただし国防省は，戦略的視野が考慮されるべきとして以下の見解を伝えている．

「中国は，近代的かつ高性能な長距離ジェット航空機を獲得することにより，戦略的な空輸能力を改善させるであろう．すなわち，20機のトライデント機，10機のボーイング機，30機のVC-10機を所有することによって，中国は同国内のほとんどの地域に，部隊を迅速展開することができるよう

---

[74] "Implication of Providing Civil Aircraft Manufacturing Capability," Written by Haynes, 23 November 1972, FCO69/308, TNA, pp. 2-3.
[75] "DIS Contribution to DTI Paper on VC-10s for China," Note by the Defence Intelligence Staff, the Ministry of Defence, 24 November 1972, FCO69/308, TNA, p. 1. 国防省は，厳しい不況の中にある国内産業を活性化させるべきとの貿易産業省による有力な主張を考慮せざるを得なかった．

な長距離空輸能力をはじめて有することができ，（中略）これにより，中国の重要な弱点を埋めることができる.」[76]

国防省は，VC-10機の対中輸出に一定の理解を示唆する一方で，民間航空機の対中売却が将来的に中国の軍事的輸送能力を高める可能性を懸念した.

外務省内では，VC-10機の対中輸出をめぐる見解は，真二つに割れていた. ロイル外務政務次官は，ココム規制という困難を乗り越えることができる，としてVC-10機の現地生産計画に積極的な見解を示していた[77]. ロイル次官は，外交関係を樹立している国家との通商を進めるべきであるというプラグマティックなイギリス外交の視点から，この問題をとらえていた. すなわち，ロイル次官は，VC-10機の現地生産を通じて中国との通商を拡大するべきと考えた. その一方で，外務省貿易政策部は，現地生産案に消極的な見解を示唆した[78]. 1972年11月27日，外務省貿易政策部が作成し貿易産業省及び国防省に送付した文書は，ココムの基本的原則に矛盾する政策を進める場合，イギリス政府として賛成できないと述べている. つまり，ココムという西側の多国間枠組を軽視するような措置に踏み込めば[79]，アメリカのみならず西ヨーロッパ諸国の多くが参加するココム参加国からの反発を招く危険性があるので回避すべきであること，また中国はイギリス及び西側諸国にとって安全保障上の潜在的脅威であるので，優先すべきはアメリカ及び西側同盟諸国との協調である，というのが外務省貿易政策部の主張であった. また，外務省極東部は，朝鮮半島への影響という異なる観点から，VC-10機の対中輸出は慎重に検討すべきと主張した. 外務省極東部一等書記官のロジャーズ・ハーヴェイ（Rogers Hervey）は，貿易産業省に対し，VC-10機が中国経由で北朝鮮に輸出される可能性もあることを進言している. ハーヴェイ書記官は，VC-10機が中国に輸出された場合，韓国の反発を招く可能性があるとして，以下のように語っている.

「もしVC-10機が中国に売却されれば，韓国が（BACを含む）企業だけで

---

[76] *Ibid.*, p. 2. 括弧部引用者.
[77] Wright to Simmons, 17 November 1972, FCO69/308, TNA.
[78] "Supply of VC-10s to China, COCOM Political Aspects," Note by Trade Policy Department, Foreign and Commonwealth Office, 27 November 1972, FCO69/308, TNA.
[79] この場合，航空機の現地生産を指す.

なく，韓国国内におけるその他の英企業の活動に対し，差別措置を実施するという厳しい対応を取るであろう．韓国は，VC-10機の対中輸出が戦略上，あまり重要ではないという意見によって説得されることはない．1971年のイギリスの対韓国輸出は2200万ポンドであり，対北朝鮮輸出は33万3000ポンド相当である．したがって，パンのどちらの側にバターを塗ればよいかは明らかである」[80].

前述のとおり，英外務省内部では，VC-10機の対中売却計画をめぐり，積極派と慎重派の間で意見の相違が生じていたことがわかる．イギリス政府高官は，VC-10機の対中輸出計画は中国国内での生産の可能性をはらんでいたため，イギリス航空機製造産業にとっては大きな機会であるととらえていたが，同時に政治的・戦略的なリスクがかなり大きいことも認識していた[81]．この外務省内部の意見の相違を乗り越えるための新たな提案が，外務省貿易政策部から示されることになる．

4．外務省貿易政策部の提案

外務省貿易政策部は，外務省内における意見の相違を解消するため，新たな妥協案[82]，すなわち，中国での航空機の組み立て（local assembly）を提示した．この提案は，航空機10機分の中国国内での組み立てのための航空機部品をイギリス国内で製造し，これらの部品を中国に輸出して現地で組み立てる作業を，航空機部品を中国で製造することを含む「現地製造（local manufacture）」と意図的に区別して認可するという考えである[83]．

この提案には，イギリス政府がココム参加国に対して「現地での組み立てであれば，（航空機）部品の製造は中国国内で行われないから戦略上，問題がない」という主張を展開することによって，ココム参加国などからの非難を交わ

---

[80] Hervey to Treble, 7 December 1972, FCO21 / 1002, TNA. この意見に対して，貿易産業省は，対韓国貿易を危険にさらす余裕はイギリス政府にないとして，ハーヴェイの主張を受け入れた．Hervey to Wilford, 8 December 1972, FCO21 / 1002, TNA を参照されたい．
[81] Heseltine to Douglas-Home, 21 November 1972, FCO21 / 1002, TNA.
[82] *Ibid.*
[83] なお，外務省貿易政策部の文書では，現地組み立て（local asembly）と現地製造（local manufacture）の具体的区別に関しては何ら示されていない点に注意する必要がある．

す狙いがあった．現地製造に伴う部品製造の導入は，航空機製造技術能力を高めるうえでの重要な鍵であるが，現地での組み立てのみに限定し，部品製造は行わないことにしてしまえば，航空機製造技術の向上に一定の制限を加えることが可能だからである．

更に，外務省貿易政策部には，現地組み立てと現地製造の区別の境界線を曖昧にすることによって，現地組み立てがココムで承認された後で将来的に現地製造を行う余地を残そうとした．外務省貿易政策部のシモンズは，在仏イギリス大使館一等書記官のロバート・アルストン（Robert Alston）に対し，現地組み立て案は，今後，現地製造を実現するうえで重要なステップであると伝えている[84]．シモンズ部長を中心とする外務省貿易政策部は，現地製造に含みをもたせることによって，ロイル外務政務次官などの外務省内の積極推進派と妥協しようと考えた．何よりも，外務省はこの妥協案を通じて，国防・貿易産業両省の合意を確保しつつ，中国が航空機製造技術を発展させる速度を遅らせ，アメリカを中心とする西側諸国の懸念を払拭しようと考えた．

5．対米関係重視というイギリスの立場の一本化へ

以上関係3省庁の見解を踏まえ，1972年12月6日，防衛対外政策公式委員会が行われ，VC-10機の対中輸出問題について話し合われた．先に行われた同委員会では，外交上・安全保障上のリスクが最大限考慮に入れられ，ハリアー機の対中輸出が困難であると結論づけられたことは先述した．しかし，この日の防衛対外政策公式委員会では，民間機であるVC-10機の対中輸出の実現可能性に関しては，政治的・戦略的観点にかんがみれば，軍用機であるハリアー機ほど困難ではないと結論づけられた．ただし，VC-10機の対中輸出の事例に関しても，ハリアー機の事例と同様に外交上・安全保障上のリスクが重視された．VC-10機の現地生産案をめぐる省庁内に存在した意見の相違を克服した外務省や，貿易産業省の見解に一定の理解を示していた英国防省が，VC-10機の対中輸出の外交上・安全保障上のリスクを真剣に考慮するようになったのである．

こうした検討が行われた結果，防衛対外政策公式委員会は，完成されたVC-10機の直接的売却と現地組み立てを含むパッケージとして本件を取り扱うこと

---

[84] Simmons to Alston, 25 January 1973, FCO69 / 413, TNA.

を決定した．同委員会は，政治的観点からVC-10機の現地製造を認めることは，西ヨーロッパ諸国や日本の反対に直面することにより，この案がココムで認可されることは困難であるばかりか，ソ連やインドとの関係に悪影響を及ぼす可能性があると予測した[85]．軍用機のハリアー機ほどではないものの，ソ連がイギリスに対して何らかの制裁を行う可能性，また，インドがソ連への接近を図るという可能性も考慮に入れられた．

　第二に，防衛対外政策公式委員会は，仮に現地製造が中国で実現される場合，実際の製造が開始されるまでに少なくとも5年はかかるが，中国が，VC-10機の現地製造によって，1980年代初頭までに，自前の航空機製造産業を保有する道を切り開くであろうと予測した[86]．同委員会は，もっとも現地製造案は戦略的視点から不適切であるので，中国の航空機製造技術の発展を少しでも遅らせるため，現地製造を排除する形で完成機の売却と中国国内での航空機組み立てと合わせたパッケージ案を進めることが適切と判断した．したがって同委員会は，イギリス政府が，BAC社に対し，完成機の対中輸出に必要な承認を与えるべきであり，中国国内でのVC-10機の組み立てに関しココム参加国の合意を確保すべきである，と提言した．

　第三に，防衛対外政策公式委員会において，VC-10機の現地製造に係る計画については，イギリス政府がアメリカ政府との交渉を行い，英米間の合意へ向けて努力すべきとの統一見解にまとめられた[87]．つまり，ココムの場においてVC-10機の現地製造案に関する合意を確保することが困難である中で，まずは対米交渉を通じてアメリカの同意を確保する必要がある，ということである．特に，同委員会は，VC-10機の現地製造に関し，ニクソンやキッシンジャーなどの米政権高官の合意が確保できなければ，米国防総省が激しく反発することを予測していたのである[88]．

　防衛対外政策公式委員会は，イギリスが目先の経済的利益のために，西側の潜在的敵国である中国の航空機製造技術の発展に加担することが，イギリスや他の西側諸国の国益に反すること，また，西側諸国の防衛責任を担うアメリカ

---

[85] "Defence and Overseas Policy (Official) Committee, Aircraft Sale to China," 11 December 1972, FCO69/309, TNA, pp. 17-20.
[86] *Ibid.*, p. 17.
[87] *Ibid.*, p. 4 and pp. 17-18.
[88] Draft Brief from Gahan to Abbotts, 4 January 1973, FCO21/1124, TNA, p. 1.

のVC-10機の対中輸出に関する合意を確保することが最も重要であるという最終的な判断を下した．ヒース政権は，防衛対外政策公式委員会によるこの報告書の提出を受けて，VC-10機の完成機の売却と中国国内での組み立てに係る提案の承認を決定した．このイギリス政府による決定はまもなく，貿易産業省を通じてBACに伝えられた[89]．そして，VC-10機の現地組み立てに係る案は，ココムでの事前承認が必要であったが[90]，イギリス政府は，ココム内部においてもアメリカの同意を得ることの重要性を認識しており[91]．アメリカの同意を得られない見通しであれば，VC-10機の対中輸出の案件をココムに提起しない方針をとった[92]．つまり，イギリスは，対米関係を優先させつつ，VC-10機の対中売却を静かに実現させようと企図するようになった．次に，VC-10機をめぐる対米交渉に触れる．

6．英米交渉と曖昧な態度を取るアメリカ

英外務省は，英米首脳会談が行われるのに先立ち，先述した一連の防衛対外政策公式委員会の結論を踏まえつつ，1973年1月17日に作成したメモランダムにて，以下の指針を示した．

① VC-10機のパッケージ案に関し，アメリカの合意を得ること
② パッケージ案に対するアメリカの反応が好意的であるならば，同機の現地製造案も提起してみること
③ 更にこれらの案が損なわれることがないと確信すれば，アメリカ側に対し，ハリアー機の対中輸出も提起すること[93]

---

[89] Gahan to Archer, 21 December 1972, FCO21/1002, TNA. イギリス政府は，VC-10機の直接的売却と中国での現地組み立てをめぐり，BACと中国側との間の合意を支援すると伝えた．しかし，この時点においても，イギリス政府内の中でVC-10機をめぐって認識の差は埋まることはなかった．貿易産業省は，VC-10機の現地組み立て案のココムでの承認は可能であろうとしている．しかし，VC-10機の中国国内での製造は，ココムでもしかり，アメリカによる同意を得ることが困難であると考えた．一方，外務省極東部長のエヴァンスは，VC-10機の現地組み立て案でさえもが困難との見通しを示した．Note of a Meeting held in Mr.Jone's Office on 19 December 1972, undated, FCO21/1002; Evans to Morgan, 22 December 1972, FCO21/1002, TNAを参照されたい．

[90] Simmons to Rose, 21 December 1972, FCO21/1002, TNA.

[91] Draft Brief from Gahan to Abbotts, 4 January 1973, FCO21/1124, TNA, p. 1.

[92] D le B Jones to Rose, 15 January 1973, FCO21/1124, TNA, p. 3.

また，外務省は，ニクソン大統領などの米政権高官が，米国防総省を中心にココム規制の緩和に消極的な米官僚機構に対して，イギリスによる一連の航空機対中売却計画[94]を前進させるために影響力を行使することにより，アメリカ政府が本件に関し，ココムで同意を示すことを望んだ[95]．

　ヒース首相は，1973年1月30日から2月3日の訪米中，キャンプ・デービットにおいて2月2日の英米首脳会談に臨んだ．ヒース首相はニクソン大統領に対して，VC-10機を中国国内で組み立てを行うことに限定する案とVC-10機の部品の製造を含むような現地製造案の2案件を提起した．ヒース首相は，VC-10機の案件に関し，ココムの場で米政府が賛成することを望むと述べた．しかし，キッシンジャーは，一連の航空機対中輸出の件に関してアメリカ行政府の中で意見が割れていると答えて曖昧な態度をとり，明確な返答を回避した[96]．なぜ，キッシンジャーが本件に関し曖昧な態度をとったのかについて，開示されている史料からは明らかにすることはできない．しかし，少なくとも，キッシンジャーが，VC-10機の対中輸出を認めることが，アメリカに有利な形で三角外交を進めるうえで，何らメリットを見出すことができなかったのかもしれない．VC-10機は，あくまで民間航空機であり，アメリカ政府として，同機が中国国内で製造されることを認めたとしても，明確な形でアメリカ側にとって，どのようなメリットがあり得るのかを，キッシンジャー自身が見出すことができなかった可能性はある．

　こうしたキッシンジャーの曖昧な反応に対して，イギリスは，アメリカの肯定的な返答を得ることなくVC-10機の現地製造の承認という単独行動に出ることを控え，アメリカとの政治的関係に極力配慮することを選んだ．そして，イギリス政府は，直接的売却と現地組み立てというパッケージ案の実現というわずかな望みをもってVC-10機の対中輸出をめぐる対中交渉を引き延ばすことを選択した．イギリスがパッケージ案に固執した理由は，以下のように考えられる．イギリス政府及びBACが，中国の航空市場を効果的に確保し，アメリカ

---

[93] "Talks between the Prime Minister and the President of the United States on 1 and 2 February 1973 - Sale of Aircraft to China," Brief by Foreign and Commonwealth Office, 17 January 1973, FCO82/293, TNA, p. 1.
[94] VC-10機のみならず，ハリアー機やコンコルド機の対中輸出も含まれる．
[95] Simmons to Overton, 12 January 1973, FCO21/1124, TNA.
[96] "Record of Discussion at Camp David on Friday 2 February 1973 at 4.00 pm," 4 February 1973, PREM15/1949, TNA. この史料を確認する限りでは，ニクソンは，本件について何も発言しなかったようである．

企業との貿易競争に勝つうえで，パッケージ案のみが有効であると考えたこと，またVC-10機の製造コストを削減するにも，パッケージ案の実現は必要不可欠であると考えたからであろう．

7．対米交渉後のイギリスの対応と挫折

　1973年3月，ピーター・ウォーカー（Peter Walker）英貿易産業相が作成したメモランダムによれば，西側陣営に接近する中国が，西側からの航空機技術の導入に向けて積極的姿勢をみせはじめていることに言及している．

> 「中国は，ロシアが航空技術支援を中国から撤退させたことによって，この数十年にわたり，はなはだしい障害を抱えてきた．中国は今，西側の方向へ向き，中国の協力的パートナーとしてイギリスに好意的な態度を取ってきているようである．米中関係は急速に改善し，米中和解が近年のキッシンジャー訪中によって更に前進されるであろう（中略）．
> 中国が航空製造産業の技術力を強化しようとする中，限定的な航空機の購入に続き，あるいは，それに代わって中国国内での航空機生産を将来的に見据えていることが明らかになってきた」[97]．

中国は，1966年からの文化大革命による国内経済と産業の停滞，対外的には中ソ間の国境紛争などの対立を抱えており，1970年前後を境に国際的孤立を回避すると同時にソ連を牽制するために，アメリカをはじめとする西側諸国との関係改善を模索するようになった．したがって貿易産業省は，中国が西側諸国との関係改善や貿易拡大を契機に西側からの最新技術の移転を追求していることを認識していた．また同省は，中国が西側の技術を導入して将来的に航空機を自国生産することに積極的であることも充分知っていた．このような背景から貿易産業省は，VC-10機の現地組み立てと現地製造の実現に自信を深めていた．
　しかし，1973年1月15日，白相国・中国対外貿易部部長は，ウォーカー英貿易産業相に対し，中国政府として，航空機及び航空機エンジンの中国国内での

---

[97] Memorandum by Peter Walker, "Aircraft Sales to China, Brief for Secretary of State for Trade and Industry's Visit to China and the Peking Fair," 14 March 1973, FCO69/414, TNA, pp. 1-2. 括弧部引用者．

製造こそに関心を有していると述べた．すなわち，たとえ中国政府が VC-10 機完成機の売却及び現地組み立てを併せたパッケージ提案を受け入れたとしても，中国国内における航空機製造が実現しなければ，中国にとって極めて不十分なものであると明確にした．これを受け，ウォーカー貿易産業相はヒース首相宛書簡の中で，中国政府が VC-10 機のパッケージ案に反対する理由を示唆している．ウォーカー貿易産業相は，中国側が，たとえ VC-10 機がボーイング 707 型より高価であったとしても，VC-10 機の現地製造案に並々ならぬ魅力を感じていたとされていた[98]．しかし，現地製造案の実現が望み薄であることを知った中国は，VC-10 機を値段が高いだけで魅力に欠ける航空機とみなすようになり，パッケージ案を一切受け入れない見通しであった[99]．貿易産業省は，こうした中国の反応により，VC-10 機の対中輸出の見通しをより困難と考えるようになった．

一方，BAC は，ボーイング社製造の航空機に対抗するためには，VC-10 機に係る中国国内の現地製造案を実現させるしかない旨，現地製造案の不支持を決定したイギリス政府に対して再三強調していた[100]．ただし，BAC の現地製造案実現という願望は，アメリカと他の西側諸国への配慮というイギリス政府の選択によって挫折に追い込まれることになった．1973 年 4 月から 6 月にかけて，VC-10 機をめぐる英中両国間の協議は停滞した．というよりはむしろ，イギリス政府が協議を停滞させていた．なぜならば，イギリスは前述のとおり，アメリカ政府の同意を取り付けるまで，VC-10 機現地製造案の実現へと駒を進めることを躊躇したからである．これは，アメリカ政府の同意が VC-10 機の現地製造案計画を実現するうえでの前提である，というイギリス政府の認識を反映した行動であった．

1973 年 7 月上旬に入ると，中国側は，現地製造計画を停滞させているイギリスの態度に対してしびれをきらし，在英中国大使館がイギリス側に VC-10 機をめぐる交渉の 9 月までの延期を申し入れてきた[101]．中国は，イギリス側の事情により中国国内における現地製造案が推進されないことを確認すると，この計

---

[98] 1973 年 1 月の時点において，すでに米ボーイング社は，425 万ポンド規模の合計コストによって，10 機のボーイング 707 型の契約を中国と締結していた．Draft Brief from Gahan to Abbotts, 4 January 1973, FCO21/1124, TNA, p. 1 を参照されたい．
[99] Walker to Heath, 17 March 1973, FCO69/414. TNA, p. 1.
[100] *Ibid.*, p. 1.
[101] Department of Trade and Industry to Peking, 13 July 1973, FCO69/414, TNA.

画に対する不信感を増幅させ，結局 VC-10 機をめぐる英中間の協議は事実上中断し，VC-10 機の対中輸出計画は，頓挫することとなった．

第4節　まとめ

　イギリスが航空機の対中輸出を推進しようとした理由は，3点に集約される．第一に，イギリス国内の航空機産業の商業的利益を促進する意図があったこと．第二に，中国の航空機市場へのアクセスを確保し，アメリカとの産業競争を有利に展開するもくろみがあったこと．第三に，イギリス，とりわけ英貿易産業省がヨーロッパの航空機産業市場において優位に立とうと考えていた．したがって，航空機の対中売却計画は，貿易のパートナーという対中認識に基づいて，莫大な経済的利益を追求する貿易産業省に強く支持されるものであった．ハリアー機とVC-10機の対中輸出案が提起された当初は，良好な対中関係をベースに，両案の実現による経済的利益を追求する声がイギリス政府内で高まっていた．ハリアー機の事例では，HSAの強い働きかけにより，貿易産業省は，200機ものハリアー機の対中輸出によって得られる莫大な経済的利益を期待した．VC-10機の事例においては，貿易産業省はもちろん，外務省高官の一部が経済的利益の追求に熱心であり，当初は国防省もこれに一定の理解を示していた．

　しかしながら，ハリアー機及びVC-10機の対中売却計画は，イギリス政府内における審議の過程で，外交・安全保障上のリスクがより真剣に考慮に入れられるにつれて，単に英中2国間関係の問題ではなく，他の西側諸国のみならずイギリス領香港，台湾，インド，ソ連などといった周辺地域・国との関係に影響を及ぼすほど，複雑なものであると認識されるようになった．そして何よりも，イギリスは対米関係を最も重視しなければならなかった．なぜならば，アメリカはイギリスにとって政治的・軍事的に重要な同盟国であり，技術開発協力，軍事情報の交流，あらゆる産業における経済協力など，様々なネットワークが英米両国間で構築されていた．したがって，イギリスはハリアー機のような軍用機の対中輸出の実行によって，ココム加盟国の反発のみならず，バトル法に基づくアメリカによる報復措置を招き，アメリカから最も多くのものを失うと予測した．このような予測から，イギリスは，ハリアー機の対中輸出によって得られる経済的利益よりも，外交・安全保障上のコストのほうがはるかに大きいと判断した．

VC-10機の事例では，軍用機であるハリアー機のそれと比して，外交・安全保障上のリスクは低かった．しかし，VC-10機の対中輸出計画には，中国の航空技術の向上を可能にする現地生産案が含まれていた．イギリスは，現地生産から現地組み立て作業を分離させ，直接的売却と現地組み立てのパッケージ案の推進を通じて，外交・安全保障のコストを最小限に止めつつ，経済的利益の確保をもくろんだ．しかし，イギリスはVC-10機の現地製造案のみならずパッケージ案に関するアメリカの合意確保の失敗に直面したことから，経済的利益の確保という目標に暗雲が立ち込めた．イギリスは，この状況下においてアメリカの合意なしにパッケージ案を実現させる政治的コストの重大さを認識した．その結果，対中交渉の延期を決定することによって政治的コストを回避しようとした．

　本章では，ハリアー機とVC-10機という二つの航空機の対中売却計画をめぐるイギリスの政策決定過程を考察したが，次の2点の知見を見出すことができよう．第一に，イギリス政府が，目先の経済的利益の追求よりも，政治的・戦略的な視点を重視し，西側の潜在的敵国であると再認識するにつれて，周辺諸国や西側同盟国に配慮すること，特にアメリカに最大限配慮することがイギリスの国益に適うと認識した，という点である．

　第二に，イギリス政府が対米協調を選択したことは，ロウルズ－ロイス社製の軍事用スペイ・航空機ジェットエンジンの対中売却計画の実現への足がかりになる．イギリスは，ハリアー機及びVC-10機の対中輸出計画に関し，対米関係を優先させる決定を行ったことによって，引き続き，その後の航空機エンジンの対中輸出計画においても対米関係を優先させる姿勢を維持し，キッシンジャーの外交手法と一致させる形でこのエンジンの対中輸出を実現することとなった．詳細については，次章にて説明する．

第4章

中国をめぐる英米関係　1973-1975年
――イギリスによる軍事用スペイ・エンジンの対中輸出を通じて――

第 1 節　はじめに

　ニクソン米政権が対中貿易統制の緩和を決定していったことは前述したとおりである．このようなアメリカの対中接近の動きを強く後押ししたのは，無論，1971年 7 月，キッシンジャー大統領補佐官の極秘訪中，翌年 2 月のニクソン大統領による中国訪問，及び「上海コミュニケ」の発表であった．こうした米中接近を象徴するかのように，1970年代初頭の民生分野における米中間貿易が拡大傾向をみせた[1]．不況に悩むイギリスの航空機製造産業も，米中接近への動きを敏感に感じ取り，中国市場へのアクセスを模索していたが，その過程でトライデント機の対中輸出，ハリアー機の対中輸出，VC-10機の売却及び現地生産などが相次いで計画され，ハリアー機及びVC-10機の対中輸出が頓挫に追い込まれたことを前章で説明した．

　こうした中，1975年12月，英ロウルズ－ロイス社は，Spey 202として知られる軍事用スペイ・エンジン（以下，スペイ）の対中輸出に中国側と合意した．序章でも触れたとおり，中国が西側陣営から軍事関連技術を購入することが許された最初の事例である[2]．これが実現するうえで，アメリカが果たした役割が決定的であったという点は重要である．その後のフォード政権は，アメリカとその同盟国の承認を求めることなしにこの取引をイギリスに許可した．第 1 章で前述したが，スペイの対中輸出は，ヒース英首相が自らの回顧録の中で，イギリスにとって「重要な貿易事業となりえるもののはじまり[3]」であったと自賛したほど，経済的な重要性を帯びていた．

　スペイの対中輸出は，経済的重要性のみならず，戦略的な重要性を帯びていたといえよう．東西間の民生貿易の拡大は，軍事分野における東西間の協力ま

---

[1] Address by the Honorable William J. Casey, Under Secretary of State for Economic Affairs, before the US-China Business Council, "Trade as a Factor in Improving United States-PRC Relations," 31 May 1973, RG59-250-D-17-07, A1/Entry 5027, Box no. 328, NARA, p. 2.　アジア経済研究所統計部『OECD諸国の対中国貿易　1970-1977』アジア経済研究所，1979年．
[2] James Mann, *About Face: A History of America's Curious Relationship with China, from Nixon to Clinton* (New York : Vintage Books, 2000), pp. 74-75.
[3] Edward Heath, *The Course of My Life: My Autobiography* (London: Hodder&Stoughton, 1998), p. 494.

で踏み込んだものではなかったので，スペイのような軍事品目の対中輸出は，当時の時代認識からしてアメリカにとって認められるべきものではなかった．事実，米国務省やココム米政府代表がココムを盾に反対表明をイギリス政府に対して公式に伝えていた．しかしながら実際には，スペイの対中輸出が実現したのである．

　本章では，米国務省やココムのアメリカ政府代表の反対声明にもかかわらず，イギリス政府があえてスペイの対中輸出を推進したのはなぜか，またそれが実現可能となったのはなぜか，という質問に答える．

　また本章は，キッシンジャーが，対外的にイギリスとの秘密外交を進めることを通じて，スペイの輸出を非公式に許可した事実を明らかにする．また，イギリス政府が中国における自国の利害がアメリカに依存している事実を逆手に取り，キッシンジャーにスペイ問題を委ねることによって，スペイの対中輸出を実現させた経緯を説明する．また本稿は，スペイの対中輸出を実現させることを通じて，英米両国が中国をめぐり協力したことを示唆する．

第 2 節　スペイの対中輸出計画をめぐる英米

1．スペイの対中輸出計画と英政府の対応

　まず，スペイの対中輸出が提起された背景について概説したい．トライデント2E型の対中輸出を実現させた後，同機に装荷されるロウルズ－ロイス社製民間機用スペイ・エンジンであるSpey 512-5Wの対中輸出に係る契約が，1973年3月に英中間で合意される運びであった．しかしウォーカー英貿易産業相は，ヒース首相宛書簡の中で，その契約が行われた際，中国側は，民間機用スペイ・エンジンではなく，軍用機に使用されるスペイ・エンジン[4]を入手したいと要求したとのことである[5]．アディス駐中国イギリス大使は，驚きをもってこうした中国の打診を受け止めている[6]．

　ロウルズ－ロイス社は，イギリス政府に対してスペイの対中輸出を承認するよう強く求めてきた．同社のケネス・キース（Sir Kenneth James Keith）社長は，デニス・グリーンヒル（Sir Denis Greenhill）外務事務次官との会談で，1971年の同社破綻・一時国営化を契機に経営再建が急がれる状況にかんがみ，この取引が同社の財務の改善に役立ち得ると述べた[7]．ロウルズ－ロイス社は，長年手塩にかけて開発してきた民間機用のRB211エンジンの販売を通じて，巨額の開発費を回収し経営再建を軌道に乗せようと試みていたが，開発費の回収をすでに完了させたスペイの対中輸出計画についても絶好の機会であると見ていた．同社は，RB211エンジンの技術開発の遅れと研究開発費の資金繰りの失敗により破綻し，国有化の道をたどっていたためである[8]．

---

[4] D le B Jones to Rose, 21 March 1973, FCO69/414, TNA. 軍事用スペイ・エンジンであるSpey 202は，英空軍・海軍のファントム（Phantom）戦闘機に装荷されるものであり，民間機用スペイ・エンジンとは異なり推力強化のための再燃装置が内蔵されていた．
[5] Walker to Heath, 17 March 1973, FCO69/414, TNA.
[6] Addis to FCO, 17 March 1973, FCO21/1125, TNA.
[7] Record of Conversation between the Permanent Under-Secretary and Sir Kenneth Keith, Chairman of Rolls-Royce, on 28 March 1973, PREM15/1949, TNA, pp. 2-3.

キース社長は，スペイの対中輸出の実現に向け，ヒース首相に対しメモランダムを送付した．同社長は，このメモランダムの中で，イギリス製航空機及びエンジンの売却が中国の国益に適うであろうと主張し，その論拠として以下の3点に言及した．

・中国はソ連に対抗すべく，中国の航空産業の発展，そして中国空軍の再装備を必要としている点
・中国が航空産業領域で米ソ超大国への依存を嫌っている点
・スペイに係る豊富な実践的経験と理論的知識を取り入れたいという点[9]

　また，キース社長は，イギリスやヨーロッパの航空機製造産業が，アメリカを含む他国の関連産業への依存を回避するためにも，スペイの対中輸出を実現させることが必要であると説いた[10]．同社長は，特に，イギリスがアメリカの航空機製造産業への依存を回避するためにも，自律的に航空機技術の開発や市場開拓を行うべきとの立場をとっていた[11]．

　ヒース首相は，以上のキース社長の要求に対して「遅滞なく本件を検討する[12]」と返答したが，スペイの対中輸出計画に係る一連の見解は，すでに，貿易産業省，外務省及び国防省といった，関係三省庁の間で表明されていた．まず，貿易産業省の見解からみていきたい．3月21日，ウォーカー貿易産業相は，ヒース首相に対し，リスクを冒しても本件を前進させるべきであると進言した[13]．貿易産業省は，スペイがイギリスにもたらす経済的利益が莫大なものであり，イギリスが中国の航空機市場におけるプレゼンスを確保するうえでもこの計画を実現することは重要であると判断していた．

　外務省では，スペイの対中輸出が中国との政治的関係の改善を更に推進することになるという見解が，ロイル外務政務次官を中心に多数を占めた．保守党の政治家であり，ヒース政権成立時に外務政務次官に就任したロイルは，外交

---

[8] 大河内暁男『ロウルズ－ロイス研究――企業破綻の英国的位相』東京大学出版会，2001年，176頁．
[9] "Spey Deal for China, Memorandum to HMG," 6 April 1973, PREM15/1949, TNA, pp. 2-3.
[10] Ibid., pp. 3-4.
[11] Cruickshank to Forrester, 30 March 1973, PREM15/1949, TNA, p. 2.
[12] Heath to Hall, 11 April 1973, PREM1519/49, TNA.
[13] Walker to Heath, 17 March 1973, FCO69/414, TNA.

関係を有する国家と貿易すべきというプラグマティックなイギリス外交という視点から，対中貿易の拡大に積極的であったこともあり，スペイの対中輸出に好意的であった．ただし彼は，スペイが軍事用でありココム規制に抵触するので，アメリカや他の西側諸国からスペイの対中輸出に関する合意を確保する必要がある，と語っている[14]．

国防省及び軍部の見解はいかなるものであったか．国防省は，VTOL型攻撃機ハリアー機の対中輸出などが挫折した経験にかんがみ，スペイのような軍事品目の対中輸出は，ココムに係る原則からして無理があるとの見解を示した[15]．国防省は，スペイの対中輸出が実際に行われることになれば，アメリカによるバトル法に基づく厳しい報復（防衛協力や技術協力の停止など）がイギリスに科せられるという可能性を懸念した．ただし，キャリントン国防相は，ココム・リストに係る再検討会議の中で，スペイの対中輸出実現に向けてココムの基準を無理やり変更しようと努力するのではなく，機が熟するまで待つべきである，と述べている[16]．

こうした国防省の見解に対して，軍部の幕僚長委員会（Chiefs of Staff Committee，以下CSC）は，中国が，スペイ及び同エンジン関連技術を導入することで，航空機製造技術とパフォーマンスを向上させることはなく，深刻な西側及びソ連の安全保障の脅威にはならないので，反対しないとの立場をとった[17]．CSCは，その具体的根拠として，以下の3点を挙げている．第一に，中国は，ソ連から導入し自国生産したMIG19，MIG21，そして国産戦闘機のF6を有しており，もし最大推力2万515ポンドのスペイがこれらの航空機に装架されれば，MIG21の最大推力1万3615ポンドと比較して，推力は相当程度増強されるであろう．しかし，実際にはスペイがこれら既存の航空機の能力改善に使用されることはあり得ない．なぜならば，スペイがMIG19，MIG21，F6に搭載される前にこれらの航空機の胴体の大規模な再設計が必要となるからである．したがって，中国にはスペイが搭載できる新しい航空機を最初から開発する必要があるので，たとえ中国がスペイ及びその技術の購入を通じて自国の

---

[14] Brief by the Far Eastern Department, the Foreign and Commonwealth Office, "Record of a Meeting Held by the Permanent Under-secretary on Friday 30 March 1973," FCO69/414, TNA, p. 1.
[15] Carrington to Heath, 6 March 1973, FCO69/414, TNA.
[16] *Ibid.*
[17] "Defence Implications of the Sale of Military Spey to China," undated, FCO69/530, TNA, p. 3.

航空機製造技術を改善させようと試みたとしても，直ちに中ソ関係の不安定要因とはならないであろうと考えた[18]．

第二に，スペイの対中輸出により，中国に対し，航空機の高スピード飛行に必要な，航空機エンジンに係る知識及び材料を提供するであろうが，中国は，MIG21やミサイル分野で双方からすでに高度な「冶金技術」を入手したと考えており，航空機エンジン材料に係る分野で，自らが初心者であるとはみなしてはいないと皮肉っている[19]．こうしたCSCの意見を受けて，国防省では，スペイの対中輸出が及ぼす安全保障上のリスクは重大なものではないという見解で一致する．ただし国防省は，外務省と同様，アメリカの見解を仰ぐべきとの見方を明確にしている．

こうした関係省庁による見解にかんがみ，ヒース政権は，スペイの対中輸出計画を進めることを支持することとなった．その根拠に，以下の4点が挙げられている．第一に，アメリカを除く西側諸国と比して，イギリスはより広範な航空機製造産業を有している．しかも，中国はアメリカの航空機製造産業に極度の依存をすることを望んでいない．第二に，イギリスは中国を協力的パートナーとして好意を寄せている．第三に，2点目の根拠と関連するが，英中両国間の交渉は，1972年3月の大使交換協定の妥結及び台湾にあるイギリス総領事館の閉鎖合意など，目覚ましい進展を見せている．第四に，民間航空機用スペイの対中売却などという大規模な商業的機会が存在しているという点である[20]．

ともあれ，外務省と国防省の見解で示されているように，イギリス政府にとってはまずアメリカの意向を確認することが重要であり，対米協議を通じてスペイの対中輸出を実現させる可能性を探ることを模索することとなった．

2．米政府見解とイギリスの対応

1973年2月2日に行われた英米首脳会談において，イギリス政府が，ハリアー機及びVC-10機の対中輸出計画に関し，ニクソンやキッシンジャーの同意を得ることができなかったことは第3章にて説明した．改めてヒース首相は，

---

[18] *Ibid.*, pp. 1-2.
[19] *Ibid.*, p. 2.
[20] "Draft Memorandum to DOP by the Chairman of DOPO (SE), Sale of Military Equipment to China," Note by Webster and Anson, 31 March 1973, FCO69/406, TNA.

1973年4月25日，ニクソン大統領に対し，書簡を送付した．ヒース首相は，この書簡の中で，軍用機用スペイ・エンジンには民間機用スペイ・エンジンとは異なり，再燃装置が取り付けられているが，中国は，すでにMIG21戦闘機に装荷するのに必要な再燃装置を生産する能力を有している．たとえ，軍用機用スペイ・エンジンの再燃装置がココムに抵触したとしても，中国の再燃装置の生産能力を2，3年早めるにすぎないので，スペイの対中輸出により，西側の政治・安全保障上の利益が損なわれることにはならないと主張している[21]．こうして，ヒース首相は，この書簡の送付を通じてアメリカ政府の好意的な反応を探った．

まさにイギリス政府がアメリカ政府の反応を探ろうとしていた矢先，キッシンジャーがイギリスを訪問した．5月10日，キッシンジャーはバーク・トレンド（Sir Burke John Trend）内閣官房と会談した際に，疑う余地もなくスペイの対中輸出に好意的である旨伝えた[22]．これをもってイギリス政府は，アメリカ政府がスペイの対中輸出計画に賛同してくれるものだと認識した．

6月12日，ニクソン大統領は，ヒース首相に対し，返信書簡を送付した．同大統領は，この返信書簡の中で，以下のように述べ，スペイの対中輸出計画に関し，事務レベルの英米協議を行う用意があることを伝えた．

> 「スペイ・エンジンに係る問題に関する貴総理の見解を十分に理解している．自分（ニクソン大統領）は，我々が本件に関して適切に対応することが重要だと確信している．もし，貴総理が同意するならば，自分は，本件について協議するため，米政府高官を貴国に派遣したいと考えている」[23]．

ニクソンのこの返信書簡には，米政府としての本件に関する見解が示されることはなかったし，キッシンジャーが本件に「好意的」と述べていたことから，この時点において，イギリス政府は，米政府がこの直後に反対表明を行うとは予想していなかった．

6月19日，ヒース首相が英米協議の開催に合意する旨の書簡を米側に送付したことを受けて[24]，6月22日，ロンドンにおいて事務レベルの英米協議が行わ

---

[21] Heath to Nixon, 25 April 1973, PREM15/1949, TNA.
[22] Norbury to Heath, 14 May 1973, PREM15/1949, TNA.
[23] Nixon to Heath, 12 June 1973, PREM15/1949, TNA.

れた.本協議において,アメリカ政府代表団の団長を務めたウィリス・アームストロング(Willis Armstrong)国務次官補(経済・エネルギー・ビジネス担当)は,軍事品目及び軍事技術の中国への移転を認めることは,本質的に好ましくないと主張して不快感を露わにした.アームストロング国務次官補は,スペイの対中輸出計画に反対する理由として,以下の政治的な視点からの懸念を表明している.

・中ソという2大共産主義国のうちの一国に対する軍事兵器の売却は政治的に不適切であること
・中ソ対立への肩入れも政治的に不適切であること
・ソ連がアメリカ企業を通じてアメリカ政府に圧力をかけてくる可能性があること
・もしスペイが中国に輸出された場合,世論への説明が困難になること
・仮にスペイの対中輸出が実現すれば,国府(台湾)に対する説明が困難になること
・日本が,軍事ハードウェアの共産圏に対する輸出統制の緩和を主張する契機になりかねないこと[25]

また,アームストロング国務次官補は,戦略的視点にかんがみ,スペイのような軍事兵器及び技術の対中輸出により,中国に対し技術的アドバンテージを与え,他の軍事技術領域において中国が資源の拡大に動くのではないか,と主張してスペイの対中輸出に疑義を唱えた.このように米政府内では,国家安全保障担当大統領補佐官であるキッシンジャーと国務省の間で,スペイの対中輸出をめぐる意見の相違がみられたのである[26].

スペイに対する国務省の見解が否定的なものだったため,イギリス政府内で

---

[24] Heath to Nixon, 19 June1973, PREM15/1949, TNA.
[25] Fretwell to Marshalls, 20 June 1973, PREM15/1949; Douglas-Home to Washington, 23 June 1973, FCO69/415, TNA.
[26] 一部のNSC高官からも異論が噴出していたのも事実である.たとえば,NSC国際経済担当上級部員のロバート・ホーマッツ(Robert D. Hormats)は,ココムの原則からして根本的に問題があるし,アメリカ世論は,ココム規制の緩和を行い,軍事関連兵器及び技術の対中輸出の道を開くことを受け入れることはまだできないという理由から,アメリカ政府として,この計画を認めることができない,と主張した.Sykes to FCO, 1 August 1973, PREM15/2223; Cromer to FCO, 14 June 1973, PREM15/1949, TNAを参照されたい.

は，スペイの対中輸出に好意的とするキッシンジャーの見解が，結局のところ偽りではないか，という不満が上がった²⁷．アメリカ政府関係者がスペイの対中輸出に反対したことを受け，特に，クリーヴ・ローズ（Sir Clive Martin Rose）英外務次官補は，スペイの対中輸出を進めた場合，英米関係に悪影響を及ぼす可能性を懸念した²⁸．それだけでなくローズ次官補は，イギリスが国際的に孤立するおそれにも心配していた．すなわち，①ソ連がイギリスによる対中兵器輸出を米ソデタントの展望に悪影響を及ぼし得ること，②ソ連が，EEC諸国に対し，イギリスによるスペイの対中輸出を断念するよう説得を試みてくる可能性があること，③これを受けて，EEC諸国が，イギリスに本件の実現を断念するよう圧力をかけてくるという懸念を危惧するようになった²⁹．こうして同次官補は，ソ連やEEC諸国がイギリスを国際的に孤立させる動きをとるおそれがあることにも言及している．

イギリス政府内でこうした懸念の声が上がる一方，スペイの対中輸出に関し，楽観的な声も存在した．クローマー駐米大使は，キッシンジャーの米政権内及び米外交政策に影響力を及ぼすことを通じて，スペイの対中輸出が前進する可能性に言及している．クローマー駐米大使は，キッシンジャーがイギリスのかかる提案に同情的であり，イギリスを後押しするのに最善を尽くそうとしていると同大使に語ったことを明らかにした．そしてこの見解を後押しするかのごとく，キッシンジャーは，イギリス側に対し，引き続き冷静を保つよう望むと述べるとともに，「官僚に対して残忍な仕打ちをする（brutalize bureaucracy）」べく，自身がより強力な政権内の地位に就くことを期待していると伝えた³⁰．

もっとも，クローマー大使は，6月22日に行われた事務レベルの英米協議に先立ち，ニクソンから，ニクソン自身とイギリス政府との間の書簡のやり取りについて国務省に知らせていないことを伝えられており³¹，ニクソンとキッシ

---

²⁷ Rose to Private Secretary, 28 June 1973, FCO69/415, TNA.
²⁸ Rose to Private Secretary, 27 June 1973, FCO69/415, TNA.
²⁹ *Ibid*.
³⁰ Cromer to FCO, 1 July 1973, FCO69/415, TNA. 「より強力な政権内の地位に就く」とは，キッシンジャーの国務長官の就任を意味する．以上のクローマー大使による外務本省宛の電報は，キッシンジャーが7月初旬に国務長官の就任を予感していたことを示唆する文書である．なお，キッシンジャーのイニシアティブは，ホーマッツを含む一部のNSC関係者から表明されていた反対表明も乗り越えることができるとイギリス政府関係者たちが考えても決して不思議ではない．
³¹ Cromer to FCO, 14 June 1973, PREM15/1949, TNA.

ンジャーが，キッシンジャーの極秘訪中で行ったことと同様，スペイの対中輸出に係る案件においても，国務省をはじめとする官僚組織をバイパスしていることを示唆していた．このようにイギリス政府内では，スペイの対中輸出計画の行方をめぐり，ローズ外務次官補をはじめとする悲観的見解と，クローマー駐米大使をはじめとする楽観的見解が交錯していた．

3．イギリス政府内における楽観論の浸透

　ヒューム英外相は，スペイの対中輸出の重要性に関し，以下のロジックを展開することによってスペイの対中輸出を正当化しようと試みている．

>　「我々は，我が国及びその友好国が危険かつ不快だと考えるような中国の態度を修正させることを期待しつつ，中国を国際的舞台の主流の中に入れるべく，全力を尽くしていきたいと考えている．また我々は，中国に対し，世界政治において（他国との）協調的姿勢を維持させるためのインセンティブを与えたいと考えている．そして，こうした姿勢が，我々の利益となるであろう．
>　このような契約（スペイの対中輸出）は，こうした利益を増進させることになろう．また，西側に対して中国が依存していくこと，あるいは中国が重要な分野で西側の技術に依存していくことを確実なものにするであろう（中略）．
>　我々は，中国に対して幻想を抱いてはいないが，毛沢東と周恩来の死後も，スペイの対中輸出に係る契約に合意することは，文化大革命前，あるいはその間に追求した政策に中国が回帰することを抑制するという役割を果たすと確信している」[32]．

　文化大革命中の1967年夏，イギリス人外交官やジャーナリストが逮捕，監禁されたこと，在中国イギリス公館が焼き打ちにあったこと，また，紅衛兵が英領香港において暴動を扇動したことなど，イギリスは，中国の過激な行動によって煮え湯を飲まされてきた．このような背景から，イギリスが中国をイギリス

---

[32] Douglas-Home to Paris, 6 July 1973, FCO69/416, TNA, p. 2.　括弧部引用者．

及び西側陣営の政治的利益に依存させることを通じて，外交関係における節度ある行動を中国に維持させるために，スペイの対中輸出を実現させることが重要であるというロジックである．しかしながら，本件を前進させるためには，ココム参加国による合意を確保する必要性があった．特に，アームストロング米国務次官補の反対表明により，予測されていたココム米政府代表によるありうべき反対表明を，どの程度まで抑制することができるかにかかっていた．なぜならば，イギリスは，ココム米政府代表の反対表明は，その他のココム参加国，とりわけ日本と西ドイツの意向に影響を与える可能性が高いと考えたからである．

　7月10日，クローマー駐米大使は，キッシンジャーとの会談を行い，キッシンジャーから，「ホワイトハウスは，この計画を歓迎する[33]」という極秘の言質を再び取り付けた．また，クローマー駐米大使は，スペイの対中輸出に対して米政府官僚たちが表明してきた「反対表明について，ホワイトハウスが留保させるために，米官僚を追い出そうとしていることに期待[34]」すると語っており，キッシンジャーによるリーダーシップにこの問題を託すべきであるとの姿勢を強めつつあった．こうしたクローマー駐米大使の報告を受け，ヒューム外相は，ロウルズ－ロイス社への対中交渉の承認とココムへの付託を念頭に，「キッシンジャーに「官僚」を追放するのに時間をかけることを望む[35]」との見解をクローマー大使に伝えた．同様にロイル外務政務次官は，ホワイトハウスが，米政府官僚を服従させ，彼らの反対表明を抑えることによってキッシンジャーと国務省官僚との間の意見の相違を克服することに期待を寄せる旨の発言を行っている[36]．更に，その他のイギリス政府高官からも，「明らかにイギリスの側に立っているホワイトハウスが，アメリカ政府官僚に（ココムにおいて）反対を主張しないよう説得するであろう[37]」という声が上がっていた．こうしてイギリス政府内では，こうした中，キッシンジャーと米政府官僚の間にある意見の相違を認識しはじめるとともに，対中秘密外交で発揮されたようなキッシンジャーのアメリカ外交への影響力に期待する声が強まりつつあった．そしてイギリスは，キッシンジャーが，米官僚で構成されるココム・アメリカ

---

[33] Cromer to FCO, 10 July 1973, FCO69/416, TNA.　この計画とは，スペイの対中輸出計画を指す．

[34] *Ibid*.

[35] Douglas-Home to Washington, 11 July 1973, FCO69/416, TNA.

[36] Guest to Rose, 11 July 1973, FCO69/416, TNA.

[37] Fretwell to Marshall, 20 June 1973, FCO69/406, TNA.　括弧部引用者．

政府代表のスペイに対する反対表明に影響を及ぼすことで，スペイの対中輸出案をめぐるココムの場での合意の確保を見込んでいた．その後，イギリス政府は楽観論に基づいてロウルズ－ロイス社に対してスペイをめぐる対中交渉を承認した[38]．

4．アメリカ政府関係者による反対

アメリカ政府内，とりわけキッシンジャーを中心とするNSCや国務・国防両省において，スペイの対中輸出に関する検討が行われていた．7月12日，キッシンジャーの側近の一人であるヘルムート・ゾンネンフェルト（Helmut Sonnenfeldt）NSC上級部員は，キッシンジャーに対して以下の覚書を送付し，建設的な提案を行っている．

>「イギリスによるスペイの対中輸出に係る提案は，アメリカの対中政策に合致するものである．その一方で，ココム・アメリカ政府代表にとって，現在のココム規則からしてイギリスの売却を支持することは困難である．現時点で，（米政権が）ココム・アメリカ政府代表に対し，非常に穏当な形でスペイの売却に対し反対するという意思だけを示せばよいということを指示することが最善だと考える．しかし，もしココム・アメリカ政府代表がこのような指示を受けなければ，イギリスに対して非常に強い反対表明を行うことになる」[39]．

ゾンネンフェルトは，「上海コミュニケ」発表や1973年の米中相互による連絡事務所開設以降，更なる米中接近を進めるうえでの決定打を欠いているアメリカにとって，イギリスによるスペイの対中輸出が，アメリカやイギリスをはじめとする西側と中国の間の更なる接近を実現させる原動力とみなしていた．しかし，ゾンネンフェルトは，ココム・アメリカ政府代表がスペイの対中輸出案に賛成を表明することが困難であることを十分理解していた．そのため彼は，キッシンジャーがココム・アメリカ政府代表に対し，穏当な反対表明を行うことが適

---

[38] Walker to Keith, 16 July 1973, FCO69/416, TNA.
[39] "Proposed UK Sale of Spey 202 Engines to PRC," Memorandum for Kissinger from Sonnenfeldt, 12 July 1973, National Security Council (NSC) Files, Kissinger Office Country Files- Far East, Box. 93, NPM. 括弧部引用者．

切であると提言した．ゾンネンフェルトは，こうした穏当な形での反対表明こそがイギリスによるスペイの対中輸出計画を挫折させないうえで重要と考えた．

　他方，国務省と国防総省は，アメリカ政府として，ココムの場で明確な形でスペイの対中輸出案に反対すべきと考えていた．国務省と国防総省が強く反対する論拠は，以下の2点に集約される．第一に，ココム原則は，軍事用機器及び技術がいかなる共産主義国に売却されることを許可する方向に修正されるべきものではない[40]．第二に，スペイの対中輸出を承認することは，ココムで行っている国際的な経済制裁の衰退を予兆するものとなり，また，他の西側の製造産業が自国政府に対し，中国やソ連への軍事関連技術などの売却を許可するよう圧力をかけることに繋がるであろう，というものである[41]．国防総省は，西側の軍事関連物資及び兵器が，対立する社会主義陣営のあらゆる国に対して輸出されることを問題視していた．ココムは，兵器及び軍事関連物資の共産圏への移転防止を担保する役割を有しており，したがって国防総省は，スペイの対中輸出によってココム規制が形骸化する可能性を強く懸念していた．また，国務省は，スペイの対中輸出の承認を契機とするココム規制の形骸化が西側同盟全体の連帯に悪影響を及ぼす可能性を懸念していた．

　キッシンジャーは，ニクソンに対し，スペイの対中輸出が実現することにより，中国に軍事技術の発展を3年から5年早める機会を与えるであろうが，戦略上の脅威になるような技術ではない，と伝えている[42]．そして，ゾンネンフェルトNSC上級部員の見解と同様，キッシンジャーは，スペイの対中輸出が「アメリカの対中政策と完全に一致するものであると確信している[43]」と強調している．但し，キッシンジャーは，スペイの対中輸出に関する国務及び国防総省の立場は決して間違ったものではないので，両省の立場から反対表明が維持されるべきであるという点，また，アメリカ政府は，非戦略品目の対中輸出を拡大するために，引き続き，対中貿易統制に緩和に係る検討を進めているという点，また，アメリカがイギリスによるスペイの対中輸出案に関し，ココムの場で賛成を表明することはできないという点から，アメリカ政府として穏当

---

[40] "Proposed Sale of Spey 202 Jet Engine to Peoples' Republic of China," Memorandum for the President from Kissinger, undated, National Security Council (NSC) Files, Kissinger Office Country Files- Far East, Box. 93, NPM, p. 1.

[41] *Ibid.*, p. 1.

[42] *Ibid.*, p. 2.

[43] *Ibid.*

な形で反対表明を行うことの重要性を強調した[44]．キッシンジャーが，アメリカの対中政策を更に進めるため，スペイの対中輸出を全面的に支持していたことは明らかである．こうした認識からキッシンジャーは，ココム米政府代表に対し「穏当な形で反対表明を行う」ことをニクソン大統領が指示することを勧告した．これを受けて，ニクソン大統領は，キッシンジャーの勧告を受け入れ，ココム・アメリカ政府代表に対し「穏当な形での反対表明」を行うよう指示した．

　他方，クローマー駐米イギリス大使は，キッシンジャーに対し「米政府が，イギリスを支持できないことを理解している[45]」旨，また「イギリスは，すでにスペイの対中輸出を進めることに決定し，可及的すみやかに本件を前進させることを期待している[46]」旨発言しており，英政府として，米政府がココムなどの公の場では，スペイの対中輸出に関し，反対せざるを得ないというキッシンジャーの立場を理解していることを示唆した．

　7月31日，スペイの対中輸出案がココムの場で提起されることとなった．3日後の8月3日，ココム・アメリカ政府代表は，イギリスの予想に反して，強い態度で反対表明を明確にした[47]．ココム・アメリカ政府代表は，強く反対表明を行う論拠として，三点に言及した．第一に技術的側面から，スペイは，NATO加盟国で使用されており，F-4型戦闘機及びF-104型戦闘機に使用されるGE（General Electric）製J-79エンジンに匹敵するものである．また，スペイは英空軍F-4型戦闘機に搭載されており，A-7型攻撃機に使用されるロウルズ－ロイス社及び米アリソン社（Allison Engine Company）が共同開発したTF-41エンジンと似たものである．こうした軍用機のエンジンが西側の潜在的敵国である中国に輸出されることは回避すべきである，というものであった．

　第二に，ココム・アメリカ政府代表は，ココム原則からして，スペイの対中輸出案に賛成することは絶対にできない旨表明した．すなわち，「たとえスペイの対中輸出が行われたとしても，西側諸国の重要な政治的，安全保障上の利

---

[44] *Ibid.*
[45] *Ibid.*
[46] *Ibid.*
[47] ココムは，加盟国の全会一致制を採用していた．実際，アメリカ政府が反対表明を行ったことにより，スペイの対中輸出案はココムで承認されなかった．日本や西欧諸国からの強い反対表明はなかったものの，日本，西ドイツ，フランスが留保を付した．日本の反応についていえば，田中角栄通産相は，イギリス政府に対し，スペイの対中売却により，日本が有する航空機エンジンの製造能力以上の能力を中国に与える可能性に懸念を表明している．Cromer to FCO, 18 September 1973, FCO69/411, TNA, p. 1を参照されたい．

益に悪影響を及ぼすことはない」というイギリスの主張は説得力に欠けるし，かかる案はココム規制に関する基準及び手続きをないがしろにするものである，というのがココム・アメリカ政府代表の立場であった．スペイの輸出が「中国を今日好ましいであると思われる態度へと導き，それが西側の利益となる」というイギリスの説明は，仮にスペイが中国に輸出されるのであれば，ソ連や他の共産主義国に対しても同じことがいえるではなかろうか．もしそうでなければ，イギリスのロジックは説得力をもたないと主張するものである．

　第三に，アメリカは，日本，韓国及びフィリピンを含め，アジア太平洋地域の同盟国の安全保障を確保するという義務を有している点に言及している．こうした背景にかんがみ，近代兵器及び関連技術がアジアの共産主義国に移転されることが仮にあれば，アメリカが同盟国の防衛にコミットしているという点からして矛盾するという理由から，ココム・アメリカ政府代表は，スペイの対中輸出を認めることができないと明確にした[48]．

　ココム・アメリカ政府代表によるこうした反対声明について，米国務省は，ニクソン大統領から指示を受けたとおりの「穏当な形での」反対表明であると認識したが[49]，イギリス政府関係者の間では，予想した以上に強い表現での反対表明と受け止められた．これにより，悲観論が再びイギリス政府内に浸透することになった．たとえば，外務省東欧ソ連部は，「キッシンジャーは，アメリカ政府官僚を抑制するために無駄に闘っており[50]」，キッシンジャーのイニシアティブは，もはや信頼できるものではないという見方を示した．それどころか，東欧ソ連部は，アメリカ政府がスペイの対中輸出計画を抑え込むことによって，ソ連に対する自国の面子を保ち，米ソデタントの維持に向けた行動をとる可能性を心配した．更に，スペイに対してアメリカが強い表現で引き続き反対を表明することによってソ連を刺激し，米ソ両国が，デタントを維持するために，米ソデタントの蚊帳の外にいるイギリスに対し，共同でスペイの対中輸出を阻止する可能性を懸念した[51]．イギリス政府内では，（イギリス側にとって）強烈なココム・アメリカ政府代表の反対があったこと，また，こうした強

---

[48] Ewart-Biggs to FCO, 10 August 1973, FCO69／416, TNA.
[49] Secretary of State to US Mission, 10 August 1973, 1973STATE158059, Electronic Telegram, Access to Archival Data Base (AAD), NARA. https://aad.archives.gov/aad/createpdf?rid=18037&dt=2472&dl=1345（2019年２月10日最終アクセス）を参照．
[50] Walden to Kay, 15 August 1973, FCO69／417, TNA.
[51] *Ibid*.

い表現での反対表明が，他領域での英米関係における困難をもたらす可能性を考慮すれば，スペイの対中輸出計画を前進させるべきでない[52]との見解が強くなっていた．ヒューム外相は，ホワイトハウスに対し，アメリカ政府による反対表明を撤回させるために，ニクソンがイギリスの意図を理解しているという事実を，ココム内外において本件に関し反対表明を引き続き行っている国務省と国防総省に伝達願いたい旨を依頼したが，「梨のつぶて」であった．これをもって，イギリス政府は，スペイの対中輸出計画に関する政策決定を行わないことを一時的に決定した．

5．その他の国々が示し得る反応と英米

アメリカ以外の諸国のスペイの対中輸出計画への反応はいかなるものであったのか，また，イギリス側は，その他の国々がどのような反応をとり得ると考えていたのかを，念のため説明しておきたい．まず，ココム参加国から見ていこう．ココムの貿易統制の緩和をかねてから要求していたオランダやノルウェー，カナダなどの他のココム参加国の多くは，スペイの対中輸出に反対しなかったものの，アメリカに配慮する形で積極的支持を打ち出さなかった[53]．日本，西ドイツ，フランスが留保を付した[54]．とりわけ，日本と西ドイツは，在日及び在独駐留米軍との防衛協力をないがしろにするような決定は困難であり，アメリカの態度を窺っている，とイギリス政府からはみえた[55]．ヒューム外相は，独仏両国をイギリス側に引き込み，ココム内でアメリカ政府代表を孤立させることができれば，ココムへのダメージを最小限に押さえることは可能かもしれないとの見方を示した[56]．

しかし，こうしたヒューム外相の期待は無駄であった．イギリス政府は，コ

---

[52] Kay from Goulden, undated, FCO69/417, TNA.
[53] Hayman to FCO, 3 August 1973, FCO69/416; Barnes to FCO, 19 September 1973, FCO69/417; Selby to FCO, 19 September 1973, FCO69/417; Hancock to FCO, 19 September 1973, FCO69/418, TNA などを参照．
[54] Douglas-Home to Paris, Athens, Bonn, Brussels, Copenhagen, Lisbon, Luxembourg, Oslo, Ottawa, Rome, the Hague, Tokyo and Washington, 9 July 23 1973, FCO69/416, TNA; Tomkins to FCO, 12 July 1973, FCO69/416, TNA.
[55] Warner to FCO, 12 September 1973, FCO69/417; "Talks between the Prime Minister and the Chancellor of the Federal Republic of Germany on 6 and 7 October 1973, Spey Engines for China and COCOM," Brief by the Foreign and Commonwealth Office, 28 September 1973, FCO69/419, TNA.
[56] Douglas-Home to Paris, 14 August 1973, FCO69/416, TNA.

コムにおいて日独仏の賛成を確保するために，キッシンジャーに対し，これら3カ国に対する説得を行ってほしいと依頼しようとした．キッシンジャーは，1973年9月2日，ニューヨークで行われたヒューム外相との会談の中で，仏国防相と話し合いを行った際に，ホワイトハウスとしてスペイの対中輸出を支持する旨をフランスに伝えたこと，また，日独両国の外相にも同様の内容をこれから伝達するつもりであることを語っている．しかしながら，機密解除された外交文書には，キッシンジャーが，実際に日独両国に対し，こうした働きかけを行ったとする証拠を示すものは見当たらない．少なくとも，1975年12月，スペイの対中輸出が実現されたことに関し，日本政府が本件を事前に知らされていなかったことに不満を表明した旨の文書はイギリスに存在することから[57]，キッシンジャーが，日本に対してあえて働きかけを行わなかった可能性はある．つまり，キッシンジャーは，ココムの場でアメリカ政府が反対表明を行っていることに関し，これは飽くまで公式のものである旨を日本に伝達することにより，日本が，イギリスの真似をして軍事転用可能な技術などを中国に輸出する可能性があることに懸念していたことは考えられる．キッシンジャーは，日本に対して強い疑念をもっていた．キッシンジャーは，鄧小平との会談の中で，日本が戦略的思考をもち得ておらず，商業的見地のみにとらわれている旨述べるとともに[58]，日本を「ソニーの営業マン (little Sony salesman)」と皮肉を込めてよんでいる[59]．そればかりか，キッシンジャーは，日本に関し，以下のようにと述べて強く批判している．

> 「日本は，すべて（の情報）をリークする（中略）日本は，国際的に腐敗的役割を果たしている．日本は，（中略）心が狭くて，血が通っていない．しかし国際的構造が好ましい限り，日本は生きていられることができる．事が違えば，日本は不毛である」[60]．

---

[57] Martin to Neville-Jones, 9 December 1975, FCO21/1400, TNA. ただし，キッシンジャーが西ドイツに対し，どのような働きかけを行ったのかを示す文書は見当たらない．

[58] "Memorandum of Conversation," New York City, 14 April 1974, 8:05-11:00p.m., NSC Files, Box 527, Country Files, Far East, People's Republic of China, Vol. 18, 10 July 1973—December 31 1973, NPM, p, 487.

[59] Margaret Macmillan, *Nixon and Mao: the Week That Changed the World* (New York: Random House, 2008), p. 293.

[60] Memorandum of Conversation between Kissinger and Scowcroft, 3 August 1973, Memorandum of Conversation 1973-1977, Box. 2, National Security Archive, the George Washington University, Washington, DC, USA (Hereafter, referred to as NSA). 括弧部引用者.

また，イギリスは，コモンウェルス諸国および東南アジア諸国がどのような対応を取り得るか，という問題にも関心を払っていた．1973年8月2日から12日にかけて行われたコモンウェルス諸国首脳会談の場において，イギリス政府は，ロウルズ－ロイス社に対し，スペイの対中輸出計画に係る中国側との協議を進めてもよいと許可した事実を明らかにすべきではないと考えていた．その理由として，インドが，スペイの対中輸出が実際に行われれば，中国が軍の近代化を図ることとなり，インドの安全保障の脅威となるとして反対することとなり，イギリス政府としては，インドなどの周辺諸国からの反対を受けたくなかったからである[61]．

　英外務省南西太平洋部は，シンガポールは，イギリスによるスペイの対中輸出が，英中関係を発展させるものとなるとともに，シンガポールの利益を前進させ得るとして本件を支持する可能性はあること，また，イギリス政府がスペイの対中輸出が極東のバランス・オブ・パワーを変化させないことを約束するならば，シンガポールは歓迎する可能性があると予測した[62]．

　同部は，オーストラリアの反応に関し，オーストラリアは，1973年7月24日に中国との貿易協定を締結したという背景から，スペイの対中輸出に反発する可能性は低いと予測した[63]．

　いずれにせよ，スペイをめぐる英中間交渉が妥結し，最終的にスペイの対中輸出が決定したときに，ヒース首相がこれらのコモンウェルス諸国や東南アジア諸国の首相に対して書簡を送付すべきである．そして，こうした書簡の中で，イギリスが「中国を国際社会の仲間入りをさせ，中国に対して国際社会との協調的な姿勢を維持させるためのインセンティブを与えるためにも，英中関係の改善を進める」というイギリスの見解を，コモンウェルス諸国に表明するとともに，他国を犠牲にする形で英中関係を改善することは望んではいないこと，また，スペイの対中輸出が，インドを含むその他の諸国の安全保障に悪影響を及ぼすものではないことといった，メッセージを送るべきであるとの声がイギリス政府内で大半を占めていた[64]．

---

[61] "Commonwealth Heads of Governments' Meeting on Strategic Exports, Sale of Spey 202 to China," Note by the Foreign and Commonwealth Office, 13 December 1973, FCO 69/422, TNA, p. 3.
[62] Slatcher to Kay, 12 September 1973, FCO69/417, TNA.
[63] *Ibid*.
[64] Guest to Finlayson, 13 September 1973, FCO69/417; Douglas-Home to New Delhi, 27 September 1973, FCO69/419, TNA.

第3節　キッシンジャーに対するイギリスの期待

1．キッシンジャーの対英秘密外交とイギリスの対応

　イギリス政府がココム米政府代表による強硬な反対表明に困惑する中，8月23日，リチャード・サイクス（Sir Richard Adam Sykes）駐米公使は，外務本省に対し，キッシンジャーとの電話会談を行った旨報告している．この会談では，キッシンジャーは，国務省及び国防総省が今後はこうした強い反対を表明することはない旨伝えるとともに，スペイの対中輸出計画を支持することを改めて強調した．またキッシンジャーは，自身が翌月後半に国務長官に就任するまではスペイの対中輸出に関する実質的な措置を講ずることは無理とも述べた[65]．後日，サイクス駐米公使が発電した本省宛て公電によると，キッシンジャーは，スペイの対中輸出に関し，イギリスを支持するが，通常の外交チャンネルを利用することは好まないし，国務省及び国防総省の米政府官僚を通じてイギリスとの交渉をするつもりはないと明言した[66]．キッシンジャーは，対中関係のみならず対英関係においても秘密外交の手法をもち込むことを示唆したことがわかる．また彼は，自らの手腕をもってイギリスによるスペイの対中輸出を後押しするつもりであった．

　事実，キッシンジャーは，中国側との会談の中でも，秘密裏にイギリス側と接触し，スペイの対中輸出を後押しすることを示唆する旨の発言を行っている．1973年7月6日，ホワイトハウスで行われたキッシンジャーと黄鎮・駐米中国連絡事務所長の会談において，キッシンジャーは，以下のように発言している．

　　「貴国は，ロウルズ－ロイス社の技術（スペイ）をご要望になっている．現行の（ココムなどの）諸規則では，我々は，本件（スペイの対中輸出）

---

[65] Sykes to FCO, 23 August 1973, FCO69/417, TNA.
[66] Sykes to FCO, 28 August 1973, FCO69/417, TNA.

に関し，反対を表明しなければならない．しかし，イギリスとの間で手続きを整備したところ，本件の実現に向け前進していくことになる．公式には（本件に関し，米政府として）反対の立場をとるが，それは飽くまで公式の話である．我が国の表向きの動きをみて混乱なされないようにしていただきたい」[67].

このように，キッシンジャーは，公式及び非公式の立場を使い分けつつ，非公式にはスペイの対中輸出を改めて支持すると示唆するとともに，スペイの対中輸出を実現に導く姿勢を明確にしている．

それではなぜ，キッシンジャーがイギリスによるスペイの対中輸出を支持したのか．第一に，キッシンジャーが1973年から1975年までの間の米中関係を，停滞期ととらえていたことがアメリカ側の外交文書からわかる[68]．中国は，アメリカが1973年末を目途にした国交正常化に積極的ではなく，台湾からの米軍撤退も遅々として進まないことに対し不満を表明していた．こうした背景から，キッシンジャーがスペイの対中輸出を米中関係の停滞を打破しうるものと考えた．

第二に，ロバート・ロス（Robert Ross）によると，キッシンジャーは，スペイの対中輸出を実現させることによって，英米間の対立を避けるだけでなく，米中関係を強化し，NATOと中国との紐帯を促すことにより，ソ連に対して節度のない行動をとらないよう警告するためであるとしている[69]．事実，1975年12月2日に行われた米中首脳会談の中で，フォード大統領及び毛沢東・中国国家主席は，米中双方が共同行動をとることによってソ連の膨張的挑戦に対処するという認識で一致しており[70]，無論，この首脳会談にはキッシンジャーも

---

[67] ウィリアム・バー（鈴木主税・浅岡政子訳）『キッシンジャー「最高機密」会話録』毎日新聞社，1999年，181-182頁．括弧部引用者．キッシンジャーは，黄鎮・駐米中国連絡事務所長との会談においても，同様の発言を行っている．Memorandum from Sonnnennfeldt to Kissinger, 12 July 1973, NSC Files, Box. 527, Country Files, Far East, People's Republic of China, Vol. 18, 10 July 1973—December 31 1973, NPM, p. 293を参照されたい．
[68] Memorandum from Kissinger to Ford, "Your Trip to the People's Republic of China: A Scope Analysis for Your Discussions with Chinese Leaders," 20 November 1975, 00391, NSA.
[69] Robert S. Ross, *Negotiating Cooperation: The United States and China, 1969-1989* (Stanford: Stanford University Press, 1995), p. 87.
[70] Memorandum of Conversation, Participant: Mao Tse Tung, Teng Hsiao-ping, Li Hsien-Nien, Chiao Kuan hua, Gerald R. Ford, Henry A. Kissinger, George Bush, Brent Scowcroft and Winston Lord, 2 December 1975, Record of Henry A. Kissinger, 1973-1977, RG59-250-13-07, Box No. 13, NARA, p. 5.

出席していた.

> 「フォード:毛主席.自分(フォード大統領)は,ソ連のような国からの挑戦に主眼を置きつつ,国際的状況におけるよりよい状況を実現するために,我々はともに行動しなければならない.
> 毛沢東:そのとおりである.ところで,中国は,ソ連に対抗するにあたり,あまり自信を有していない.また,鄧小平も,ソ連が好きではない.
> フォード:我々も,世界へ向けて膨張するというソ連に全体的計画に対して,(毛主席と)似た感情を有している.ソ連は,領土を拡大させ,経済的影響力を増大させるような動きをとっている.しかし,アメリカは,こうした挑戦を受けて立つつもりである.
> 毛沢東:中国も,受けて立つつもりである」[71].

フォード大統領及び毛沢東主席は,米中両国がソ連の膨張的傾向を牽制するための行動を取るという認識で一致することとなった.そのうえで,フォードは毛に対して以下のように述べている.

> 「毛主席(中略)我々は,言葉だけではなく,行動に裏打ちされた形で米中両国(の共同行動)によってソ連を説得しなければならない.そして,ソ連に対して引き続き圧力を加えていかなければならない.私(フォード大統領)は,ソ連の東側(中国)からの圧力が,ソ連の西側(西ヨーロッパ)からの圧力と同様,力強いものであると確信している」[72].

以上の会談内容から,米中両国がソ連に対する圧力という共同的な「行動」をとることで一致し,これにより,フォードと毛沢東が米中両国の関係強化を狙っていたことを垣間みることができる.このような形で米中首脳が一致したことは,アメリカの視点からみればスペイの対中輸出を通じて中国の立場強化に関与する[73]とともに米中関係の強化を図りながらソ連を牽制し,地域の安定化

---

[71] *Ibid.*, p. 5. 括弧部引用者.
[72] *Ibid.* 括弧部引用者.「東側の圧力」とは,この場合中国のことを指す.つまり,中国とアメリカを中心とする西側諸国がソ連を挟み撃ちする形で圧力をかけることを意味している.
[73] "222. Memorandum From Helmut Sonnenfeldt of the National Security Council Staff to the

に繋げる狙いが込められていた．こうした狙いは，三角外交の展開を通じて国際社会を安定化に導くという，キッシンジャーの思考と合致するものである．なぜならば，キッシンジャーはかねてからソ連による中国攻撃の危険性を意識していたことが大きい[74]．このようなキッシンジャーの外交政策は，中国を西側に経済的に依存させることを通じて中国の穏健な外交姿勢の維持に繋げるというイギリスの対中政策とは似て非なるものであったといえよう．

他方，イギリス政府は，スペイの対中輸出に関し，キッシンジャーが引き続き支持する旨示唆していることに対してどのような反応をみせたのか．ヒューム外相は，ココムの場で，アメリカ政府が反対を撤回することは考えられないとの見方を示した．しかし，ヒューム外相は，前述したサイクス公使が発電した公電の情報を契機に，キッシンジャーの国務長官就任が，ココムで表明したアメリカ政府の反対表明を撤回する可能性はあるとして，わずかな期待感をもった[75]．また，貿易産業省次官補のピーター・プレストン（Peter Preston）は，「通常のココムを通じて米政府を説得することは，かえってアメリカの態度を硬化させるだけ[76]」であるとの見解を示し，キッシンジャーの手腕に託すべきであると主張した．イギリスは，ココムにおける合意が絶望的である以上，キッシンジャーによる手腕を頼るほか，選択の余地を見出すことができなかった．

また，イギリス政府は，米国務省がニクソンとキッシンジャーによる三角外交に嫌悪感を抱いている点，また米中接近を進める中で中ソ対立を利用することに反対していた点を認識していたことも注目に値する[77]．この文脈からして，キッシンジャーが米主導の三角外交を有利に進めるにあたり，スペイの輸出を利用できると考えたことを英側が把握していたとも推測できよう．

2．キッシンジャー国務長官登場

9月24日に行われたヒューム英外相とキッシンジャーによる会談の中で，そ

President's Assistant for National Security Affairs (Kissinger)," 12 July 1973, U.S. Department of State, 1969–1976, Volume E-15, Part 2, Documents on Western Europe, 1973-1976, FRUS (Washington D.C., U.S. Government Printing Office, 2014), p. 718.

[74] "Record of Discussion with Dr. Kissinger, 14 September 1972," FCO82/198, TNA, p. 1.
[75] Douglas-Home to Washington, 23 August 1973, FCO69/417, TNA.
[76] Preston to Rose, 28 August 1973, FCO69/417, TNA.
[77] Denson to Appleyard, 16 July 1970, FCO21/663, TNA. 三角外交に関するイギリス政府の認識については後述する．

の2日前に国務長官に就任したキッシンジャーは,アメリカ政府官僚のスペイの対中輸出に関する対応が穏当なものと思っていたと語りつつ,いずれにせよアメリカ政府官僚たちが,今後,スペイの対中輸出計画に対し,穏当な姿勢をとっていくことをヒューム外相に約束するとともに[78],キッシンジャー自身がアメリカ政府官僚たちに対して影響力を行使することによって,スペイの対中輸出に対する官僚たちの態度を変えさせることを示唆した.キッシンジャーは,この発言に続けて,「しかし,発言のこの部分を記録に残して欲しくはない[79]」と語り,米国務省を含む米政府官僚に対し,自らの手の内を明かすことのないよう,細心の注意を払っていた.

　12月2日,ヒューム外相は,アメリカ政府が反対の撤回に合意したことを確認した[80].ただし,これは,アメリカ政府が非公式な形で反対を撤回したということであり,ココムの場でアメリカが表明した公式の反対を撤回することではない点に注意する必要がある.それではなぜ,そしてどのような経緯でアメリカ政府がスペイの対中輸出に対する反対の撤回を決定したのかは不明である.しかし少なくとも,キッシンジャーが国務長官として国務省官僚に影響力を行使したという可能性,また自らの側近を利用して,外交政策を操作しようと試みた可能性は考えられよう.ニクソン政権がウォーターゲート事件に気をとられている間に,アメリカ外交は国務長官キッシンジャーの独壇場と化しており[81],当時の彼の米外交政策への影響力は強力なものであったと推測されよう.

このような状況の下,国務省官僚は,キッシンジャーが英政府に示唆したように,スペイに係るキッシンジャーの態度を伝えられることなく,スペイをめぐる対英交渉の蚊帳の外に置かれることとなった[82].もっとも,キッシンジャーは,NSCの強化を通じて対中政策の立案及び決定へのホワイトハウスの影響力を強めていったことは第1章で前述したとおりである.こうしてキッシンジャーが,「官僚に対して残忍な仕打ちをする」という試みは,おおむね成功裏

---

[78] Foreign and Commonwealth Secretary's Meeting with Kissinger, Monday 24 September 1973, FCO69/419, TNA.

[79] *Ibid*.

[80] Douglas-Home to Peking, 3 December 1973, FCO69/421, TNA.

[81] Jussi Hanhimäki, *The Flawed Architect: Henry Kissinger and American Foreign Policy* (New York: Oxford University Press, 2004), pp. 297-298.

[82] "Defence and Overseas Policy (Official) Committee, Sub-Committee on Strategic Exports, Sale of Spey 202 to China," Note by the Foreign and Commonwealth Office, 13 December 1973, FCO69/422, TNA, pp. 5-6.

に進められたとみてよいだろう．キッシンジャーは，自らの側近のみにスペイの輸出を秘密裏に伝えており，その側近たちもこれに関与していたことも考えられる．たとえば，米側の外交文書によると，1973年7月17日，ブレント・スコウクロフト（Brent Scowcroft）国家安全保障担当大統領次席補佐官は，中国側に対し，「アメリカは，イギリスに対して，ココムの場では本件（イギリスの中国へのスペイ輸出）には反対しなければならなかったが，イギリスに対してスペイの輸出を売却することを慫慂した[83]」と述べており，キッシンジャーが米外交政策での影響力を行使するために彼の側近を関与させていたことをうかがい知ることができる．

　イギリス政府は，キッシンジャー自身とニクソンが非公式な形でスペイの対中輸出を支持するが，表向きではココムでの公式的反対表明を維持することによって他の諸国への影響を最小限に抑えようと試みていたことを，キッシンジャーから後に知らされる．1974年1月30日，キッシンジャーは，ジョン・ハント（John Joseph Benedict Hunt）英内閣官房長に対し，ニクソン大統領とキッシンジャー自身が，スペイの対中輸出に賛成している（in favor of）ことを再確認した[84]．そのうえでキッシンジャーは，アメリカ政府がイギリスによるスペイの対中輸出に対して公式に支持を表明した場合に，3つの懸念があることを伝えている．第一に，キッシンジャーは，他の西側諸国が，イギリスの事例を真似する可能性に言及した．特に，1972年9月29日に締結された日中友好声明を皮切りに，急速な対中接近を展開していた日本は，日中貿易の更なる拡大を追求していた．もしアメリカがスペイの対中輸出に公式支持を表明すれば，日本が最新の軍事転用可能な最新の技術及び物資を中国に輸出するおそれがあった．アメリカにとってスペイの対中輸出は，三角外交を更に有利に進めるための例外であるので，軍事品目及び技術を含むような物資の対中輸出の解禁を公に認めるわけにはいかなかった．

　第二に，キッシンジャーには，アメリカ政府がスペイの対中輸出を公式に認

---

[83] Memorandum of Conversation, Participants: Major General Scowcroft, Deputy Assistant to the President for National Security Affairs, Mr. Han Hsu, Deputy Chief, PRC Liaison Office and Mr. Chi (interpreter) at the Map Room, the White House, 17 July 1973, RG59-250-D-17-07, A1/Entry 5027, Box no. 328, NARA. 括弧部引用者．
[84] "Speys for China," Note for Sir John Hunt's Meeting with Dr. Kissinger, 30 January 1974, FCO21/1252, TNA, p. 1.

めることによって，ソ連に対して完全に中国寄りの外交政策を展開しており，米中共謀の証左であるというような，誤ったメッセージを与えてしまいかねない，という懸念もあった．すなわち，アメリカがイギリスによるスペイの対中輸出に対して積極的に関与することによって，明示的に中国を支援してソ連を孤立しようとしているといった認識をソ連にもたれることはアメリカにとって回避すべきことであった．このような誤ったメッセージによってアメリカ主導の三角外交が挫折に追い込まれることは，キッシンジャーにとって回避すべきことであったであろう．

第三に，ソ連への軍事関連技術のアクセス規制を緩和することに対する懸念もキッシンジャーにあった[85]．アメリカ政府は，スペイの対中輸出が認められた場合，スペイの技術は決して最新技術ではないものの，同じ共産主義国家であるソ連に対する軍事関連技術の輸出の道を開く懸念を有していた．これらの根拠をもって，ホワイトハウスはスペイの対中輸出に対するココムでの公式的な反対表明の撤回を躊躇していたのである．

3．キッシンジャー国務長官登場へのイギリスの反応

イギリス政府は，非公式という形ではあるものの，アメリカ政府が反対表明を撤回したことにより，最後の障害が除去されたとして歓迎した．そして，スペイに係る契約が署名されれば民生及び軍事用の航空機器の対中輸出の増大が見込め，これにより中国市場のアクセスを確保できるとして，期待感を膨らませた[86]．ただし，アメリカ政府による反対表明の撤回は，ココムでの反対表明の撤回を意味するものではなかったことは先述したとおりである．ヒューム英外相は，キッシンジャーが米官僚を通じて，アメリカ政府として公式に反対表明を行ったことを記録に残すことを望んでいること，また，秘密裏にスペイでの対英協調を進めると予測した[87]．換言するならば，アメリカ政府が公的記録に反対表明を残すべくココムにおいて反対表明という立場を維持するであろうが，アメリカ政府によるバトル法に基づく報復措置を伴わないような「穏当な形での反対」表明であるとの見方が妥当であると，ヒューム外相は考えた．ま

---

[85] "Sale of Military Spey to China," Defensive Brief, undated, FCO69/529, TNA.
[86] *Ibid.*
[87] Douglas-Home to Washington, 9 January 1974, FCO69/528, TNA.

た同外相は，通常の外交チャンネルを利用することのないキッシンジャーとの接触を通じてスペイの対中輸出を進めれば，ココムでの合意を確保する必要もなくなるであろうと考えた[88]．

　もっとも，アメリカ政府からの公式上の支持表明が得られないことに対する不満がイギリス政府内になかったわけではない．ジョン・クローク（John Cloake）外務省貿易関係輸出部長は，以下のように語っている．

> 「万が一，アメリカの公式合意を得ることなく，イギリスが（スペイの対中輸出を）進めれば，本件に係る詳細が公表されたときに，おかしな状況に直面するであろう．ココムは，極秘（の国際的枠組み）であるが，ココムの場におけるパートナー国の態度が公表されるという状況を，あらかじめ考慮に入れなければならない．本件に係る詳細が暴露されたとき，イギリスが，キッシンジャーの極秘の言質に言及することができないとなれば，アメリカの反対表明や日独仏3カ国による留保に直面しながら，これを無視する形で本件を進めた事実があらわになるであろう．これは米議会でトラブルを引き起こし，英米関係への悪影響及び更なるヨーロッパの反対に直面し，ココムに深刻な悪影響をもたらすであろう」[89]．

また，クローク部長は，アメリカが，ココムの場において公式な形で反対表明を撤回することとなれば，すべてのココム参加国からの合意確保を得るうえで大きな進展となり，ココムに対する悪影響も回避されることになるが，事実，アメリカの公式上の合意を得られないことに対しては，不満をもっていると述べている．その後も一部のイギリス政府高官が，ココムでの反対表明撤回に向け，キッシンジャーを説得しようと試みたが，1974年2月，アメリカ政府は，ココムでの反対撤回を行わない決定を下した[90]．そのためイギリス政府は，ココムという国際的枠組みを通じたスペイの対中輸出の実現をあきらめ，改めて，キッシンジャーによる実力と手腕に託すこととなった．こうしてイギリス政府内では，キッシンジャーの強力な実力と手腕に期待する主張が多数を占めるようになった．

---

[88] Douglas-Home to Paris, 9 January 1974, FCO69/532, TNA.
[89] Cloake to Wright, 16 January 1974, FCO69/528, TNA.　括弧部引用者．
[90] Cloake to Marshall, 26 February 1974, FCO69/529, TNA.

4．第二次ウィルソン労働党政権成立

　1974年3月5日，第二次ハロルド・ウィルソン（James Harold Wilson）英労働党政権が発足した．同新政権成立直後の3月12日，在米イギリス大使館は，キッシンジャーの側近であるゾンネンフェルトNSC上級部員に対し，スペイをめぐる英中間交渉が妥結に至る早い時期に，キッシンジャーに伝達する旨を伝えた[91]．

　3月15日，ロイ・メイソン（Roy Mason）英国防相は，ウィルソン首相に対し覚書を手交し，この中で，スペイの対中輸出には戦略的な視点にかんがみても異議はないという国防省の見方を説明している．これは無論，ヒース前政権で一致していた認識，すなわちスペイに内蔵されている再燃装置技術は，決して新しい技術ではなくすでに中国が有するものであり，スペイの対中輸出は中国の技術力を2，3年早めるにすぎないという理由により，中国の軍事能力を飛躍的に高めるものではなく，西側及び周辺諸国の安全保障上の脅威にならないという認識を改めて強調するものである．しかし，メイソン国防相は，仮にイギリスがココムでのアメリカの反対意見を押し切ってスペイの対中輸出を前進させた場合において，アメリカがイギリスの政治的及び戦略的利益に対して厳しい報復措置をとることはない，という約束を米側から取り付けるべきであると釘を刺している[92]．

　その約1週間後，メイソン国防相と同様に，ジェームズ・キャラハン（Leonard James Callaghan）英外相は，ウィルソン首相に覚書を手交した．この覚書の中で，キャラハン外相は，外交政策上の視点にかんがみ，スペイの対中輸出が，米中ソ，他のココム加盟国及びアジア諸国に与えうる影響について説明している[93]．

　ここで，キャラハン外相からのウィルソン首相宛覚書の中身を見てみたい．まず，英中関係の方途に関し，中国大使がイギリスに対して，英中間の貿易はスペイをめぐる交渉にかかっている旨述べたことに触れつつ，スペイの対中輸出の実現は，中国国内における主要な航空機器供給国としてのイギリスの地位

---

[91] Cloake to Mason and Statham, 9 October 1975, FCO21/1397, TNA.
[92] Mason to Wilson, 15 March 1974, FCO69/530, TNA.
[93] Callaghan to Wilson, 22 March 1974, FCO69/530, TNA.

を強固なものにし得る旨述べている．英ソ関係に関して，スペイの対中輸出が実現すれば，可能性としては低いものの，ソ連がアイルランド共和軍（Irish Republican Army：IRA）に対する武器供給を含む一連の報復行動を行う可能性があると述べている．英米関係に関し，ニクソン及びキッシンジャーがスペイの対中輸出に好意的であるとの言質をイギリス政府が確認して以降，米国務省が在米イギリス大使館に対し，アメリカ政府としてココムでの反対表明を撤回することはできないが，スペイの案件に留保を付す日独仏に対して，アメリカ政府が反対の立場を「強調しない」こと，また，スペイの提案への反対表明を「抑制する」よう約束したことを明らかにしていることを指摘した．もし，アメリカの公式な反対表明にもかかわらず，イギリスがスペイの対中輸出を進めていることが報道機関に暴露された場合，英米関係に悪影響を引き起こすのに加え，米政権が米議会から追及されることが予想されるため，キッシンジャーの言質を表沙汰にはできないとした．ココム参加国に関し，キャラハン外相は，ドイツからの深刻な反対はなく，日本は，アメリカから留保を撤回するよう説得を受けるであろう[94]．ココム参加国からの反対や留保に直面しながらスペイの対中輸出計画を前進させることは，ココムにダメージを与えることに繋がるであろうが，キッシンジャーによる極秘の言質を確保している限りそのダメージは修復できないほどではないだろう，としている．アジア諸国に関して，インドが中国の軍事的脅威の増大に深刻な懸念を表明する可能性があるので，インディラ・ガンディー（Indira Priyadarshini Gandhi）首相及び周辺地域・国のその他の指導者に対し，親書を送付することが相応しい．覚書の結論では，政治的及び経済的に利益となるとして，スペイの対中輸出を推進すべきであると提言している[95]．

それぞれメイソン国防相及びキャラハン外相からの覚書を受けて，ウィルソン首相は，スペイの対中輸出が計画どおり進められるべきであることを確認した．そのうえで，ウィルソン首相は，アメリカによる厳しい報復措置のリスクがあるならば，イギリス政府はスペイの対中輸出を進めるべきではないとのメ

---

[94] キャラハンは同覚書において，フランスに関し，仏国防省を中心にココム規制の立場から本件に反対している旨に言及しているが，日独や他の西側陣営諸国が反対を撤回すればフランスも足並みを揃えざるを得なくなるため，フランスの反対意見も重要ではなくなると考えていたのではないか．

[95] Callaghan to Wilson, 22 March 1974, FCO69/530, TNA.

イソン国防相の見解に同意するとともに[96],イギリス政府として,スペイの対中輸出が実現に至るまで,「スペイに賛成であり,アメリカ政府による報復措置はない」とのキッシンジャーの言質を引き続き確保していくために,今後も働きかけを継続することとなった.こうしてウィルソン政権は,スペイの対中輸出計画の推進の是非がアメリカ政府の影響下にあるとの認識までも前政権から引き継いだ.

---

[96] Bridges to Acland, 22 March 1974, FCO69/530, TNA.

第4節　フォード新政権とキッシンジャーに対するイギリスの不安と期待

　本節では，ジェラルド・フォード米政権の成立をきっかけにイギリスがスペイの対中輸出の行方をめぐり不安をもったこと，またキッシンジャーへの期待をもち続けていたことを説明する．その前に蛇足であるが，スペイに関する中国側の反応を押さえておきたい．

1．中国側の反応

　1974年6月6日，李強・中国対外貿易部部長は，アディス駐中国イギリス大使との電話会談の中で，中国政府として，合意に至らない諸点が存在するとしつつも，製造設備を含むスペイの購入を最終的に決定したことを伝えた[97]．もっとも中国にとって，スペイという西側の兵器技術の導入が実現すれば，西側諸国の軍事関連兵器・技術の導入の積極的推進を追求するにあたり，重要な第一歩となるわけだった．しかしそれでも，中国側がスペイの導入によるある不安を抱えていたのも事実だったようである．
　サイクス駐米イギリス公使は中国側の反応について以下のように分析している．サイクスによれば，中国にとっては，長期的展望にかんがみ，イギリスという単一の供給国に依存することは軍事的・政治的リスクを考慮すれば好ましいことではないとして，スペイの購入を疑問視する声が中国政府内に巻き起こっていたことをイギリス本国に報告している[98]．確かに，中国は，西側諸国から技術を導入しようと模索しはじめたが，西側の特定の一国に依存することで，軍事的・政治的な不安定要因を中国国内にもたらすことに警戒したのであろう．かつて，中国が，共産主義の盟友であったソ連と中ソ協力協定を締結し，ソ連の協力によって産業・経済発展を進めていた矢先，ソ連がソ連人技術者や経済

---

[97] Addis to FCO, 6 June 1974, FCO69/531, TNA.
[98] Addis to FCO, 8 June 1974, FCO69/531, TNA.

専門家を引き上げたというトラウマを抱えていたことも想起される[99]．このような背景の中で，イギリス一国に経済的依存を深化させることを懸念する意見が中国政府内で噴出することになったとしても，不自然ではなかろう．また，中国は，ロウルズ－ロイス社に対し，スペイに内蔵されている米ルーカス航空機社（Lucas Aerospace）製の製造品を好まないと表明していたように，当時アメリカからの技術導入を躊躇していたことがうかがえる[100]．

しかし中国政府は，こうした軍事的・政治的リスクを承知のうえで，スペイを購入するという決定に踏み切った，ということになる．それでは，なぜ，中国がこうした軍事的・政治的リスクを認識しながらスペイの購入を決定したのか．筆者の推測になるが以下3点を指摘したい．第一に，中国がもっとも，イギリスを中国の直接的な安全保障の脅威としてみなしていなかった可能性は指摘できる．イギリスは，ウィルソン前政権下で1968年にスエズ以東撤退を発表し，ヒース政権がこの発表を一時的に撤回したものの1975年までにアジアからイギリス軍の撤退作業を終了させる手続きを行った．このような文脈から，中国にとりイギリスが直接的な軍事的脅威ではない，と中国側が認識していた可能性は指摘できる．他方で中国が，台湾の中華民国の後ろ盾となっているアメリカにとどまらず，国境紛争で戦火を交えているソ連についても安全保障上の脅威として認識していた．このような意味で，米ソ超大国に技術的に依存し，中国の外交戦略を超大国に翻弄されるリスクと比較すれば，中国から遠く離れた西ヨーロッパの一国であり，「老大国」であるイギリスからの技術を導入することによる軍事的・政治的リスクは中国にとってさほど高くないと判断したと考えられる．

第二に，中国は，イギリスが西側諸国の中でも，中国の最も友好的な一国とみなしていた可能性もある[101]．イギリスは中華人民共和国成立直後に，西側諸

---

[99] Youde to Male, 14 April 1974, FCO21/1395, TNA; 毛里和子「科学技術と中国外交」『国際政治』第83号，1986年，94頁．坂本直道『中ソ国境紛争の背景』鹿島研究所出版会，1970年，208-212頁．

[100] "Note of a Meeting with Lucas Aerospace Limited on 14 March 1975 at Monsanto House (Department of Trade and Industry)," undated, FCO21/1395, TNA.

[101] ヤフダによれば，1972年12月から74年12月までの間，中国技術進出口総公司（China National Technical Import and Export Corporation: CNTIC）が総計4.1億ドルから2.5億ドル規模のプラント建設95件に係る署名（署名数は41件）を行い，その中には西欧諸国や日本とのアンモニアや化学繊維の製造，鉄鋼案件が含まれていた．それ以上に，中国が米ソの影響力を排除しつつも，スペイを通じて航空機エンジンという高度技術の導入を図り，将来的には自国で航空機を製造する意図を有していたことが考えられる．Michael Yahuda,

国の中でもいち早く同国の承認に名乗りを上げた[102]．また，イギリスは経済面においても香港を拠点とした貿易を中心に対中貿易の拡大に熱心であった．イギリスは，たとえ東西冷戦の文脈から中国と対峙していたとしても，外交関係をもつ国とは貿易を行うというプラグマティックな外交に依拠していた．また，中国国連代表権問題に関し，イギリスは，かねてから北京政府の国連加盟に賛成し，台湾・中華民国の国連議席維持を狙う決議案（1971年重要事項案）に反対票を投ずるなど[103]，英中関係を改善させたいというメッセージを送り続けてきた．更に，1972年3月，英中大使交換協定が締結されたことも，その論拠として挙げられよう．このように，イギリスは，西側諸国の中でも中国に対して最も友好的な一国であるという認識が，中国政府内で浸透していたという可能性は考えられよう．

2．フォード政権成立後のイギリスの不安

1974年8月9日，ウォーターゲート事件をきっかけにニクソン大統領が辞任したことを受け，フォード副大統領が大統領に就任した．フォード新大統領は，ウォーターゲート事件により失墜していた共和党政権への信頼を回復することに躍起であった．また，フォードは，同事件によるアメリカの外交政策への影響を最小限にとどめるためにも，キッシンジャーを国務長官職に留任させた[104]．

他方，イギリス政府内では，スペイの対中輸出計画に関し，フォード新政権に対する不安が広がっていた．なぜならば，キッシンジャーがイギリス政府に与えた，「ニクソン及びキッシンジャーは，スペイの対中輸出に好意的である」という言質が，新政権成立により反故にされるおそれがあると，イギリス政府関係者たちは考えたからである．イギリス政府関係者の間では，フォード大統領がニクソン前大統領ほどスペイの対中輸出に好意を抱いていないかもし

Towards the End of Isolationism: China's Foreign Policy After Mao (London: Macmillan, 1983), pp. 65-66を参照されたい．

[102] 廉舒『中国外交とプラグマティズム――1950年代における中国の対英政策』慶應義塾大学出版会，2016年，16-19頁．

[103] Victor S. Kaufman, *Confronting Communism: U.S. and British Policies toward China* (Columbia: University of Missouri Press, 2001), pp. 226-227.

[104] フォードは，キッシンジャーについて「国務長官として超弩級」と述べてその続投に大きな期待をもっていた．ジェラルド・R・フォード『フォード回顧録――私がアメリカの分裂を救った』サンケイ出版，1979年，159頁参照．

れない,との声も出ていた[105].また,ウォーターゲート事件を契機に任期半ばで辞任したニクソン政権を引き継いだフォード大統領の政権基盤が不安定であるとの心配の声が英政府内で広がっていた.その背景には,ニクソン前政権が推し進めてきたがニクソン辞任と相まって停滞していた米ソ・米中デタント政策の行方に対して,懐疑的な見方が米議会及び世論の中で広がりつつあったことが挙げられる[106].そのためイギリス政府関係者の間では,米議会[107]及び世論の影響を受けやすい不安定なフォード政権が,ニクソン前政権のデタント政策を修正するおそれがあるとの懸念の声が出ていた[108].

　国務長官に留任することとなったキッシンジャーは,米外交政策を遂行するにあたり,フォード大統領から大きな信頼を置かれていたとはいえ[109],イギリス政府関係者たちからみれば,米政権内でのキッシンジャーの地位や外交政策への彼の影響力は,不安定なものに映った.つまり,キッシンジャーが引き続き新政権の要職を担うとはいえ,フォード新政権の不安定な基盤を背景に,スペイの対中輸出に関する立場を変更してしまう可能性を心配した[110].

　しかしながら,イギリス政府は,ココム及び米官僚を通じた通常の外交チャンネルを利用することによってスペイの対中輸出を実現させる見込みが途絶えた以上,国務長官職に留任することとなったキッシンジャーが,引き続き,アメリカ外交に影響力を及ぼすことに期待するしかなかった.そして,キッシンジャーに対して,どのような方法とタイミングでアプローチすればよいのかという議論が,イギリス政府内の議論の中心に据え置かれた.

3.キッシンジャーに対するアプローチの方法とタイミング

　1974年3月,クローマーの後任として駐米イギリス大使に就任したピータ

---

[105] Cloake to Sharp, 6 September 1974, FCO69/531; Sharp to Cloake, 18 September 1974, FCO69/532, TNA.
[106] Sharp to Cloake, 18 September 1974, FCO69/532, TNA.
[107] 1974年8月の時点では,野党・民主党が上下両院で過半数を占めていた.また,来たる同年11月5日の中間選挙でも,ウォーターゲート事件の影響を背景に共和党は苦戦を強いられていた.
[108] Kay to Marshall, 13 August 1974, FCO69/531, TNA.
[109] ジェラルド・R・フォード『フォード回顧録――私がアメリカの分裂を救った』サンケイ出版,1979年,156-159頁.
[110] Sharp to Cloake, 18 September 1974, FCO69/532, TNA.

ー・ラムズボサム（Sir Peter Edward Ramsbotham）は，11月23日，キャラハン外相に対し，11月下旬のキッシンジャーの中国訪問中，あるいは，11月25日にキッシンジャーが中国に到着する前に，ロウルズ－ロイス社と中国側の中国技術進出口総公司（China National Technical Import and Export Corporation, 以下 CNTIC）の間でスペイに関する交渉が現在行われていることを伝達する旨進言している[111]．こうしたラムズボサム大使の進言に関し，クローク英外務省貿易関係輸出部長は，キッシンジャーに対して，この交渉が現在進行中であることを可及的早期に伝達するという機会をもつことに同意している．クローク部長は，これを遂行することによって，キッシンジャーがイギリス政府に言質を与えたという既成事実に対して米政権高官たちから非難を受けるリスクを回避することができるとして，ラムズボサム大使の提案に同意した[112]．つまり，もし，スペイの対中輸出計画に関する案件が公表された場合，イギリス政府とキッシンジャーが秘密裏に接触を続けてきたという事実，また，こうした接触を通じてスペイの対中輸出計画を進めたという事実について，キッシンジャー自身が米政府官僚機構，米議会及び世論に対して説明できるような状況を作っておくことが重要であり，そのためにもイギリス政府としてキッシンジャーに配慮する必要がある，というのがラムズボサム大使の考えであった．イギリス政府は，ラムズボサム大使の提案を基にしつつ，キッシンジャーに対し，スペイの対中輸出計画をめぐる英中間の交渉やその見通しに関し事前に報告することによって，引き続き，キッシンジャーによる言質の確保を模索することとなった．メイソン国防相は，もし，イギリスがアメリカ政府との協議を遅滞させた場合アメリカとの不和をもたらすことを懸念するとともに[113]，英米関係の悪化を招いてはならないと警告した．ここでも，イギリス政府関係者たちは，対

---

[111] Callaghan to Wilson, 21 November 1974, FCO69/532; Callaghan to Peking, 23 November 1974, FCO69/532, TNA. ラムズボサム駐米大使は，ロウルズ－ロイス社が CNTIC と北京で行っている現在進行中の交渉が，まさにキッシンジャーが訪中するというタイミングで行われていることに言及している．キャラハン外相は，キッシンジャーに対し，ロウルズ－ロイス社の中国訪問団が，キッシンジャーの訪中と同時期に北京を訪問しているということを知らせることは意義があると考えた．また，同外相は，キッシンジャーと中国側で会談が行われる中で，スペイの対中輸出計画を触媒にすることで，英米及び中国が緊密な接触を拡大していくことの必要性を，中国にアピールできると語っている．

[112] Cloake to Marshall, Permanent Under-Secretary and Private Secretary, 21 November 1974, FCO69/532, TNA.

[113] Omand to Lord Bridges, 11 November 1974, FCO69/532, TNA.

米関係に配慮するという姿勢を貫いていた．

また，キャラハン外相は，ラムズボサム大使の提案を積極的に進めていくべきとの立場を明確にしている．ただし，同外相は，8月にアディスの後任として駐中国イギリス大使に就任したエドワード・ユード（Sir Edward Youde）に対し，中国訪問中のキッシンジャーに接触する際には，1974年に国務省顧問に就任したゾンネンフェルトNSC上級部員やローレンス・イーグルバーガー（Lawrence Sidney Eagleburger）国務長官上級補佐官といった，キッシンジャーの側近に限定することによって，情報漏洩がないよう注意すべきであると伝えた[114]．キャラハン外相は，キッシンジャーあるいはその側近というごく少数の関係者との秘密裏の接触を通じて，キッシンジャーが米の外交政策における影響力を発揮できるよう英政府として配慮するとともに，イギリス政府がキッシンジャー及び彼の外交に期待をかけているというメッセージを示唆することを模索した．無論，イギリスにはスペイの案件に関してキッシンジャーと意思疎通を継続することは，キッシンジャーとの関係及び緊密な英米関係を維持するうえでも非常に重要であった．また，対外的な意味においても，キッシンジャーとの秘密裏のやり取りを継続することには重要な意味があった．なぜならば，仮にイギリスがキッシンジャーと連絡取り合っていることを中国側に知られれば，「スペイの件で，アメリカがあまりにも強い発言力をもっているのではないか[115]」との疑念を中国に抱かせ，アメリカがイギリスに係る問題に対し，非常に大きな影響力をもっていると中国に勘違いさせるおそれがあったからである．

11月24日，ユード大使は，ジョージ・ブッシュ（George Bush）駐中国アメリカ連絡事務所長に対し，キッシンジャー宛の極秘メッセージを手交した[116]．ブッシュ所長からメッセージの受取を確認した旨の返信があったものの，スペイの対中輸出計画に関するキッシンジャーの言質に関しては何のコメントもな

---

[114] Callaghan to Peking, 22 November 1974, FCO69/532, TNA. キャラハン外相はゾンネンフェルトとイーグルバーガー以外に，駐中国アメリカ連絡事務所長のジョージ・ブッシュに接触してもよいとしているが，ブッシュにはキッシンジャーと交わした議論の本質を伝えるべきでないと説明した．なお，イーグルバーガーについては，1969年からキッシンジャーの補佐官としてホワイトハウスに勤務し，その側近としての役割を担った．キッシンジャーが国務長官に就任した際，彼は国務長官上級補佐官となり，1975年5月からは国務次官代理（管理担当）を務めた．

[115] Youde to FCO, 23 November 1974, FCO69/532, TNA.

[116] Youde to FCO, 24 November 1974, FCO69/532, TNA.

く，イギリス政府は，その後もキッシンジャーからの言質が本当にスペイの対中輸出が最終合意に至るまで持続されるものなのか否か，不安を募らせていた．

イギリス政府は，その後もキッシンジャーのイギリス政府に対する信頼を確保し，彼がイギリス政府に与えた言質を維持するために，キッシンジャーに対してスペイの交渉に関する情報を知らせることを決定したことは前述したが，こうした状況において，イギリス政府として，どの程度の頻度で，そしてどのようなタイミングでキッシンジャーに交渉の経緯を伝えるかという問題が英政府内で提起された．

ヒュー・コータッツィ (Sir Arthur Henry Hugh Cortazzi) 駐米公使（商務担当）[117]は，「政治的・戦略的考慮」を最重要視すべきであると主張した[118]．「政治的・戦略的考慮」とはすなわち，アメリカ政府の見解が最も重要であるという見方を指す，とコータッツィ駐米公使は強調している．そのうえで，コータッツィ公使は，単に，スペイをめぐる取引に新たな変化が生じた状況のみについて，米側，特にキッシンジャーに伝達するようであれば，「イギリスはもはや信頼できる同盟国以下である」との非難をキッシンジャーたちから浴びるであろうし[119]，こうしたリスクを回避する方法は，スペイの対中輸出に関し，キッシンジャーから言質を確保することなく，米側，特にキッシンジャーに対し，直ちに本件に係る交渉の現状や将来的見通しについて逐一知らせることが重要であること，また，スペイの対中輸出を実現するための状況が整えば，コ コムにおける対応について協議すべきであることを強調した[120]．

こうしたコータッツィ駐米公使の主張に対し，ピーター・マーシャル (Peter Marshall) 外務次官補（経済・商業担当）は，イギリス政府にとりアメリカの態度が重要であるという同公使の認識を共有するとしつつ，ロウルズ－ロイス社の対中交渉に関し，スペイの第三国への移転や値段をめぐって停滞した状況が続いており，1975年4月になっても，この契約に係る枠組みについてもまだ合意に到達していない中で，アメリカ側，特にキッシンジャーにアプローチするのは危険であると述べて，コータッツィ公使に対し異論を唱えている[121]．

---

[117] コータッツィ駐米公使はその後，1980年から84年にかけて駐日大使を務めた．
[118] Cortazzi to Marshall, 14 April 1975, FCO21 / 1395, TNA.
[119] Ibid.
[120] Ibid.
[121] Marshall to Cortazzi, 1 May 1975, FCO21 / 1395, TNA.

第4章　中国をめぐる英米関係　1973-1975年　171

つまり，マーシャル次官補の見解は，もし，イギリスが逐一キッシンジャーに報告し，その報告の内容を二転三転させた場合，かえってキッシンジャーを困惑させ，イギリスに対するキッシンジャーの信頼を失うおそれがある，というものである．したがって，マーシャル次官補は，キッシンジャーに対し交渉の現状を知らせる時期に関していえば，英中間の契約の枠組みが明らかになってからでも遅くはないとの見方を示した．コータッツィ公使のように，キッシンジャーからの信頼を取り付けようとするあまり，キッシンジャーへの接触を直ちに行おうとする声と，マーシャル次官補のように，スペイの対中輸出に係る契約の内容が明らかにされるまでキッシンジャーとの接触を行わないほうがよいとする二つの異なる見解が，英政府内に存在した．結果的にコータッツィ公使がマーシャル次官補の見解を不本意ながら受け入れることとなり[122]，イギリス政府は，しばらくアメリカに対して行動を取ることはしなかった．なぜならば，スペイの対中輸出に係るロウルズ−ロイス社とCNTICの交渉は，前述のとおり，イギリス政府が予想した以上に，妥協点を見出すまで停滞していたからである．その結果，1975年9月に入ってもイギリス政府は，キッシンジャーへのアプローチを行うことはなかった[123]．

---

[122] Cortazzi to Marshall, 15 May 1975, FCO21/1395, TNA.
[123] Callaghan to Washington, 4 September 1975, FCO21/1396, TNA.

第5節　第三国移転をめぐる障害の解決と契約成立

1．スペイ対中輸出の最後の最大の障害——第三国移転をめぐる問題

　スペイの対中輸出の詳細をめぐり，ロウルズ－ロイス社とCNTICの交渉が長引いていた．とりわけ，中国国内で製造されるスペイの第三国への売却に係る問題をめぐって，双方は，合意を見出すことができないでいた．本節では，双方がどのようにしてスペイの第三国への移転問題を解決に導いたのかを論じていきたい．

　1974年12月，ロウルズ－ロイス社と中国側であるCNTICの間の交渉は，最後の最大の障害である第三国移転禁止条項（non-assignment clause）を，主契約書から削除するか否かの問題をめぐって停滞していた．第三国移転禁止条項とは，すなわち，以下のとおりである．

> 「購入者側は，中華人民共和国が軍用機に使用する際には，販売者側から付与された文書の内容に則り，いつでもエンジン及びその構成部品，ユニット，完成部品，付属品を製造し，運搬し，検査し，試験する権利を有している．そして購入者側と販売者側の間における更なる合意なしにこのエンジン，構成部品，ユニット，完成部品，付属品を中華人民共和国の国外へ売却してはならない」[124]．

　CNTIC側は，特に以上文言の下線部分について，CNTICの裁量を狭めるものであり中国に不利な内容であるとして，容認できないと反対した．

　イギリス政府は，もしスペイの第三国への移転を認めることとなれば，中国が北朝鮮，北ベトナム，タンザニア及びアルバニアなどに向けてスペイを輸出する可能性を憂慮していた[125]．特に，1975年9月，キャラハン外相は，ロウル

---

[124] Russell to Statham, 29 September 1975, FCO21/1397, TNA. 下線部引用者．
[125] Youde to FCO, 1 March 1975, FCO21/1394; "Spey for China," Brief by the Trade Relations

ズーロイス社から,中国政府が中国で製造されたスペイをルーマニアに向けて輸出することに関心を有していることを知らされた。同社のスタンレー・ホーカー(Sir Stanley George Hooker)技術主任は,イギリス政府に対し,ルーマニアが,中国で製造されたスペイの輸入を意図し,将来的にルーマニアとユーゴスラビアが共同開発する新しい戦闘機に「中国製スペイ」を搭載するのではないか,と語っている。この文脈において,ホーカー主任は,スペイが中国に輸出されれば,今度は,ユーゴスラビアが中国及びルーマニアからスペイを輸入することを模索することになろう,と述べている[126]。こうしたホーカー主任の意見に対し,キャラハン外相は,中国及びルーマニアが,スペイの移転を通じて近代技術を導入したと強調することによって国家の威信を誇示する可能性があるので,こうした不確かな情報も信憑性がないわけではない,との認識を示した[127]。確かに,1973年,ルーマニア共産党書記長のニコラエ・チャウシェスク(Nicolae Ceaușescu)が非公式な場において,「北京＝ブカレスト＝ロンドン枢軸」構想に言及するなど[128],超大国,特にソ連に対抗する手段を模索していたとされている。こうした文脈から,イギリスから中国に輸出されたスペイ関連技術が中国に導入され,中国国内で製造されたスペイが,ソ連に対抗することを模索するルーマニアを含む第三国に向けて輸出される可能性は排除できなかった。

英外務省貿易関係輸出部は,たとえ近代的な兵器及び技術ではないとしても,スペイのような軍事用の航空機ジェットエンジンがワルシャワ条約機構加盟国に渡るようなことになれば,イギリスはNATOやココムにおいて困難な立場に置かれるおそれがあると主張している[129]。また,同部は,スペイが中国から北ベトナムや北朝鮮に輸出される可能性について,アメリカ政府が懸念する可能性を指摘した[130]。また,コータッツィ駐米公使は,スペイが第三国に移転される可能性があれば,キッシンジャーが,スペイの対中輸出に好意的であると

---

and Export Department, 2 January 1975, FCO21／1393, TNA.
[126] Justin to Lieutenant Colonel, 27 August 1975, FCO21／1396, TNA.
[127] Callaghan to Washington, 4 September 1975, FCO21／1396, TNA.
[128] "Visit to Romania of Sir Kenneth Keith, Chairman of Rolls Royce: 18-23 October 1973," Ashe to Russell, Shea, Rowell, 23 October 1973, FCO69／420, TNA.
[129] "Spey for China," Brief by the Trade Relations and Export Department, 2 January 1975, FCO21／1393, TNA.
[130] *Ibid.*

いうこれまでの立場を変更させてしまう可能性を懸念した[131]．こうした懸念を受け，イギリス政府は，スペイ及びその技術の第三国への移転の禁止条項が主契約書に含まれるべきとの統一見解を有した[132]．イギリス政府は，中国から北朝鮮や東欧に向けたスペイの移転を規制することができれば，引き続き，キッシンジャーからの同意を確保することに繋がる，と考えたのである．

ロウルズ－ロイス社は，イギリス政府のこうした見解を重く受け止め，CNTIC に対し，スペイ関連技術の第三国移転禁止を受け入れるよう要求することとなった．9月29日，ロウルズ－ロイス社が外務省に送付したメモランダムによると，中国側は，同社に対し，スペイや同エンジンの製造に必要な部品を第三国に移転することはないし，中国国内における利用に限定すると表明した[133]．また，中国が国外に航空機及びその技術を売却するような海外市場を有していないことから，スペイを第三国に移転する可能性は低いとロウルズ－ロイス社は考えた．

ただし，ロウルズ－ロイス社は，スペイの対中輸出が実現した後になって，中国がスペイを北朝鮮などの第三国に移転する可能性をイギリス政府が懸念しており，第三国移転禁止条項を契約書に含めるべきとしていることについて，理解を示している[134]．結局，同社はこうしたイギリス政府の見解を受け入れ，同政府の指示を受け入れたのである．

無論，CNTIC 側は，かねてから第三国移転禁止条項を受け入れる余地はないと主張していた．CNTIC は，ロウルズ－ロイス社が求める同条項削除に応じる姿勢をみせることなく，こうした状況は，1974年から1975年10月頃まで続くこととなった．同社は，この交渉が予定以上に長引く中で，イギリス政府が第三国移転禁止条項を契約書に含めるよう求める一方，中国が同条項を拒絶するという，困難な板挟み状況に置かれることになった[135]．中国側は，スペイを第三国に売却する意思はなく，「武器ディーラー」になるつもりはない，と述べるとともに，第三国移転禁止条項に関しては中国の主権を侵害するものであり，決して容認できるものではないと強く主張した．中国は，このような「不

---

[131] Cortazzi to Marshall, 14 April 1975, FCO21／1395, TNA, p. 1.
[132] Ramsbotham to FCO, 18 September 1975, FCO21／1397, TNA.
[133] Russel to Statham, 29 September 1975, FCO21／1397, TNA.
[134] *Ibid.*
[135] Youde to FCO, 17 December 1974, FCO69／532, TNA.

利な隷属（injurious servitude）」をイギリスから受けたくはない，と述べて第三国移転禁止条項を受け入れることを拒絶した．このようなかたくなな中国の態度により，1975年11月をすぎても双方に妥協の余地が見られない中，イギリス政府内では，貿易産業省，特に，ジョン・ベズウィック（Sir John Beswick）貿易産業副大臣らを中心に[136]，第三国移転禁止条項を削除してもよいという意見が出てきた．また，外務省貿易関係輸出部の中においても，価格など残りの争点が解消され，同条項が交渉における唯一の障害となれば，同条項の削除を容認してもよいという意見が上がった（無論，駐中国大使が中国政府から，第三国にスペイを移転しないという，口頭による言質を取り付けるべきであるという条件つきであるが）[137]．

しかし，ロウルズ－ロイス社と CNTIC による交渉が停滞する中，中国側は，ロウルズ－ロイス社側に対し，突如として，ある代替案を示した[138]．代替案とは，第三国移転禁止条項を主契約書に盛り込むのではなく，付属文書の中に盛り込む，というものであった．元々，第三国移転禁止条項を付属文書の中に盛り込むという案は，中国が当初，イギリス側に示した提案であったが，その後の交渉で中国側が同条項の是非をめぐり非妥協的姿勢に転じたため[139]，同提案は，しばらくの間，日の目を見ることはなかった．なぜ，中国がこの時期に妥協姿勢に転じたのか．筆者の推測になるが，この時点で値段と完成されたスペイの基数[140]をめぐって合意が到達しつつあり，スペイの契約に関する最終合意が間近であると予感した CNTIC が，このタイミングで第三国移転禁止条項を付属文書に含めるという妥協案を最終的に受け入れることで，スペイの契約に係る最終合意を実現したかったからであろう．

---

[136] Popplewell to Statham and Galsworthy, 13 November 1975, FCO21 / 1398: Beswick to Hatterley, 12 November 1975, FCO21 / 1398, TNA.

[137] Popplewell to Statham and Galsworthy, 13 November 1975, FCO21 / 1398, TNA.

[138] Fenn to Beswick, 12 November 1975, FCO21 / 1398, TNA.

[139] "Note of a Meeting with Officials and Rolls-Royce (1971) and Spey Aero-engines for China," 29 October 1975, FCO21 / 1397, TNA, p. 1. ロウルズ－ロイス社と CNTIC によるスペイの対中輸出に係る交渉の中で，第三国移転禁止条項が提起された際，中国政府が，第三国移転禁止条項は主権を侵害するものであると主張して，この交渉に介入したことによって，CNTIC が，態度を硬化させた可能性はある．

[140] 当初，CNTIC は，スペイの輸入200基を計画したが，後に30基ないし50基，最終的に50基及びエンジン製造用キット10セットの輸入を示した．また，値段であるが，ライセンス及び協力費用が4400万ポンドから5500万ポンドかかること，エンジンの費用が2500万ポンドかかること，また，設備及び材料費用が1000万ポンドから1500万ポンドかかること，そして以上の総計は，8000万ポンドから1億ポンドかかり得ると推測されている．

この結果，11月26日，中国側が契約に署名して今後10年間にわたり，スペイの第三国への移転を認めないことに合意したことにより，スペイに関する第三国移転禁止条項が付属文書に盛り込まれることとなった[141]．

2．署名実現

　1975年9月10日，ラムズボサム駐米大使は，本省宛て公電の中で，キッシンジャーが1975年10月18日及び19日に訪中する予定である旨報告した．ラムズボサム大使は，ロウルズ－ロイス社と CNTIC によるスペイに関する交渉が北京で行われていることから，キッシンジャーが北京滞在中，この交渉について耳にするであろうから，このタイミングで，キッシンジャーに対し，本件に関して提起してみてはどうか，と外務本省に提言した[142]．

　キャラハン外相は，10月に入ってもスペイの第三国移転禁止条項や値段をめぐる交渉が停滞しているために，キッシンジャーに対し，本件に関し何も伝えられないことに苛立っていた[143]．ラムズボサム大使の提言を受け，10月10日，キャラハン外相は，ラムズボサム大使が，キッシンジャーに対し，スペイの件に関して提起することを許可する旨伝えた[144]．ラムズボサム大使は，こうしたキャラハン外相発電報に迅速に対応し，同日午後，キッシンジャーとの会談を行った．この会談の中で，キッシンジャーは，ラムズボサム大使に対し，「数年前に行った言質を覚えており，今でもこの取引に反対しない[145]」と述べ，従前の言質を再確認した．

　イギリス政府がココムという枠組みにとらわれることなくスペイの対中輸出を実現させるにあたり，キッシンジャーの言質を再確認したことは，大きな足がかりとなったのである．こうした中，1975年11月までに，ロウルズ－ロイス社と中国側の交渉は終盤を迎えることができた．11月13日，英国防省は，スペイの対中輸出に関する契約が合意に到達することに先立ち，技術移転承認書 (Technical Certificate of Type Approval) を発行するとともに[146]，11月27日，イ

---

[141] Beswick to Statham and Green, 26 November 1975, FCO21 / 1398, TNA.
[142] Ramsbotham to FCO, 10 September 1975, FCO21 / 1396, TNA.
[143] Callaghan to Washington, 10 October 1975, FCO21 / 1397, TNA.
[144] *Ibid.*
[145] Ramsbotham to FCO, 10 October 1975, FCO21 / 1397, TNA.

ギリス政府は，ロウルズ－ロイス社に対し，中国とのスペイに係る契約署名を承認した[147]．そして，12月13日，ロウルズ－ロイス社と CNTIC の間で2億英ポンド規模となる契約が最終的に署名され，これにより，スペイの対中輸出が実現することとなった[148]．

---

[146] Abbotts to Rolls-Royce, 13 November 1975, FCO21 / 1398, TNA.
[147] Ennals to Beswick, 27 November 1975, FCO21 / 1398, TNA.
[148] この契約は，ロウルズ－ロイス社のライセンス下，中国国内でのスペイ製造を柱とした内容となった．なお，中国側がスペイに適した航空機体を開発できなかったことを背景に，1980年にはスペイに係る契約は終了した．スペイ製造に利用されていた施設は，後に自転車製造に利用された．Michael Yahuda, *Towards the End of Isolationism: China's Foreign Policy After Mao* (London: Macmillan, 1983), p. 191; Michael Yahuda, "The Sino-European Encounter: Historical Influences on Contemporary Relations," David Shambaugh, Eberhard Sandschneider and Zhou Hong (eds), *China-Europe Relations: Perceptions, Policies and Prospects* (London: Routledge, 2007), p. 24を参照されたい．

第6節　まとめ

　苦境に喘ぐイギリスの航空機製造産業を活性化させる意図が英政府，特に英貿易産業省にあったことは，イギリスがスペイの対中輸出を推進した理由として明らかである．国有化されたロウルズ－ロイス社の経営再建のためにスペイの対中輸出のような大規模ビジネスが必要であったという一側面は決して否めないであろう．また，中国の航空機市場への足がかりを確保するという意味合いも強かった．

　次になぜ，イギリスはスペイの対中輸出を推進することができたのか．イギリスが，同エンジンの対中輸出案の推進が可能となった要因は，第一にアメリカ政府内におけるトップダウン型のキッシンジャーの手腕によるところが大きい．キッシンジャーは，スペイの対中輸出計画について，イギリス政府に対し，アメリカの対中政策と完全に一致するものであるので，ニクソン大統領及び自分自身はこの計画に好意的であると伝達したが，1973年9月後半に国務長官に就任するまでは，この計画の実現に向けた実質的な措置を講ずることは困難であること，また，国務省や国防総省の米政府官僚を介した形での通常のチャンネルを通じてイギリスと交渉を行うつもりはないと明言していた．1973年9月22日，国務長官に就任したキッシンジャーは，その2日後の24日，ヒューム英外相との会談を行い，米政府官僚たちに対して影響力を行使し，彼らの態度を変えさせると示唆した．その3カ月後，ヒューム外相は，アメリカ政府が，非公式な形であるものの反対を撤回したことを確認した．

　第二に，イギリスがキッシンジャーの影響力を頼りにしたことであろう．つまり，イギリスがキッシンジャーという強力な手腕をもつ政治指導者の登場というアメリカ外交における変化を鋭く察知し，キッシンジャーの実力と手腕にスペイの案件を任せる，という判断を行ったことが，スペイの対中輸出の実現へと導いたのである．これにより，キッシンジャーは，国務長官の就任後に「官僚に対して残忍な仕打ちをする」ことによって，国務省に対し強力な影響力を及ぼし，自身の手腕を発揮することをイギリスに約束した．この際にキッシンジャーが，国務省官僚に自身の手の内を明かすことのない，対英秘密外交

を展開した痕跡もみうけられる．その結果，アメリカ政府は非公式ではあるもののスペイの対中輸出への賛成する旨をイギリスに伝えた．そして，それまでの妥協の余地のない反対表明を抑え，報復措置をとらないことを示唆したのである．イギリスがキッシンジャーの登場によるアメリカの政策転換という変化を鋭敏に読み取ったことが，スペイの対中輸出を実現するうえで，非常に重要な要因であったといえよう．

　以上から，イギリス政府とキッシンジャーが，ココムという既存の国際的枠組みにとらわれない柔軟な思考に基づいた外交を展開したことがいえよう．英外務省文書は，以下のように語っている．

「キッシンジャーが知るように，我々はココム原則を適用するうえで，"民生用途限定"という凝り固まった教義ではなく，個々の事例における戦略的・経済的考慮をより重視するべきであると考えている」[149]．

つまり，イギリス政府は（ココムなどの）通常の外交チャンネルを好まないキッシンジャーの意思を敏感に認識しそれに沿う形で行動した．実際，イギリス政府がキッシンジャーのイニシアティブを促進させるべく，彼の側近のみにメッセージを託すなどの配慮を心がけ，彼のイギリスに対する信頼を確保しようと意図した．それにとどまらず，西側同盟国の間で取り決められた対共産圏封じ込めという冷戦型思考が自国の戦略に矛盾するのであれば，イギリスがこれを乗り越え柔軟に対処する選択を行ったこと．そしてキッシンジャーが三角外交を更に有利に展開するためには，ココムという枠組みを乗り越えスペイの対中輸出を実現させることが必要であると認識して，イギリス政府に対してスペイの案件に極秘に賛意を示し，これを推し進めるために国務長官就任後に米政府内で影響力を行使したことがスペイの対中輸出の実現を可能にした重要な鍵であるといえよう．

---

[149] "Visit of the Prime Minister to Washington 29-31 January 1975, Rolls-Royce Aero-engines for China and the USSR, and COCOM (Defensive)," Brief by the Foreign and Commonwealth Office, 21 January 1974, FCO21/1293, TNA, p. 2.

終 章

中国をめぐる英米の協力

第1節　米中接近から航空機技術の対中輸出まで

　本著は，アメリカ政府が対中貿易統制を緩和させるという政策を決定し，米中接近を契機にイギリスによる一連の航空機の対中輸出が計画され，その中でもスペイの対中輸出が実現するまでの時期に焦点を当てることによって，英米が協力した経緯を考察してきた．以下，序章で提起した四つの質問をたどることによって，「英米両国がそれぞれ対中接近を進めていく中で，緊密な協調関係を維持できたのはなぜか」という主題に答えることとしたい．

　第一に，ニクソン政権成立後，外交政策への米政府官僚機構の影響力が減少していったのはなぜか．その答えとして，ニクソン政権が，トップダウンによる対中政策の実行を強化したことを明らかにした．キッシンジャーは，ニクソン政権成立当初，関係各省庁に対して対中政策の再検討に係る具体策を指示したものの，その内容はキッシンジャーにとって抽象的かつ中身のないものであった．関係各省庁の政策立案とは別に，NSC内に設立された次官委員会では，対中貿易統制の一部緩和を提案する案が作成されていった．次官委員会，特に同委員長を務めたリチャードソンは，キッシンジャーに協力し，大局的な外交政策に基づいて非戦略分野での貿易統制を緩和することで，対中接近政策の試金石にしようとした．ニクソンとキッシンジャーは，対中接近を進める中で，対中貿易統制の緩和を対中政策の一環として位置づけるとともに，対中貿易統制の緩和をホワイトハウス主導で進めようと考えた．そのためにも，NSC次官委員会が対中貿易統制の緩和に係る政策立案を行う役割を果たすこととなった．NSC次官委員会は，ニクソン大統領の依頼を受け，NSDM17を含む米中貿易統制の緩和を中心とした米中接近に向けた一連の方策を提言した．ニクソンがこうした提案を承認していくことで，NSCが米中接近に係る政策への影響力が増大していった．政権成立当初はロジャーズ国務長官が対中接近政策を進めるうえでイニチアティブをとろうとした動きはあったものの，NSC次官委員会が一連の政策立案を行いニクソン大統領がこれを承認していく中で，国務省などの米政府官僚機構の影響力が減少していった．ニクソンが米政府官僚機構をバイパスしつつ，NSC次官委員会に対して政策提言を求め，これを承

認するというように，トップダウンによって米中接近を進めたのである．NSC次官委員会は，「これが大統領の政策である」という虎の威を借りることができたであろう．

　第二に，イギリスが，キッシンジャー極秘訪中によるショックを受けたにもかかわらず，その直後にも対米関係の維持を模索したのはなぜか．序章で指摘したとおり，イギリスは，アメリカに協力する形で台湾における中華民国を唯一の合法政府とみなしてきた日豪とは異なり，大陸の中華人民共和国を国家承認し，プラグマティックな対中政策を維持してきたことから，米中接近の動きをきっかけに対中政策を転換したわけではない．ただし，第1章で説明したとおり，イギリスの対中政策は何よりも東アジアにおけるアメリカのプレゼンスに依存していること，またイギリスがアジアの安定化という責任を維持することでアメリカとの紐帯を維持すべきことをイギリス政府は適切に認識していた．したがって，直前まで英側に通告なくキッシンジャーが極秘裏に北京訪問を行ったことは，東アジアにおけるアメリカのプレゼンスに配慮して対中政策を進めてきたイギリス政府関係者たちを困惑させ，ヒース首相を憤慨させた．しかし，ヒューム英外相やクローマー駐米大使といった外務省を中心とするイギリス政府関係者は，拙速な形で対中接近を進めるのではなく，冷静沈着に情報収集に努めるべく，キッシンジャーとの接触を積極的に行い，キッシンジャーから対中政策及び英米関係について率直な考えを引き出したこと，また，イギリス政府はこうした外交活動を通じて冷静にかかる状況を把握することとなったことである．ヒューム外相は，在米イギリス大使館がアメリカ側に対して「イギリスの真上を飛び越えるようなアメリカの」外交手法に対するイギリス政府としての不満を伝えるよう指示しつつも，イギリス政府として，引き続き英米関係の重要性を理解しているとキッシンジャーに伝達するよう依頼しており，キッシンジャー極秘訪中がもたらし得る英米関係への影響を防ぐべきとの認識を有していた．クローマー駐米大使がキッシンジャーと行った会談の中で，キッシンジャーは，米国務省をバイパスさせる形で対外政策を展開する事実を「明かすことは困難」であったと率直に述べている．英側は，こうしたキッシンジャーの率直な態度を受け，キッシンジャーが英米関係に大きな価値を据えていることを確信した．また，キッシンジャーの極秘訪中をきっかけに大きなショックを受けた日豪とは異なり，イギリスは，ニクソンとキッシンジャーによる「三角外交」に基づく外交手法，また，米国務省がこうした外交手法に嫌

悪感を抱いていることを適切に認知することとなった.

　米中接近をきっかけに,イギリスは,これまでの対中政策を一層推し進めることとなった.イギリスは,一連の航空機及び航空機技術の対中輸出が,中国市場におけるイギリスのシェアの拡大に繋がり,英中関係に資するものとして積極的に計画することとなったこれらの航空機技術の対中計画の中でも主に,①民間航空機トライデント機,②垂直離着陸型戦闘機ハリアー機,③民間航空機VC-10機の現地生産計画,④軍用機用ジェットエンジンであるスペイが挙げられる.一連の英中間交渉及び英米間交渉の中で,トライデント機とスペイの対中輸出は実現したが,ハリアー機とVC-10機に係る計画は実現しなかった.

　第三に,ハリアー機とVC-10機の対中輸出計画が実現しなかったのはなぜであろうか.この二つの航空機の対中輸出計画に共通する点としては,イギリス政府が,政府内における意見の相違に直面する中で,アメリカに最大限配慮する形で対中政策を進めることの重要性を認識したことから,ハリアー機及びVC-10機の両計画に慎重姿勢をとったことを説明した.これらの二つの計画に関し,それぞれの経緯に言及したい.まず,ハリアー機の案件であるが,軍用機であるという性格もあり,イギリス政府内,特に外務省と国防省が慎重な姿勢を示していたことから,この航空機の対中輸出をめぐって,積極的な貿易産業省との意見の相違が生じていた.すなわち,英貿易産業省が,航空機の対中輸出を積極的に推し進めることで,イギリス国内の雇用を拡大することができる点,また,イギリスが多くの利益を得ることを通じて,ヨーロッパの航空機産業市場で優位に立つことができる点を強調する一方,外務省と国防省は,航空機の対中輸出を進めるにあたりアメリカの同意は必要であるとしていたのである.防衛対外政策公式委員会の場で省庁間の意見の調整が行われた結果,国防省と外務省の見方に限りなく近い結論に到達することとなった.つまり,仮にイギリスがハリアー機の対中輸出を実現させることで経済的利益を追求した場合,アジアの米同盟国を含む近隣諸国の安全保障上の脅威となる可能性に加え,アメリカがバトル法に基づいて英側に対し厳しい対応をとる可能性が高いということである.アメリカの厳しい対応とは,すなわち,技術開発情報及び軍事情報の交換の中断,在英米軍基地の撤退が挙げられており,これらはイギリスに耐え難い措置であるとしている.同委員会は,アメリカの反対表明があれば,それは絶対的なものであると極めて強い表現で強調している.省庁間でのこうした意見調整を受け,ヒース英首相は,1973年2月2日に行われた英米

首脳会談の際，キッシンジャーに対し，ハリアー機が軍用機であることを理由に，英政府として慎重姿勢をとることを明確にした．こうして，イギリスが対米関係を最大限考慮したことが，ハリアー機の対中輸出を進めなかったことの重要な理由であった．

次に，VC-10機の中国国内での現地生産計画について説明する．計画推進派の貿易産業省と慎重派の外務省及び国防省を交えた防衛対外政策公式委員会では，ハリアー機の対中輸出計画ほど困難なものではないとしつつも，VC-10機に係る計画に関し，アメリカとの合意に向けて努力すべきという統一見解が出された．これを受け，イギリス政府は，アメリカの同意を得られなければ，VC-10機に係る計画をココムの場で提起しない方針，すなわち，イギリス政府として計画を前進させない決定を下した．仮に，イギリスがアメリカの同意を確保せずにVC-10機に係る計画を進めた場合，英米関係に悪影響を及ぼす可能性があると考えた．1973年2月2日の英米首脳会談の中で，イギリス側が本件について提起したところ，キッシンジャーが，「米行政府の中で意見が割れている」と述べて曖昧な態度をとった．そのため，イギリスはVC-10機に係る計画を押し進めることを控え，対米関係に配慮することとなった．キッシンジャーが曖昧な態度をとった理由としては主に，VC-10機の対中輸出を推し進めることによって，米主導の三角外交の中でアメリカが具体的にどのようなメリットがあるのかを見出すことができなかったことが挙げられる．

第四に，トライデント機とスペイの対中輸出は実現したのはなぜか，という質問に答えたい．まず，トライデント機の対中輸出が実現した理由として，ニクソン大統領が同意したことにより，米国防総省の強い反対を乗り越えたことを明らかにした．NSDM17を含むアメリカ政府による対中貿易統制緩和の動きを受け，イギリスは，米政府がどの程度まで対中輸出を緩和させるかを注視しつつ，トライデント機の対中輸出計画に関してアメリカ側の反応を探った．その結果，米国防総省の強硬な反対に直面することとなった．同省は，トライデント2E型の電子航行装置が中国に移転されることは，安全保障上，問題があるという立場をとり，反対を重ねて表明することとなった．ただしその後，国防総省が，ホワイトハウスが本件に同意すれば同省として反対しないとの条件を付したことは大きい．ニクソン政権は，本件に同意したことによって，トライデント機の対中輸出計画に立ちはだかっていた国防総省の反対という障害が取り除かれ，この計画は実現することとなった．この背景には，アメリカ政

府として，イギリス製民間機の対中輸出に反対すれば，アメリカ製民間機を対中輸出する際にも影響が生じ得るとするニクソンの政治判断があったのであろう．また，ニクソンは，民間機そのものの対中輸出は，政治的及び安全保障上の視点から，西側に悪影響を及ぼす可能性は低いと判断した可能性もある．更に，アメリカ側としては，キッシンジャーの極秘訪中による英米関係への影響を最小限にとどめ，緊密な英米関係を維持するという狙いもあったかもしれない．キッシンジャー訪中が発表されてわずか5日後にニクソン政権がトライデント機の対中輸出に同意したことをイギリス政府が確認したというタイミングは，単なる偶然ではないかもしれない．

　それでは，スペイの対中輸出が実現した理由は何か．第一に，アメリカ政府内におけるトップダウン型のキッシンジャーの手腕によるところが大きい．キッシンジャーは，スペイの対中輸出計画について，イギリス政府に対し，アメリカの対中政策と完全に一致するものであるので，ニクソン大統領及び自分自身はこの計画に賛成する旨示唆したが，1973年9月後半に国務長官に就任するまでは，この計画の実現に向けた実質的な措置を講ずることは困難であること，また，国務省や国防総省の米政府官僚を介した形での通常のチャンネルを通じてイギリスと交渉を行うつもりはないと明言していた．1973年9月22日，国務長官に就任したキッシンジャーは，その2日後の24日，ヒューム英外相との会談において，国務長官として米政府官僚たちに対して影響力を行使することによって，彼らの態度を変えさせると示唆した．その3カ月後，ヒューム外相は，米政府が，非公式な形であるものの反対を撤回したことを確認した．アメリカが非公式な形で反対表明を撤回しつつ公式には反対表明を維持した理由としては，主として，もし公式にアメリカがスペイの対中輸出に賛成すれば，日本がスペイの対中輸出に乗じて軍事転用可能な最新技術や関連物資を中国に輸出するおそれがあること，また，ソ連に対して，アメリカが完全に中国よりの外交政策を展開しているとの誤ったメッセージを送ることとなり，米主導の三角外交が頓挫するおそれがあったことが挙げられる．

　第二に，イギリスがキッシンジャーのこうした影響力を頼りにしたことが挙げられる．イギリスが，アメリカの政治指導者としてのキッシンジャーの手腕にスペイの対中輸出計画を任せるとともに，通常の外交チャンネルを好まないキッシンジャーの意に沿った形で行動することによって，「スペイの対中輸出に賛成する」といったキッシンジャーの言質をとり続けようと努力したのであ

る．こうした背景として，キッシンジャーは，スペイの対中輸出を実現させることによって，英米間の対立を避けるだけでなく，米中関係を強化することでソ連を牽制し，地域の安定化する狙いがあったのであろう．換言すると，イギリスによるスペイの対中輸出を実現させることを通じて，中国をアメリカの方向へと引き入れ，ソ連に対して膨張主義的な傾向をとらないよう牽制することによって中ソ双方に影響を与えるというように，米主導で三角外交を操作することで国際社会の安定化を導くというものである．また，イギリスは，キッシンジャーの極秘訪中からスペイの対中輸出に至るまで，キッシンジャーが三角外交を進めていることを適切に認識し，これに応じる形でイギリスとしてプラグマティックな外交を引き続き展開していたことは興味深い．また，米国務省がキッシンジャーによる三角外交に嫌悪感を抱いており，米中接近を進めつつ中ソ対立を利用することは問題であると考えていたことを外務省を中心とする英政府関係者が認知していた．このように，キッシンジャーが米主導の三角外交を進めるのにスペイの対中輸出を利用できると考えていたことをイギリス側が適切に把握し，キッシンジャーの三角外交に沿った形で行動していたと考えられる．

　上述のように，アメリカが，国境紛争をきっかけに激化する中ソ間の対立を利用しつつ中国との接近を図るという，三角外交に基づく外交を展開することを追求する中で，キッシンジャーがイギリスのスペイの対中輸出計画が三角外交を推進するのに役立つと考え，引き続き，米政府官僚機構をバイパスする形でイギリス側と接触しつつ，国務長官就任後に影響力を行使して非公式ながらも反対を撤回したこと，また，イギリスが，こうしたアメリカ，とりわけキッシンジャーの外交手法を認識し，それに沿う形で行動したことを明らかにした．換言すると，イギリスは，ニクソン・ショックの後は率直な意見交換を通じて米の外交手法を共有するなど，アメリカの三角外交と一致した行動をとることを通じて，緊密な英米関係を維持したことを明らかにした．

　キッシンジャーが三角外交を追求し，イギリス政府がこれを適切に認識し，キッシンジャーの意図に合わせる形で，「理念」ではなく「地政学」的思考に基づいて自国の国益を規定し，「バランス・オブ・パワー」を諸国間の関係調整の手段として用いられた外交的手法に基づいて三角外交を展開するアメリカに沿う形でイギリスがアメリカに協力したと考えられる．

第2節　アメリカの三角外交とイギリスの協力

　本著は，アメリカによる三角外交の展開とイギリスのプラグマティックな対中政策が一致したことにより，英米両国が中国をめぐって協力したことを明らかにするものであることは，序章で指摘したとおりである．イギリス政府は，外交関係を樹立している国家との通商を進めるべきであるというプラグマティックな外交という視点から，中国との通商拡大を追求していたが，米中接近の動きはこれを更に促進させる契機となった．イギリスの対中政策においては，「中国の近隣諸国を危険にさらすことなしに，中国のサイズと人口に見合った地位に適う中国との基本的理解に至る[1]」ことがイギリスのプラグマティックな外交の基礎であった．ただしイギリスは，イギリスの東アジアにおける利害がアメリカに依存しており，したがって中国をめぐって，キッシンジャーと足並みを揃えた形で，あるいは米側を憤慨させることなく，対中接近を進める必要を認識していた．このような文脈から，イギリス政府は，前述のようにハリアー機とVC-10機の対中輸出に関し対米関係に配慮することを通じて，キッシンジャーの外交手法に沿う形で行動した．キッシンジャーの外交手法とは，すなわち米政府官僚を追放しつつ，キッシンジャーがスペイの対中輸出を支持する旨をイギリスに対し非公式に伝達することで，日本を含む同盟国に知らせないようにすること，また，イギリスとは通常の外交チャンネルではなく秘密裏に外交を展開することである．

　キッシンジャーは，NSC次官委員会の政策立案能力の強化を通じて対中政策へのホワイトハウスの影響力を強化し，国務省をはじめとする官僚機構の影響力低下を模索した．また，キッシンジャーは，1973年9月に国務長官に就任したことを受けて，更にホワイトハウス主導による対中接近を確立していった．そして，中国に対して圧力をかけていたソ連を牽制するために，米中ソ三角外交を効果的に展開することによって，国際社会の安定化を意図したのである．

---

[1] "Britain in the Far East and Southeast Asia," undated, Bureau of East Asia and Pacific Affairs, Subject Files of Asian Communist Affairs, Subject Files, 1963-1972, Lot72D456, Entry 5409, Box. 5, NARA, p. 1.

キッシンジャーは，中ソ間の国境紛争を契機に激化する中ソ対立を利用しつつ，かつての共産主義の宿敵であった中国に接近し，ソ連に対しても影響を及ぼすことによって，大国間のバランス・オブ・パワーを図ろうと考えた．スペイの対中輸出は，ロバート・ロスが強調するように英米の対立を回避する狙いにとどまらず[2]，バランス・オブ・パワー戦略に適うとキッシンジャーによって判断されたからであろう．以上のように，冷戦ロジックに基づく対中国封じ込め戦略から脱却しつつ，イデオロギーを超えて中国に接近し，ソ連に影響を及ぼすことによって国際社会の安定化を図るというバランス・オブ・パワー戦略こそがキッシンジャーの三角外交の根幹なのである．

　確かに，ヒース首相は，キッシンジャーの極秘訪中が事前に知らされなかったことにより，ニクソン大統領に対し冷淡な態度を示した．しかし，ヒューム外相を中心とする英外務省は，ホワイトハウスによる中国との秘密外交の存在を感知することとなった．また，彼らは，ホワイトハウスが，米主導の三角外交を展開しようとしていることも認識した．こうした認識に基づき，スペイの対中輸出計画が浮上したとき，イギリスは，三角外交を引き続き展開することを追求するキッシンジャーの外交手法を的確に認識するとともに，キッシンジャーの外交手法に沿って行動したのである．換言すると，イギリスは，キッシンジャーの三角外交の展開に沿って行動したともいえるであろう．

---

[2] Robert S. Ross, *Negotiating Cooperation: The United States and China, 1969-1989* (Stanford: Stanford University Press, 1995), p. 87.

第3節　知見と今後の展望

　本書は，アメリカが対中接近を進めたことを受け，イギリス政府も対中接近を進める中で，アメリカによる三角外交の展開とイギリスのプラグマティックな対中政策が一致したこと，またこれによって英米が中国をめぐり協力したことを明らかにした．本書では，以下の知見を見出すことができよう．
　第一に，英米が目的意識を異にしつつも，対中接近の中で一致した行動をとったことは，もちろん，日米の同盟関係の在り方を考えるうえでも重要な鍵となるといってよい．アメリカ，特にニクソンとキッシンジャーは，これまでの反中国的な政策を転換して中国への接近を図り，ソ連を牽制するために三角外交を展開した．一方，イギリスが，米中接近以降も，これまでプラグマティックな対中政策を継続し英中関係を強化すべく自国製の航空機及び関連技術の対中輸出を計画した．イギリスは，キッシンジャーの極秘訪中についてアメリカ側から十分に事前通知が行われなかったことに不満をもちつつもこれを冷静に受け止め，キッシンジャーとの接触を通じてアメリカの三角外交を適切に認識し，これに一致する形で対中接近を進めたことは上述した．こうしたイギリスの動きは日本の反応とは対照的なものであった．すなわち，日本がニクソン訪中声明を直前まで知らされなかったことによってニクソン政権に裏切られたと感じ，対中国国交正常化と中華民国との断交まで進めたこと[3]，また，キッシンジャーが，日本外交について「戦略的思考をもち得ておらず，商業的見地のみに囚われている[4]」と批判したことは誇張に聞こえる．ただし少なくとも，対中接近の文脈において英米が戦略的思考に基づいて協力したことにかんがみれば，当時の日本の対中政策にどれだけの戦略的思考が存在したのか，というキッシンジャーの批判も決して的外れではないだろう．したがって，日本が

---

[3] 服部龍二『日中国交正常化―田中角栄，大平正芳，官僚たちの挑戦』中公新書，2011年，36-37頁．
[4] "Memorandum of Conversation," New York City, 14 April 1974, 8:05-11:00p.m., NSC Files, Box 527, Country Files, Far East, People's Republic of China, Vol.18, 10 July 1973― December 31 1973, FRUS, p, 487.

「戦略的互恵関係[5]」と位置づける中国との関係をマネッジしていくにあたり，当時の中国をめぐる英米両国の協力から教訓を学ぶところは大きいかもしれない．

　第二に，アメリカが，封じ込めの対象であった中国に接近し，膨張主義的傾向が強いと考えたソ連を牽制するといった，バランス・オブ・パワーの巧みな操作を通じて，米中ソ間の新たな世界の均衡状態を追求したこと，また，イギリスが，キッシンジャーの極秘訪中を冷静に受け止め，アメリカがバランス・オブ・パワーに基づく政策に転換させた事実を適切に認知し，アメリカの新たな政策に一致する形で対中接近を進めたことにかんがみれば，アメリカの対中政策の転換が，ヒース英政権の対中政策の自由度を広げることとなったというというコーフマンの主張は，序章で前述したとおり正確さに欠ける．確かに，アメリカが対中政策を転換したことにより，イギリスは，中国との大使交換を実現させたという点では，ヒース政権が，純粋に外交問題において対中政策の自由度を一定程度得たかもしれない．しかし，航空機及び関連技術の対中輸出といった西側の安全保障にも係る問題においては，イギリスは，自国の対中政策の自由度を広げたわけではなかった．むしろ，イギリスは，航空機及び関連技術の対中輸出計画について，プラグマティックな対中政策を進めるためには，まずは対米関係を最重要視すべきとの認識に立ち，キッシンジャーの外交手法を適切に認知しつつ，これに一致する形で行動したのである．

　ニクソンとキッシンジャー登場を受け，バランス・オブ・パワーに基づく三角外交という外交手法を展開するアメリカとプラグマティックな外交政策を展開するイギリスが，イギリスの航空機及び関連技術の対中輸出をめぐり，協力関係を構築したことは偶然の一致だったかもしれない．ニクソンとキッシンジャーという政治家がアメリカに登場し，ベトナム戦争を終結させるために，バランス・オブ・パワーに基づいて中ソ対立を利用し中国に接近することによってソ連に影響を及ぼすといった三角外交を展開するようになったことが，中華人民共和国を国家承認して以降，プラグマティックな形で対中関係を維持するイギリスの外交手法と一致したのであった．無論，イギリスがアメリカの三角外交に深くコミットし米中ソと対等の外交を展開したわけではなかったが，戦

---

[5] 外務省公式ホームページ『「戦略的互恵関係」の包括的推進に関する日中共同声明』2008年5月7日 https://www.mofa.go.jp/mofaj/area/china/visit/0805_ks.html （2019年2月10日最終アクセス）．

略的思考に基づいて,イギリスがアメリカの三角外交の存在を適切に察知しつつ,航空機技術の対中輸出を含むイギリスの行動がどのような形でアメリカ外交に有益となるかを認識することを追求したのである.しかし,その後のアメリカは三角外交をやめ,ソ連への牽制を強めつつ対中接近を強化していくことになった.1978年に米中国交回復を実現したジミー・カーター(James Earl Carter Jr.)米民主党政権は,1979年にソ連がアフガニスタンに侵攻したことをきっかけに1980年8月に自国製軍事ハードウェアの導入を行い[6],対ソ封じ込めを追求していくこととなったのである.アメリカが,中国に接近することによってソ連に影響を及ぼしソ連から譲歩を迫るという外交手法である三角外交は,1970年代末には対ソ封じ込めにとって代わったといえよう.アメリカの三角外交とイギリスの対中外交の一致は,1970年代前半という短い時期の中で偶然実現したのである.

このような文脈から,イギリスによる航空機技術の対中輸出,特にスペイの対中輸出の実現は,アメリカが少なくとも中国の軍事力について,「ソ連に対する戦略的対抗力[7]」,あるいは「暗黙の同盟国[8]」とみなすようになった一つの分水嶺とみることができるかもしれない.なぜならば,スペイの対中輸出が実現するまで,西側から中国への軍事関連兵器及び技術が輸出された事例はみられなかっただけでなく,キッシンジャーがスペイの対中輸出に同意した重要な理由の一つがソ連を牽制することにあったからである.

---

[6] 佐々木卓也(編)『戦後アメリカ外交史』有斐閣,2002年,161頁,167頁.
[7] 同上,162頁.
[8] Evelyn Goh, *Constructing the U.S. Rapprochement with China, 1969-1974: From "Red Menace to "Tacit Ally"* (Cambridge: Cambridge University Press, 2005) を参照.

資料一覧

I．未公刊史料

1．イギリス国立公文書館（The National Archives, Kew, Surrey（TNA））

（1）FCO（外務省）文書

FCO7/1808-1816, FCO14/1001-1003, FCO21/84, FCO21/656-658, FCO21/660, FCO21/715-716, FCO21/730, FCO21/781, FCO21/808-815, FCO21/820, FCO21/826-828, FCO21/831, FCO21/833-838, FCO21/845, FCO21/852-853, FCO21/865, FCO21/973, FCO21/982-983, FCO21/986-21/989, FCO21/991-996, FCO21/998, FCO21/1002-1003, FCO21/1018-21/1025, FCO21/1104-1109, FCO21/1116, FCO21/1123-1130, FCO21/1136-1141, FCO21/1252-1257, FCO21/1393-1402, FCO21/1407, FCO21/1508, FCO47/727-728, FCO46/925, FCO46/1003, FCO46/1075, FCO46/1080, FCO46/1230, FCO46/1306, FCO58/363-364, FCO58/591-592, FCO59/358, FCO59/369, FCO69/23, FCO69/106-111, FCO69/208-217, FCO69/294-309, FCO69/32, FCO69/404-422, FCO69/423, FCO69/520-533, FCO82/66-71, FCO82/183, FCO82/197-199, FCO82/204-205, FCO82/275, FCO82/291-299, FCO82/301-302, FCO82/307-311, FCO82/325, FO82/391, FCO82/440-444, FCO82/446, FCO82/448, FCO82/471, FCO82/541, FCO82/578-589, FCO82/581, FCO82/587

（2）BT（貿易省）文書

BT241/2358, BT351/1-6, BT359/1-5

（3）CAB（内閣）文書

CAB130/422, CAB130/685, CAB133/408, CAB148/129, CAB148/25, CAB148/103, CAB/148/109, CAB148/131, CAB148/137-138, CAB164/984-985

（4）PREM（首相）文書

PREM11/3533, PREM13/1967, PREM13/3018, PREM13/3550, PREM15/712-714, PREM15/1272-1273, PREM15/1362, PREM15/1509, PREM15/1541, PREM15/1949-1950, PREM15/1976-1977, PREM15/1981, PREM15/1984, PREM15/1988, PREM15/2223, PREM15/2231-2232, PREM16/1495, PREM16/290-

291, PREM16／727

（5）T（財務省）文書

T225／3789, T225／4049

2．アメリカ国立公文書館

(National Archives and Record Administration, College Park, MD (NARA))

East Asia and Pacific Affairs, People's Republic of China and Mongolia Affairs, Subject Files, 1969-1978, Entry 5411, Box. 1-5

East Asia and Pacific Affairs, Asian Communist Affairs, Subject Files, 1961-1972, Entry 5409, Box. 1-8

Bureau of East Asia and Pacific Affairs, Country Director for Japan, Subject Files, 1960-1975, Entry 5413, Box. 6, 14.

Transcripts of Secretary of State, Henry Kissinger's Staff Meetings, 1973-1977, Entry 5177, Box. 1-11

Record of Henry A. Kissinger, 1973-1977, Entry 5403, Box. 1-12

Policy Planning Staff, Director's Files, 1969-1977, Entry 5027, Box. 328-331, 346, 347, 370

Access to Archival Databases. http://aad.archives.gov/aad/

3．ニクソン大統領文書群

(Richard Nixon Presidential Materials, College Park, MD)

NSC Institutional Files, Study Memorandums (1969-1974), National Security Study Memorandums (NSSM), Box. H-176

National Security Files, NSC Country Files, Henry A. Kissinger Office Files, Country Files-Far East, Box. 86-99

Henry Kissinger Telephone Conversation Transcripts, Chronological Files, Box.1-26.

NSC Files, Henry Kissinger Office Files, Country Files-Far East Box. 98-100

Institutional Files, Policy Papers (1969-1974), National Security Decision Memorandums, Box. H-21, H-222, H-223, H-226, H-232, H-234, H-240, H-241, H-244

Institutional Files, Study Memorandums (1979-1974), National Security Study Memorandums, Box. H-134, H-135, H-142, H-176, H-177, H-189, H-190

Under Secretaries Committee Memorandum Files (1969-1974), Under Secretaries Study Memorandums, Box. 250, 260, 270

4．フォード大統領記念図書館

(Gerald Ford Presidential Library, Ann Arbor, MI)

National Security Adviser, Memorandum of Conversation, 1973-1977, Box. 1-20

National Security Adviser, Presidential Country Files for East Asia and Pacific, Box. 5, 8, 9, 13-15

5．国家安全保障アーカイブ

(National Security Archive, the George Washington University, Washington, DC)
Memo Con 1973-1977
Memorandum from Kissinger to Ford

Ⅱ．公刊史料

1．米国対外政策歴史資料 (Foreign Relations of the United States (FRUS))

U.S. Department of State, Foreign Relations of the United States (FRUS), 1969-1976, Volume II, Organization and Management of U.S. Foreign Policy, 1969-1972 (Washington D.C., U.S. Government Printing Office, 2006)

U.S. Department of State, FRUS, 1969-1976, Volume XVII, China, 1969-1972, FRUS, (Washington D.C., U.S. Government Printing Office, 2006)

U.S. Department of State, FRUS, 1969-1976, Volume E-15, Part 2, Documents on Western Europe, 1973-1976 (Washington D.C., U.S. Government Printing Office, 2014),

2．回顧録

Richard Nixon, *The Memoirs of Richard Nixon* (New York: Grosset&Dunlap, 1978).（邦訳：リチャード・ニクソン（松尾文夫・斎田一路訳）『ニクソン回顧録』第1部～第3部，小学館，1978年，1978／1979年）

Henry Kissinger, *White House Years* (Boston: Little, Brown, 1979).（邦訳：ヘンリー・キッシンジャー（斉藤弥三郎ほか訳）『キッシンジャー秘録』第1巻～第5巻，小学館，1979／1980年）

ジェラルド・R・フォード『フォード回顧録――私がアメリカの分裂を救った』サンケイ出版，1979年．

Lord Home, *The Way the Wind Blows: An Autobiography* (London: Collins, 1976)

Edward Heath, *The Course of My Life: My Autobiography* (London: Hodder & Stoughton, 1998).

ヒュー・コータッツィ（松村耕輔訳）『日英の間で――ヒュー・コータッツィ回顧録』日本経済新聞社，1998年．

Ⅲ．参考文献

1．書籍（邦文）

ウォルター・アイザックソン（別宮貞徳監訳）『キッシンジャー――世界をデザインした男〈上〉・〈下〉』NHK出版，1994年

アジア経済研究所統計部『OECD諸国の対中国貿易　1970-1977』アジア経済研究所，1979年

天児慧『中華人民共和国史』岩波新書，1999年
有賀貞・宮里政玄（編）『概説アメリカ外交史——対外意識と対外政策の変遷』有斐閣，2001年
五百旗頭真（編）『日米関係史』有斐閣，2008年
伊藤剛『同盟の認識と現実——デタント期の日米中トライアングル』有信堂，2002年
井上正也『日中国交正常化の政治史』名古屋大学出版会，2010年
入江昭『増補　米中関係のイメージ』平凡社，2002年
入江啓四郎・安藤正士（編）『現代中国の国際関係』日本国際問題研究所，1975年
宇佐美滋『米中国交正常化の研究』国際書院，1996年
臼井実稲子（編）『ヨーロッパ国際体系の史的展開』南窓社，2000年
宇野重昭・天児慧（編）『20世紀の中国——政治変動と国際契機』東京大学出版会，1991年
宇野重昭・小林弘二・矢吹晋『現代中国の歴史　1949〜1985——毛沢東時代から鄧小平時代へ』有斐閣，1986年
ジェフリー・オーウェン（和田一夫訳）『帝国からヨーロッパへ——戦後イギリス産業の没落と再生』名古屋大学出版会，2004年
岡崎久彦『緊張緩和外交』日本国際問題研究所，1985年
大河内暁男『ロウルズ-ロイス研究——企業破綻の英国的位相』，東京大学出版会，2001年
太田勝洪・朱建栄（編）『原典中国現代史第6巻　外交』岩波書店，1995年
緒方貞子（添谷芳秀訳）『戦後日中・米中関係』東京大学出版会，1992年
岡部達味『中国の対外戦略』東京大学出版会，1995年
小川浩之『イギリス帝国からヨーロッパ統合へ——戦後イギリス対外政策の転換とEEC加盟申請』名古屋大学出版会，2008年
小川浩之・板橋拓巳・青野利彦『国際政治史——主権国家体系のあゆみ』有斐閣，2018年
マイケル・J・スミス（押村高他訳）『現実主義の国際政治思想——M. ウェーバーからH. キッシンジャーまで』垣内出版，1997年．
加藤洋子『アメリカの世界戦略とココム 1945-1992——転機にたつ日本の貿易政策』有信堂，1992年
ジョセフ・カミレリ（小林宏訳）『オーストラリアの外交政策』勁草書房，1987年
ヘンリー・キッシンジャー（森田隆光訳）『核兵器と外交政策』駿河台出版社，1994年
君塚直隆・細谷雄一・永野隆行（編）『イギリスとアメリカ——世界秩序を築いた四百年』勁草書房，2016年
川北稔・木畑洋一（編）『イギリスの歴史——帝国＝コモンウェルスのあゆみ』有斐閣，2000年
木畑洋一『帝国のたそがれ——冷戦下のイギリスとアジア』東京大学出版会，1996年
久保文明『アメリカ政治史』有斐閣，2018年
久保文明・砂田一郎・松岡康・森脇俊雅『アメリカ政治』有斐閣，2006年
国分良成（編著）『中国文化大革命再論』慶應義塾大学出版会，2003年

国分良成・添谷芳秀・高原明生・川島真（著）『日中関係史』有斐閣，2013年
小島朋之・竹田いさみ（編著）『東アジアの安全保障』南窓社，2002年
ジョージ・F・ケナン（近藤晋一・飯田藤次・有賀貞訳）『アメリカ外交50年』岩波書店，2000年
齊藤孝祐『軍備の政治学――制約のダイナミクスと米国の政策選択』白桃書房，2017年
齊藤嘉臣『冷戦変容とイギリス外交――デタントをめぐる欧州国際政治　1964～1975年』ミネルヴァ書房，2006年
坂出健『イギリス航空機産業と「帝国の終焉」――軍事産業基盤と英米生産提携』有斐閣，2010年
坂本直道『中ソ国境紛争の背景』鹿島研究所出版会，1970年
佐々木卓也（編）『戦後アメリカ外交史』有斐閣，2002年
佐々木雄太・木畑洋一（編）『イギリス外交史』有斐閣，2006年
佐橋亮『共存の模索――アメリカと「二つの中国」の冷戦史』勁草書房，2015年
周恩来・キッシンジャー（著）毛里和子・増田弘（監訳）『周恩来・キッシンジャー機密会談録』岩波書店，2004年
添谷芳秀『日本外交と中国――1945～1972』慶應義塾大学出版会，1995年
マイケル・シャラー（市川洋一訳）『「日米関係」とは何だったのか――占領期から冷戦終結後まで』草思社，2004年
滝田賢治『太平洋国家アメリカへの道――その歴史的形成過程』有信堂高文社，1996年
田久保忠衛『戦略家ニクソン――政治家の人間的考察』中央公論社，1996年
田久保忠衛『ニクソンと対中国外交』筑摩書房，1994年
竹田いさみ『物語オーストラリアの歴史――多文化ミドルパワーの実験』中央公論新社，2000年
張紹鐸『国連中国代表権問題をめぐる国際関係（1961-1971）』国際書院，2007年
中嶋嶺雄『香港回帰――アジア新世紀の命運』中央公論社，1997年
中園和仁『香港返還交渉――民主化をめぐる攻防』国際書院，1998年
中園和仁『香港をめぐる英中関係――中国の対香港政策を中心として（1984年）』アジア政経学会，1984年
ウィリアム・バー（鈴木主税・浅岡政子訳）『キッシンジャー「最高機密」会話録』毎日新聞社，1999年
納家政嗣・永野隆行（編）『帝国の遺産と現代国際関係』勁草書房，2017年
服部龍二『日中国交正常化――田中角栄，大平正芳，官僚たちの挑戦』中央公論新社，2011年
橋口豊『戦後イギリス外交と英米間の「特別な関係」――国際秩序の変容と揺れる自画像，1957～1974年』ミネルヴァ書房，2016年
花井等・木村卓司（編）『アメリカの国家安全保障政策――決定プロセスの政治学』原書房，1993年
花井等・浅川公紀（編著）『戦後アメリカ外交の軌跡』勁草書房，2006年
船橋洋一『同盟を考える――国々の生き方』岩波書店，1998年
船橋洋一（編著）『同盟の比較研究――冷戦後秩序を求めて』日本評論社，2001年
細谷雄一（編）『イギリスとヨーロッパ――孤立と統合の二百年』勁草書房，2009年

細谷雄一（編著）『戦後アジア・ヨーロッパ関係史——冷戦・脱植民地化・地域主義』慶應義塾大学出版会，2015年
益尾知佐子『中国政治外交の転換点——改革開放と「独立自主の対外政策」』東京大学出版会，2010年
益尾知佐子・青山瑠妙・三船恵美・趙宏偉『中国外交史』東京大学出版会，2017年
増田弘（編著）『ニクソン訪中と冷戦構造の変容——米中接近の衝撃と周辺諸国』慶應義塾大学出版会，2006年
益田実・小川浩之（編著）『欧米政治外交史——1871〜2012年』ミネルヴァ書房，2013年
松岡完『超大国アメリカ100年史——戦乱・危機・協調・混沌の国際関係史』明石書店，2016年
松岡完・広瀬佳一・竹中佳彦（編著）『冷戦史——その起源・展開・終焉と日本』同文舘出版，2003年
松田康博（編著）『NSC 国家安全保障会議——危機管理・安保政策統合メカニズムの比較研究』彩流社，2009年
宮脇昇『CSCE 人権レジームの研究——「ヘルシンキ宣言」は冷戦を終わらせた』国際書院，2004年
村田晃嗣『現代アメリカ外交の変容——レーガン，ブッシュからオバマへ』有斐閣，2009年
毛里和子・増田弘（監訳）『周恩来　キッシンジャー機密会談録』岩波書店，2004年
毛里和子『現代中国政治』名古屋大学出版会，2004年
毛里和子・毛里興三郎（訳）『ニクソン訪中機密会談録』名古屋大学出版会，2001年
山極晃『米中関係の歴史的展開　1941〜1979年』研文出版，1997年
廉舒『中国外交とプラグマティズム——1950年代における中国の対英政策』慶應義塾大学出版会，2016年
渡邊啓貴（編）『ヨーロッパ国際関係史——繁栄と凋落，そして再生』有斐閣，2002年

2．論文（邦文）

伊原吉之助「香港をめぐる課題と展望——中英交渉を中心に」『国際政治』第78号，1984年，89-96頁
池田直隆「英外務省に見る1960年代末の対中政策転換」『國學院雑誌』第110巻第10号，2009年，16-29頁
池田直隆「米国務省の対華政策研究——1960年代後期を中心に」『國學院雑誌』第109巻第8号，2008年，30-41頁
池田直隆「米英両国の国共内戦認識の相違——1950年における「二つの中国」問題の再検討」『軍事史学』第43巻第1号，2007年，4-19頁
王緯然「中国の文化大革命と1967年香港における反英暴動のダイナミズム」『アジア太平洋研究科論集』第8号，2004年，343-377頁
岡本宜高「戦後イギリス外交研究をめぐる一試論——対米関係と欧州地域統合に着目して」『六甲台論集・国際協力研究編』第10号，2009年，19-30頁
岡本宜高「ヒース政権期のイギリス外交——欧州統合とデタントの間」『西洋史学』

第240号，2010年，53-69頁
齋藤嘉臣「「欧州の年」の英米関係，1973年——英米の外交スタイルの相違を中心に」『現代史研究』第52号，2006年，27-40頁
佐藤丙午「アメリカの輸出管理政策に関する一考察——「ビューシー・レポート」と1970年代の東西貿易政策」『一橋論叢』第113巻第1号，1995年，81-101頁
佐橋亮「ニクソン・キッシンジャー外交の研究動向——対中和解，三角外交の解釈を中心に——」『社会科学ジャーナル』第59号，2006年，71-98頁
高安健将「米国との距離と国益の追求——第四次中東戦争と第一次石油危機をめぐる英国の対応」『国際政治』第141号，2005年，86-100頁
滝田賢治「現代アメリカの中国政策」『法学新報』，第91巻第3-4号，1984年，905-932頁
永野隆行「イギリスと戦後東南アジア国際関係——政治的脱植民地化と防衛政策」『国際政治』第128号，2001年，211-222頁
野口和彦「社会主義陣営における熱戦：ダマンスキー／珍宝島事件をめぐる政治的ダイナミズム」『東海大学教養学部紀要』第35輯，2005年，237-257頁
橋口豊「冷戦の中の英米関係——スカイボルト危機とナッソー協定をめぐって」『国際政治』第126号，2001年，52-64頁
橋口豊「米ソ・デタントと新冷戦——ヨーロッパにおける東西対立の本質」『法政論集』第162-163号，1995，1996年，37-69頁，89-103頁
林大輔「イギリスの中華人民共和国承認問題，1948-1950年——戦後アジア・太平洋国際秩序形成をめぐる英米関係」『法学政治学論究』第76号，2008年，387-416頁
毛里和子「科学技術と中国外交」『国際政治』第83号，1986年，91-106頁
和田龍太「イギリスの対中接近と英米関係 1969-1971年——イギリスによる民間航空機トライデントの対中輸出を中心に」『東海大学教養学部紀要』第48輯，2018年，107-122頁
和田龍太「米国の対中接近プロセス 1969-1972年——対中貿易統制の緩和を中心に」『国際政治経済学研究』第25号，2010年，33-48頁
和田龍太「デタント期におけるイギリスとキッシンジャー 1973-1975年——軍事用スペイ・エンジンの対中輸出を中心に」『軍事史学』第44巻第1号，2008年，89-109頁
和田龍太「イギリスの対中国航空機売却問題——ハリアー機とVC-10機の対中売却問題」『国際政治経済学研究』第19号，2007年，77-92頁

3．書籍（英文）

Accinelli, Robert, "In Pursuit of a Modus Vivendi: The Taiwan Issue and Sino-American Rapprochement, 1969-1972," William C. Kirby, Robert S. Ross, and Gong Li (eds), *Normalization of U.S.-China Relations: An International History* (Cambridge: Harvard University Press, 2005)

Baylis, John, *Anglo-American Relations Since 1939* (Manchester: Manchester University Press, 1997)（邦訳：ジョン・ベイリス（佐藤行雄・重家俊範・宮川眞喜雄訳）『同盟の力学——英国と米国の防衛協力関係』東洋経済新報社，1988年）

Best, Anthony (eds), International History of the Twentieth Century and Beyond (New York: Routledge, 2015) Third Edition
Boardman, Robert, *Britain and People's Republic of China 1949-1974* (London: Macmillan, 1976)
Bundy, William P., *A Tangled Web, the Making of Foreign Policy in the Nixon Presidency* (New York: Hill&Wang, 1998)
Burr, William (edn), The Kissinger Transcripts: The Top Secret Talks with Beijing and Moscow (New York: New Press, 1998).（邦訳：ウィリアム・バー（編）鈴木主税・浅岡政子（訳）『キッシンジャー「最高機密」会話録』毎日新聞社, 1999年）
Chang, Gordon H., *Friends and Enemies: The United States, China, and the Soviet Union, 1948-1972* (Stanford: Stanford University Press, 1990)
Chen, Jian, *Mao's China and the Cold War* (Chapel Hill: University of North Carolina Press, 2001)
Clayton, David, *Imperialism Revisited: Political and Economic Relations between Britain and China, 1950-1954* (Basingstoke: Macmillan Press, 1997)
Cleva, Gregory D, *Henry Kissinger and the American Approach to Foreign Policy* (London, Associated University Presses, 1989)
Conrad, Black, *A Life in Full: Richard M. Nixon* (New York: Publicaffairs, 2007)
Dallek, Robert, *Nixon and Kissinger: Partners in Power* (London: Penguin, 2007)
Dickie, John, *'Special' No More: Anglo-American Relations - Rhetoric and Reality* (London : Weidenfeld & Nicolson, 1994)
Dimbleby, David and Reynolds, David, *An Ocean Apart: the Relationship between Britain and America in the Twentieth Century* (New York: Random House, 1988)
Dobson, Alan P., *Anglo-American Relations in the Twentieth Century: of Friendship, Conflict and the Rise and Decline of Superpowers* (London: Routledge, 1995)
Dobson, Alan P. and Marsh, Steve (eds), *Anglo-American Relations: Contemporary Perspectives* (London: Routledge, 2013)
Dumbrell, John, *A Special Relationship: Anglo-American Relations in the Cold War and After* (New York: St. Martin's Press, 2001)
Dumbrell, John, *A Special Relationship: Anglo-American Relations from the Cold War to Iraq* (Basingstoke: Palgrave Macmillan , 2006)
Engel, Jeffrey A., *Cold War at 30,000 Feet: The Anglo-American Fight for Aviation Supremacy* (Cambridge: Harvard University Press, 2007)
Feng, Zhong-ping, *The British Government's China Policy 1945-1950* (Keele: Edinburgh University Press, 1994)
Finkelstein, David M., *From Abandonment to Salvation: Washington's Taiwan Dilemma, 1949-1950* (George Mason University Press, 1993)
Foot, Rosemary, *The Practice of Power: U.S. Relations with China Since 1949* (Oxford: Clarendon Press, 1995)
Gaddis, John L., *Strategies of Containment: A Critical Appraisal of American National Security Policy during the Cold War* (Oxford: Oxford University Press, 1982)
Garver, John W., *The Sino-American Alliance: Nationalist China and American Cold War Strategy in Asia* (New York: M.E. Sharpe, 1997)

Garver, John W., *China's Decision for Rapprochement with the United States, 1968-1971* (Boulder, Colo.: Westview Press, 1982)

George, Alexander L., *Presidential Decisionmaking in Foreign Policy: The Effective Use of Information and Advice* (Westview Press, 1980)

Goh, Evelyn, *Constructing the U.S. Rapprochement with China, 1961-1974 : from "Red Menace" to "Tacit Ally"* (Cambridge University Press, 2005)

Green, Marshall, Holdridge, John H. and Stokes, William N. (eds), *War and Peace with China: First-Hand Experiences in the Foreign Service of the United States* (Lanham, MD: University Press of America, 1994)

Hanhimäki, Jussi H., *The Flawed Architect: Henry Kissinger and American Foreign Policy* (New York: Oxford University Press, 2004)

Hathaway, Robert M., *Great Britain and the United States: Special Relations Since World War II* (Boston: Twayne Publishers, 1990)

Heyward, Keith, *The British Aircraft Industry* (Manchester: Manchester University Press, 1989)

Hersh, Seymour M., *The Price of Power: Kissinger in the Nixon White House* (New York: Summit Books, 1983)

Isaacson, Walter, *Kissinger: A Bibliography* (New York: Simon & Schuster, 1996)（邦訳：ウォルター・アイザックソン（別宮貞徳監訳）『キッシンジャー：世界をデザインした男』日本放送出版協会，1994年．2巻）

Jones, Howard, *Crucible of Power: A History of American Foreign Relations from 1897* (Maryland: Lowman & Littlefield Publishers, 2008)

Kaufman, Joyce P., *A Concise History of U.S. Foreign Policy* (Lanhan: Rowman & Littlefield, 2014)

Kaufman, Victor S., *Confronting Communism: U.S. and British Policies toward China* (Columbia: University of Missouri Press, 2001)

Kirby, William C., Ross, Robert S. and Li, Gong (eds), *Normalization of U.S.-China Relations: An International History* (Cambridge: Harvard University Press, 2005)

Kissinger, Henry, *Diplomacy* (New York: Simon and Schuster, 1994)（邦訳：ヘンリー・キッシンジャー（岡崎久彦監訳）『外交』日本経済新聞社，1996年）

Litwak, Robert S., *Detente and the Nixon Doctrine: American Foreign Policy and the Pursuit of Stability 1969-1976* (Cambridge: Cambridge University Press, 1984)

Logevall, Fredrik and Preston, Andrew (eds), *Nixon in the World: American Foreign Relations, 1969-1977* (New York: Oxford University Press, 2008)

Louis, Roger and Bull, Hedley (eds), *The Special Relationship: Anglo-American Relations Since 1945* (Oxford: Oxford University Press, 1986)

Luard, Evan, *Britain and China* (London: Chatto&Windus, 1962)

Roderick MacFarquhar (eds), *Sino-American Relations, 1949-71* (New York: Praeger, 1972)

McMahon, Robert. J., *The Cold War: A Very Short Introduction*（邦訳：ロバート・マクマーン（青野利彦監訳・平井和也訳）『冷戦史』勁草書房，2018年）

Macmillan, Margaret, *Nixon and Mao: The Week That Changed the World* (New York: Random House, 2008)

Mann, James, *About Face: a History of America's Curious Relationship with China, from Nixon to Clinton* (New York : Vintage Books, 2000) (邦訳：ジェームズ・マン（鈴木主税訳）『米中奔流』共同通信社，1999年)

Martin, Edwin W., *Divided Counsel: The Anglo-American Response to Communist Victory in China* (Lexington: University Press of Kentucky, 1986)

Mastanduno, Michael, *Economic Containment: COCOM and the Politics of East-West Trade* (Ithaca: Cornell University Press, 1992)

Ovendale, Ritchie, *Anglo-American relations in the Twentieth Century* (New York: St. Martin's Press, 1998)

Owen, Geoffrey, *From Empire to Europe: The Decline and Revival of British Industry Since the Second World War* (London: HarperCollins, 1999), (邦訳：ジェフリー・オーウェン（和田一夫訳）『帝国からヨーロッパへ——戦後イギリス産業の没落と再生』名古屋大学出版会，2004年)

Painter, David S., *The Cold War: An international History* (Oxon: Routledge, 1999)

Porter, Brian, *Britain and the Rise of Communist China: A Study of British Attitudes 1945-1954* (London: Oxford University Press, 1967)

Reeves, Richard, *President Nixon: Alone in the White House* (New York: Simon & Shuster, 2001)

Reynolds, David, *Britannia Overruled: British Policy and World Power in the Twentieth Century* (London: Longman, 1991)

Romberg, Alm D., *Rein in at the Brink of the Principle: American Foreign Policy toward Taiwan and U.S.-PRC Relations* (Washington D.C.: Henry Stimson Center, 2003)

Rossbach, Nikolas H., *Heath, Nixon and the Rebirth of the Special Relationship: Britain, the US and the EC, 1969-74* (London: Palgrave, 2009)

Ross, Robert S., *Negotiating Cooperation: The United States and China, 1969-1989* (Stanford: Stanford University Press, 1995)

Ross, Robert S., (eds), *China, the United States, and the Soviet Union: Tripolarity and Policy Making in the Cold War* (Armonk, NY: M.E. Sharpe, 1993)

Rothkoff, David, *Running the World: the inside story of the national security council and the architects of American power* (New York: Public Affairs, 2005)

Shambaugh, David (eds), *Power Shift: China and Asia's New Dynamics* (California: California University Press, 2005)

Shambaugh, David, Sandschneider, Eberhard and Hong, Zhou (eds), *China-Europe Relations: Perceptions, Policies and Prospects* (London: Routledge, 2007)

Shambaugh, David and Yahuda, Michael (eds), *International Relations of Asia* (Plymouth: Rowman & Littlefield, 2008)

Shao, Wenguang, *China, Britain and Businessmen: Political and Commercial Relations, 1949-57* (Oxford: Macmillan, 1991)

Schluzinger, Robert D., *Henry Kissinger: Doctor of Diplomacy* (New York: Columbia University Press, 1983)

Scott, Andrew, *Allies Apart: Heath, Nixon and the Anglo-American Relationship* (Basingstoke: Palgrave Macmillan, 2011)

Solomon, Richard H., *Chinese Political Negotiating Behavior, 1967-1984* (Santa Monica:

RAND Corporation, 1995)

Suri, Jeremi, *Henry Kissinger and the American Century* (Cambridge: Harvard University Press, 2007)

Thornton, Richard C., *The Nixon-Kissinger Years: The Reshaping America's Foreign Policy* (New York: Paragon House, 1989)

Tucker, Nancy B., "Threats, Opportunities and Frustrations in East Asia", Tucker, Nancy B. and Warren Cohen I. and (eds) *Lyndon Johnson Confronts the World*, (New York: Cambridge University Press, 1994), pp. 99-134

Tucker, Nancy B., *Taiwan, Hong Kong, and the United States, 1945-1992: Uncertain Friendships* (New York: Maxwell Macmillan International, 1994)

Tucker, Nancy B., *China Confidential: American Diplomats and Sino-American relations, 1945-1996* (New York, N.Y.: Columbia University Press, 2001)

Yahuda, Michael, *Towards the End of Isolationism: China's Foreign Policy After Mao* (London: Macmillan, 1983)

Young, John W., *Britain and European Unity 1945-1999* (Hampshire: Macmillan, 1993)

Xia, Yafeng, *Negotiating with the Enemy: U.S.-China Talks during the Cold War, 1949-1972* (Bloomington: Indiana University Press. 2006)

Xiang, Lanxin, *Recasting the Imperial Far East: Britain and America in China, 1945-1950* (Armonk, N.Y.: M.E. Sharpe, 1995)

Zhai, Qiang, *The Dragon, the Lion, and the Eagle: Chinese-British-American Relations, 1949-1958* (Kent: Kent State University Press, 1994)

4．論文（英文）

Allen, H. C., "The Anglo-American Relationship in the Sixties," *International Affairs*, Vol. 39, No. 1, (January 1963), pp. 37-48

Ashton, S.R., "Keeping a Foot in the Door: Britain's China Policy, 1945-50," *Diplomacy and Statecraft*, No.15, (2004), pp. 79-93.

Bressi, Giovanni, "China and Western Europe," *Asian Survey*, Vol. 12, No. 10, (October 1972), pp. 819-845

Burr, William, "Casting a Shadow" Over Trade: The Problem of Private Claims and Blocked Assets in U.S.-China Relations, 1972-1975," *Diplomatic History*, Vol. 33, No. 2 (April 2009), pp. 315-349

Chang, Gordon H., "Who Benefited? Forty-Five years of U.S.-China Relations," *Diplomatic History*, Vol. 21, Issue 2, (1997), pp. 323-327

Danchev, Alex, "the Cold War "Special Relationship" Revisited," *Diplomacy and Statecraft*, No. 17, (2006), pp. 579-595

Engel, Jeffrey A., "Of Fat and Thin Communists: Diplomacy and Philosophy in Western Economic Warfare Strategies towards China (and Tyrants, Broadly)," *Diplomatic History*, Vol. 29, No. 3 (June 2005), pp. 445-474

Goh, Evelyn, "Nixon, Kissinger, and the "Soviet Card" in the U.S. Opening to China, 1971-1974," *Diplomatic History*, Vol. 29, Issue 3, (June 2005), pp. 475-502

Hamilton, K.A., "A 'Week that Changed the World': Britain and Nixon's China Visit of

21-28 February 1972," *Diplomacy and Statecraft*, No.15, (2004), pp. 117-135

Kaufman, Victor S., "'Chirep': The Anglo-American Dispute over Chinese Representation in the United Nations, 1950-71," *The English Historical Journal*, Vol. 115, No. 461, (April. 2000), pp. 354-377

Khan, Sulman Wasif, "The Aesthetic of Analysis: National Intelligence Estimates and other American Appraisals of the Cold War Triangular Relationship," *Diplomatic History*, Vol. 32, No. 5, (November 2008), pp. 869-897

Kohl, Wilford L., "The Nixon-Kissinger Foreign Policy System and U.S.-European Relations: Patterns of Policy Making," *World Politics*, Vol. 28, No. 1, (October 1975), pp. 1-43

Nixon, Richard, "Asia after Viet Nam," *Foreign Affairs*, Vol. 46, No.1. (October 1967), pp. 111-125（邦訳：リチャード・ニクソン「ベトナム後のアジア」フォーリン・アフェアーズ・ジャパン（編・監訳）『フォーリン・アフェアーズ傑作選　1922-1999——アメリカとアジアの出会い〈上〉』毎日新聞社，2001年）

Ovendale, Ritchie, "Britain and the United States and the Recognition of Communist China," *Historical Journal*, Vol. 26, No. 1, (1983), pp. 139-158

Liang, Pan, "Whither Japan's Military Potential? The Nixon Administration's Stance on Japanese Defense Power," *Diplomatic History*, Vol. 31, No. 1 (January 2007), pp. 111-142

Reynolds, David, "Special Relationship: Rethinking Anglo-American Relations," *International Affairs*, No. 65, (1989), pp. 89-111

Reynolds, David, "A 'Special Relationship'? America, Britain and the International Order Since the Second World War," *International Affairs*, Vol. 62, No. 1, (Winter, 1985-1986), pp. 1-20

Schwartz, Thomas A., "Henry Kissinger: Realism, Domestic Politics, and the Struggle Against Exceptionalism in American Foreign Policy," *Diplomacy and Statecraft*, Vol. 22, (2011), pp. 121-141

Tang, James, J. H., "From Empire Defence to Imperial Threat: Britain's Postwar China Policy and the Decolonization of Hong Kong," *Modern Asian Studies*, Vol. 28, No. 2, (May 1994), pp. 317-337

Thomson, James C. Jun, "On the Making of U.S. China Policy, 1961-69: A Study in Bureaucratic Politics," *China Quarterly*, Vol. 50, (April/June 1972), pp. 220-243

Tow, William T. and Stuart, Douglas T., "Chinese Military Modernization: The Western Arms Connection," *China Quarterly*, No. 90, (June, 1982), pp. 253-270

Tow, William T. and Stuart, Douglas T., "China's Military Turns to the West," *International Affairs*, Vol. 57, No. 2, (Spring 1981), pp. 286-300

Tucker, Nancy B., "China and America; 1941-1991," *Foreign Affairs*, Vol. 70, (Winter February 1991), pp. 75-92

Warner, Geoffrey, "The Anglo-American Special Relationship," *Diplomatic History*, Vol. 13, No. 4, (Fall 1989), pp. 479-499

Wolf, David, "To Secure a Convenience: Britain's Recognition of Communist China," *Journal of Contemporary History*, Vol. 18, No. 2, (April 1983), pp. 299-326

あとがき

　本書は，2013年3月に提出した筑波大学博士論文「中国をめぐる英米関係 1969-1975年——イギリスによる航空機技術の対中輸出を中心に」を元に，加筆修正を加えたうえで刊行したものである．第1章から第4章を通じて，すでに発表済みの学会誌及び大学紀要論文として発表しているため，以下のとおり出典を明記したい．

　第1章：「米国の対中接近プロセス　1969-1972年——対中貿易統制の緩和を中心に」『国際政治経済学研究』第25号，2010年，33-48頁
　第2章：「イギリスの対中接近と英米関係　1969-1971年——イギリスによる民間航空機トライデントの対中輸出を中心に」『東海大学教養学部紀要』第48輯，2018年，107-122頁
　第3章：「イギリスの対中国航空機売却問題——ハリアー機とVC-10機の対中売却問題」『国際政治経済学研究』第19号，2007年，77-92頁
　第4章：「デタント期におけるイギリスとキッシンジャー　1973-1975年——軍事用スペイ・エンジンの対中輸出を中心に」『軍事史学』第44巻第1号，2008年，89-109頁

　2004年から2013年の9年間にわたって筑波大学大学院人文社会科学研究科国際政治経済学専攻に在学中，指導教官の赤根谷達雄先生には一貫して指導していただいた．博士論文審査委員会の赤根谷先生，首藤もと子先生，潘亮先生には，改めて心から御礼申し上げる．主査の赤根谷先生には，緻密な実証研究の重要性にとどまらず，国際情勢を大局的に見る姿勢を教えていただいた．何よりもアメリカ留学を赤根谷先生に後押ししていただいたことが，今の私のキャリアに繋がっていった．首藤先生からは，一つひとつ丁寧に論文のコメントをいただいただけでなく，アジアの国際関係の複雑さやおもしろさを教えていただいた．博士課程修了後も様々な局面で大変お世話になったことを感謝したい．潘先生からは，一次史料の分析方法や論文構成を含め細かな部分で大変有益な

御助言をいただいたことに感謝したい．先生方への御恩は生涯忘れることはない．

そもそも私が博士論文を作成するきっかけは，赤根谷先生のある一言であった．大学院入学当初から技術移転にかかわる研究をしたいと考え，大学院ゼミにて雑多な内容で発表を行ったところ，赤根谷先生から「イギリスに留学していたのだからイギリスについて研究してみてはどうか」とのコメントをいただいたことが原点となった．これを機に，イギリス国立公文書館で史料調査をしつつ，イギリス外交の視点から技術移転について探究するようになった．

修士論文の作成を通じて，イギリスが同盟国アメリカのプレゼンスとは切り離すことはできないことに気づきはじめた．アメリカ側からも研究し，博士論文に反映したいと思うようになった．これを機にジョージ・ワシントン大学に客員研究員として約1年間留学した．その間に米国内にある複数のアーカイブに足しげく通い，アメリカ外交史の研究を進めていった．その翌年には外務省専門調査員に採用され，在アメリカ合衆国日本国大使館政務班にて2年間勤務した．勤務中は日米関係，アジア太平洋，中東，ヨーロッパ，ラテンアメリカ情勢を中心に幅広く勉強させていただき，アメリカ外交に関する知見を広げるきっかけをいただいた．

帰朝後は失業期間を経て，三井物産のシンクタンクである株式会社三井物産戦略研究所に転職した．平日には研究員として調査業務に従事しながら，週末には筑波の研究室に籠って博士論文の仕上げを進めた約半年間は，辛くも大変充実した時間であった．戦略研では，総合商社ビジネスに係る米国・中南米情勢に関する調査担当業務に打ち込んだ．毎日のように鳥肌が立つような人や情報との刺激的な出会いに恵まれたため，入社当初はこの会社で定年まで働くつもりだった．しかし，母校に貢献したいとの思いが次第に強くなっていたこともあって，2016年4月に東海大学に転職した．

仮に，母校に戻ってこなければ本書が刊行されることはなかった．したがって母校には感謝の気持ちを常にもち続けている．特に学長の山田清志先生には，大使館勤務時代から現在に至るまで様々なご配慮とご協力をいただいたことは筆舌に尽くしがたい．副学長の吉川直人先生，教養学部長の戸谷毅史先生，国際学科長の貴家勝宏先生，国際学科の金慶珠先生，小貫大輔先生，荒木圭子先生，小山晶子先生，田辺圭一先生，富樫耕介先生，マルガリット・ファーデン先生には，少しでも研究の時間が確保できるよう配慮していただいたことに感

謝を申し上げたい．そして，本書刊行で丁寧に対応下さった稲英史氏をはじめ，東海大学出版部の皆様には感謝している．

三井物産戦略研究所の上長であった寺島実郎先生（多摩大学），中湊晃氏（三井物産），浜野信也氏，平石隆司氏（欧州三井物産），小林正明氏，それからワシントンDC出張のたびにお世話になった篠崎真睦氏（米国三井物産）には，「人の三井」という言葉が語る以上に，社会人として研究者として育てていただいた御恩は決して忘れない．尊敬する元先輩社員の片野修氏（三菱UFJモルガン・スタンレー証券），国際情報部の同期入社組で盟友だった北出大介氏（戦略研）と岸田英明氏（三井物産北京事務所），橋本択摩氏（戦略研），斎藤美佐緒氏，安田佐和子氏（双日総合研究所），草部志のぶ氏（米国三井物産）とは，「本気で議論する」中で，世界情勢に関する様々な知見を吸収させていただいた．

大使館政務班勤務時代の上長であった秋葉剛男氏，冨田浩司氏，安藤俊英氏，遠藤和也氏には様々なご指導をいただき，本書刊行に繋がるような外交に関する分析力を磨かせていただいた．帰朝直前には，当時駐米大使をされていた藤﨑一郎先生からは「外交の基本は公開情報」という手書きのメッセージをいただいたことで，いかなる情報も丁寧に分析することの重要性を改めて認識させていただいた．外務省員のみならず中央各省庁，民間企業などからの様々な出向者とともに，日本外交の現場で働かせていただいた経験は，外交史研究を志す私にとって新たな原点となった．

ロータリー財団には，「国際親善奨学金」を通じてアメリカ留学を果たし，これによってアメリカ外交史を専門とする重要なきっかけをいただいたことに感謝する．派遣元のつくば学園ロータリークラブ，派遣先のワシントンDCロータリークラブ，RI2820（茨城）地区ロータリー学友会に御礼申し上げる．ワシントンDCでは，友次晋介氏（広島大学），市原麻衣子氏（一橋大学），大林一広氏（一橋大学），飯田連太郎氏（在アメリカ合衆国日本国大使館），大学院の大先輩で尊敬する足立研幾先生（立命館大学），樋口敏広氏（ジョージタウン大学）からは，研究面での助言のみならず様々な場面で助けていただいた．彼らの存在なしには，アメリカですばらしい生活を送ることはできなかった．

また，筑波大学大学院では，明石純一氏（筑波大学），新垣拓氏（防衛研究所），江崎智絵氏（防衛大学校），今藤綾子氏，李相玄氏（漢陽大学校），齊藤孝祐氏（横浜国立大学），浅野康子氏，大江馨氏，武田悠氏（広島市立大学），

矢吹命大氏（横浜国立大学）という国際関係を志すすばらしい諸先輩後輩に恵まれ，学内研究会や研究合宿などを通じてともに切磋琢磨させていただいた．特に齊藤氏には，単著刊行に消極的だった私の背中をさり気なく押していただいたことに感謝している．

　研究とキャリアを惜しみなく支え続けてくれた父，弟，そして亡き母と祖母にこの場を借りて心から御礼申し上げる．最後に，本書刊行を全面的に後押ししてくれた妻と長女に本書を捧げる．

2019年5月
和田龍太

索引

人名索引

【あ】
アーウィン（John Irwin）　46, 47, 49, 59, 81
アームストロング（Willis Armstrong）　143, 146
アイゼンハワー（Dwight David Eisenhower）　38
アディス（Sir John Addis）　117, 120, 121, 138, 165, 170
アルストン（Robert Alston）　126

【い】
イーグルバーガー（Lawrence Sidney Eagleburger）　170

【う】
ウィットラム（Gough Whitlam）　6, 108
ウィルソン（James Harold Wilson）　42, 43, 162-164, 166
ウィルフォード（Kenneth Michael Wilford）　91, 93
ウォーカー（Peter Walker）　130, 131, 138, 139
ウォールトソン（Lord Waltson）　65
黄鎮　154, 155
牛場信彦　5

【え】
エヴァンス（Sir Richard Mark Evans）　102, 128
エドワーズ（Sir George Robert Freeman Edwards）　121, 122
エリオット（Theodore Eliot, Jr）　55
エンジェル（Jeffrey Engel）　15

【か】
カーター（James Earl Carter Jr.）　192
ガンディー（Indira Priyadarshini Gandhi）　163

【き】
キース（Sir Kenneth James Keith）　138, 139
キッシンジャー（Henry Alfred Kissinger）　3, 4, 6, 10, 13-15, 19-24, 28, 29, 31-33, 35, 37-39, 42, 49, 51-55, 59, 63, 71, 78, 79, 82-86, 88-92, 94, 95, 98, 99, 105, 106, 114, 127, 129, 130, 134, 136, 137, 141-152, 154, 155, 157-165, 167-172, 174, 175, 177, 179, 180, 182, 183, 185-192
キャラハン（Leonard James Callaghan）　162, 163, 169, 170, 173, 174, 177
キャリントン（Lord Peter Carrington）　121, 122, 140

【く】
グリーン（Marshall Green）　43, 55
グリーンヒル（Sir Denis Greenhill）　138
クローク（John Cloake）　161, 169
クローマー（Lord Cromer）　23, 78, 79, 82, 88-91, 144-146, 149, 168, 183

【け】
ケイブル（Sir James Eric Sydney Cable）　103
ケズウィック卿（Sir John Henry Keswick）　117

【こ】
ゴー（Evelyn Goh）　37

コータッツィ（Sir Arthur Henry Hugh Cortazzi）　171, 172, 174
コーフマン（Victor Kaufman）　8, 16, 20, 21, 191

【さ】
サイクス（Sir Richard Adam Sykes）　154, 157, 165
佐藤栄作　5

【し】
シモンズ（Guy Simmons）　102, 126
周恩来　4, 10, 55, 86, 120, 121, 145
ジョンソン（Ural Alexis Johnson）　5, 37

【す】
スコウクロフト（Brent Scowcroft）　159
スコット（Andrew Scott）　16, 17, 84

【そ】
宋之光　100, 120, 121
ゾンネンフェルト（Helmut Sonnenfeldt）　147, 148, 162, 170

【た】
タトル卿（Sir Geoffrey William Tuttle）　119, 120
田中角栄　5, 149, 190

【ち】
チャウシェスク（Nicolae Ceaușescu）　174

【て】
デンソン（Boyd Denson）　70, 71

【と】
鄧小平　152, 156
トルーマン（Harry S. Truman）　8
トレンド（Sir Burke John Trend）　142

【に】
ニクソン（Richard Milhous Nixon）　2-6, 8-10, 13, 14, 16, 17, 19, 20, 22-24, 28, 30-40, 42, 45-47, 49, 51, 53, 54, 56-60, 64, 68, 71, 72, 79, 82-95, 98, 105, 106, 114, 120, 127, 129, 136, 141, 142, 144, 148-151, 157-159, 163, 167, 168, 179, 182, 183, 185, 186, 189-191

【は】
ハーヴェイ（Rogers Hervey）　124, 125
バーンズ（Kevin Burns）　79
白相国　130
パッカード（David Packard）　81
ハント（John Joseph Benedict Hunt）　159

【ひ】
ヒース（Edward Heath）　9, 16, 19, 21-24, 40-43, 62, 70, 72, 84-89, 94, 100, 101, 114, 122, 128, 129, 131, 136, 138, 139, 141, 142, 153, 162, 166, 183, 184, 189, 191
ヒューム（Sir Alec Douglas-Home）　19, 23, 24, 69, 85, 89-93, 95, 121, 122, 145, 146, 151, 152, 157, 158, 160, 179, 183, 186, 189

【ふ】
ファーランド（Joseph Farland）　67, 68
フォード（Gerald Rudolph Ford）　2, 24, 136, 155, 156, 165, 167, 168
福田赳夫　5
ブッシュ（George Bush）　170
フラニガン（Peter M. Flanigan）　53
ブリメロー（Sir Thomas Brimelow）　78
プレストン（Peter Preston）　157

【へ】
ヘーゼルタイン（Michael Ray Dibdin Heseltine）　119
ベズウィック（Sir John Beswick）　176

【ほ】
ホーカー（Sir Stanley George Hooker）　174
ホール（Sir Arnold Hall）　100, 114
ホールドリッジ（John Holdridge）　32

【ま】
マーシャル（Peter Marshall） 171, 172
マクマーン（Sir William McMahon） 6
マクミラン（Margaret Macmillan） 88
マクルーニー（Ian McCluney） 55, 56

【め】
メイソン（Roy Mason） 162, 163, 169

【も】
毛沢東 104, 145, 155, 156
モーガン（Sir John Morgan） 43, 44, 56, 102

【ゆ】
ユード（Sir Edward Youde） 170

【ら】
ラムズボサム（Sir Peter Edward Ramsbotham） 169, 170, 177

【り】
リチャードソン（Elliot Richardson） 32, 33, 46, 59, 182

【ろ】
ロイル（Anthony Henry Fanshawe Royle） 118, 119, 120, 124, 126, 139, 146
ローズ（Sir Clive Martin Rose） 144, 145
ロジャーズ（William Rogers） 21, 29, 36-39, 46, 54, 59, 84, 85, 92, 182
ロス（Robert Ross） 155, 189

事項索引

【あ行】
RB211エンジン（ロウルズ−ロイス社製） 121, 138
アイルランド共和軍（IRA） 163
アジア 2, 8, 11, 18, 30-32, 35, 42, 43, 84, 87, 91, 108, 150, 166, 183, 184
アメリカ 2-24, 27-37, 39, 40, 42-44, 46-49, 52-60, 62, 64, 66-72, 75, 76, 78, 81-94, 98, 99, 101, 102, 105-108, 110-113, 115-118, 120-124, 126-131, 133, 134, 136, 137, 139-143, 146-151, 155-164, 166-172, 174, 179, 180, 182-188, 190-192
アリソン社（アメリカ） 149
アルバニア 55, 173
ANZUS条約 8
EEC（ヨーロッパ経済共同体） 15, 72, 89, 102, 103, 107, 112, 144
イギリス 2, 7, 8-11, 13-24, 27, 29, 40-45, 49, 55, 56, 60-62, 65-72, 74, 76-92, 94, 95, 97-155, 157, 159-177, 179-192
イリューシン（IL） 18, 74
インターフルク 117
インド 66, 110-113, 127, 133, 153, 163
ヴァイカウント機 41, 44, 62
VC-10機 11, 14, 17-19, 21, 95, 97-99, 114, 116-134, 136, 141, 184, 185, 188
ヴィッカーズ社 44
ウォーターゲート事件 158, 167, 168
エアバス 118
英中大使交換協定 10, 167
英中貿易協会 116
英米首脳会談 71, 72, 92, 114, 128, 129, 141, 185
HSA（英ホーカー・シドレー社） 17, 18, 62, 64, 65, 74, 75, 80, 82, 98, 100, 101, 114, 133
NSC（米国家安全保障会議） 21, 22, 24, 28, 29, 31-39, 46, 49, 53, 54, 56-59, 79, 86, 98, 143, 144, 147, 148, 152, 155, 158, 162, 170, 182, 183, 188, 190
オーストラリア 5, 6, 8, 13, 42, 43, 83, 108, 110, 153
オランダ 6, 7, 151

【か行】
外務省（イギリス） 6, 11, 13, 19, 21, 24, 41, 44, 67-69, 78, 80, 82, 84, 89, 91, 93, 94, 98, 101-108, 113, 120, 122, 124-126, 128, 139, 141, 175, 180, 183-185, 187, 189
カナダ 6, 7, 111, 151

索引　211

韓国　　9, 12, 42, 105, 106, 124, 125, 150
北朝鮮　　8, 42, 117, 124, 125, 173-175
グアム・ドクトリン（→ニクソン・ドクトリン）　2
共和党（アメリカ）　2, 10, 28, 38, 167, 168
極東部（英外務省）　124
国防省（イギリス）　21, 80, 98, 101-103, 113, 121-124, 126, 133, 139, 140, 141, 162, 163, 177, 184, 185
国防総省（アメリカ）　12, 21, 22, 52, 53, 56, 62, 63, 68, 69, 76-83, 94, 127, 129, 148, 151, 154, 179, 185, 186
国務省（アメリカ）　12, 19, 21-24, 31-33, 53-55, 59, 63, 67-69, 75, 76, 78-82, 86, 90-94, 137, 143-146, 148, 150, 151, 154, 157, 158, 163, 170, 179, 182, 183, 186-188
ココム　7, 11, 23, 28, 32, 34, 44, 47, 49, 52, 55, 58, 60, 66, 67, 75, 76-78, 80-82, 86, 94, 98, 102, 103, 105, 110, 111, 113, 115, 123-129, 133, 137, 140, 142, 143, 146-152, 154, 157-163, 168, 171, 174, 177, 180, 185
コモンウェルス　110, 153
コンコルド　118, 129

【さ行】

在英中国大使館　131
在仏イギリス大使館　126
在米イギリス大使館　69, 78-80, 90, 162, 163, 183
三角外交　14, 20, 23, 31, 35, 37, 52, 53, 88, 91-93, 95, 99, 105, 129, 157, 159, 160, 180, 183, 185-192
サンフランシスコ講和条約　8
CIA（米中央情報局）　32, 69
JIC（英共同インテリジェンス委員会）　65, 66
GE（General Electric）　149
SEATO（東南アジア条約機構）　43, 108
次官委員会　22, 24, 32, 33, 46-51, 53, 54, 56-59, 182, 183, 188
上海コミュニケ　4, 10, 58, 120, 136, 147
商務省（アメリカ）　21, 32, 33, 52-54, 56-58, 76-81
シンガポール　42, 43, 153

CNTIC（中国進出口総公司）　166, 169, 172, 173, 175-178
スエズ　42, 43, 166
スペイン　2, 11, 14, 17-20, 23, 24, 41, 66, 134-180, 182, 184-189, 192
SALT I　92
ソ連（あるいはロシア）　3, 8-11, 18, 20, 35-37, 42, 46-49, 51, 52, 54, 56-58, 66, 67, 69, 70, 77, 84, 90-93, 105-107, 110, 111, 113, 117, 120, 121, 127, 130, 133, 139, 140, 143, 144, 148, 150, 155-157, 160, 163, 165, 166, 174, 186-192

【た行】

対外貿易部（中国）　117
対中貿易統制　10, 11, 17, 22, 27-39, 43, 45-49, 51-60, 62, 64, 67, 70, 71, 136, 148, 182, 185
米中共同コミュニケ（米中共同声明・上海コミュニケ）　4, 6, 19, 98
台湾　4, 5, 7-9, 11, 12, 18, 40, 42, 47, 49, 51, 55, 83, 84, 90, 105, 106, 108, 109, 111, 112, 133, 141, 143, 155, 166, 167, 183
ダマンスキー島（珍宝島）　3, 34, 35, 110
タンザニア　173
チェコスロバキア　3
チャイナ・ディフェレンシャル　11, 49, 52, 98
中国　1-11, 14-24, 28, 30-32, 34-37, 39-42, 44-49, 51-58, 60, 62, 64-72, 74-77, 80, 81, 84-88, 90-93, 98, 100-104, 106-112, 114-117, 119-131, 133, 134, 136-143, 145-150, 152, 153, 155-157, 159, 160, 162, 163, 165-167, 169, 170, 173-176, 178, 179, 185-192
中国義勇軍　7, 8
中国国連代表権問題　40, 47, 49, 167
中国軍（中国人民解放軍を参照）　66, 77, 80, 81, 111, 112
中国民航　64, 68, 74, 76, 77, 82, 117
朝鮮戦争　3, 7-9, 11, 17, 22, 28, 44, 46, 93
東欧　54, 57, 58, 107, 117, 175
東欧ソ連部（英外務省）　150
東南アジア　42, 43, 108, 109, 153

212

特別な関係（英米の）　15, 16, 71, 72
トライデント機　11, 14, 17, 19, 22, 23, 41, 56, 60, 63, 64, 66-70, 74, 75, 77-81, 85, 94, 100, 123, 136, 184-186
トライデント1E型　18, 62-65, 67-71, 74-77, 81, 94
トライデント2E型　18, 41, 62, 63, 69, 74-83, 85, 86, 94, 98, 100, 138, 185

【な行】
内閣府（イギリス）　21, 65, 84, 103
南西太平洋部（英外務省）　153
NATO　110, 111, 115, 149, 155, 174
ニクソン・ショック　5, 6, 17, 63, 83, 85, 89, 91, 94, 187
ニクソン・ドクトリン（グアム・ドクトリン）　2
西ドイツ　6, 7, 107, 146, 149, 151, 152
日中国交正常化　5, 190
日中友好声明　159
日本　5, 7-9, 11-13, 42, 55, 83, 98, 108, 127, 143, 146, 149-152, 159, 163, 166, 186, 188, 190
ニュージーランド　8, 42, 43, 108, 110
ノルウェー　7, 151

【は行】
パキスタン　3, 4, 65-68, 70, 77
パキスタン国際航空（PIA）　62, 64
幕僚長委員会（Chiefs of Staff Committee、CSC）　140
バトル法　113, 115, 133, 140, 160, 184
バランス・オブ・パワー　3, 20, 105, 106, 153, 187, 189, 191
ハリアー機　14, 17-19, 21, 23, 95, 97-99, 100-115, 121, 123, 126-129, 133, 134, 136, 140, 141, 184, 185, 188
BAC　17, 18, 62, 98, 118-121, 124, 127-129, 131
東アジア太平洋局（米国務省）　54, 92
ブレジネフ・ドクトリン　3
文化大革命　44, 45, 62, 64, 65, 104, 109, 130, 145
米華相互防衛条約　8

米議会　107, 161, 163, 168, 169
ベトナム戦争　2, 3, 28, 30, 84, 191
ベルギー　6, 7
防衛対外政策公式委員会（イギリス）　21, 103, 109-111, 113, 114, 116, 126-128, 184, 185
貿易関係輸出部（英外務省，前の貿易政策部）　161, 169, 174, 176
貿易産業省（イギリス）　21, 80, 98, 102, 103, 112, 113, 122-126, 128, 130, 131, 133, 139, 157, 176, 179, 184, 185
貿易政策部（英貿易関係輸出部の前身）　68, 79, 102, 124-126
ボーイング　18, 48, 49, 52, 64, 75, 85, 116, 119, 120, 122, 123, 131
保守党（イギリス）　6, 9, 16, 40, 62, 139
ホワイトハウス（アメリカ）　19, 21-23, 29, 33, 38, 47, 48, 54, 55, 59, 63, 69, 75, 78, 79, 82, 83, 86, 90-92, 94, 146, 151, 152, 154, 158, 160, 170, 182, 185, 188, 189
香港　7, 9, 11, 18, 40, 41, 43, 44, 104, 109, 111, 112, 121, 133, 145, 167

【ま行】
マクドネル・ダグラス　75, 85
MACHIMEX　74, 120
南ベトナム　12, 18, 42
民主党（アメリカ）　8, 168, 192

【や行】
ユーゴスラビア　55, 174
ヨーロッパ経済共同体（EECを参照）　15

【ら行】
ラオス　43
ルーカス航空機社　166
ルーマニア　3, 32, 55, 174
労働党（イギリス）　6, 42, 108, 118, 162
ロウルズ－ロイス社　17, 18, 118, 122, 134, 136, 138, 146, 147, 149, 153, 154, 166, 169, 171-173, 175-179

【わ行】
ワルシャワ条約機構　174

著者紹介

和田　龍太（わだ・りゅうた）

1980年，神奈川県生まれ．
2002年，東海大学教養学部国際学科卒業．2004年，サセックス大学大学院修士課程修了（M.A. International Relations）．2013年，筑波大学大学院人文社会科学研究科国際政治経済学専攻博士課程修了．ジョージ・ワシントン大学シグールセンター客員研究員，外務省専門調査員（在アメリカ合衆国日本国大使館政務班），株式会社三井物産戦略研究所国際情報部研究員などを経て現職．
現在，東海大学教養学部国際学科専任講師（アメリカ・イギリス外交史専攻）．博士（国際政治経済学）．
著作に，「フォークランド危機をめぐる米英関係——中南米における両国の安全保障認識に着目して」『軍事史学』第55巻第1号（2019年6月），『国際学のすすめ　第4版』（共著，東海大学出版部，2013年）など．

中国をめぐる英米関係
——イギリスによる航空機技術の対中輸出を中心に，1969-1975年

2019年8月10日　第1版第1刷発行

著　者	和田龍太
発行者	浅野清彦
発行所	東海大学出版部 〒259-1292　神奈川県平塚市北金目4-1-1 TEL 0463-58-7811　FAX 0463-58-7833 URL http://www.press.tokai.ac.jp/ 振替　00100-5-46614
印刷所	港北出版印刷株式会社
製本所	誠製本株式会社

© WADA Ryuta, 2019　　　　　　　　　　　　ISBN978-4-486-02190-2

・JCOPY ＜出版者著作権管理機構　委託出版物＞
本書（誌）の無断複製は著作権法上での例外を除き禁じられています．複製される場合は，そのつど事前に，出版者著作権管理機構（電話03-5244-5088，FAX 03-5244-5089，e-mail: info@jcopy.or.jp）の許諾を得てください．